TER RA
ADONIS
PE TRUS
DEUS
EWIG KEIT
AL A
COELUM
Emanuel Sabaoth Adonay
Panthon
AGLA

King Nostradamus

SPHINX

Francis X. King
Stephen Skinner

Nostradamus

Das große Buch der Weissagungen

Aus dem Englischen von
Christine Hörmann und Helga Zoglmann

Die Originalausgabe erschien 1993 unter dem Titel
Nostradamus – Prophecies of the World's Greatest Seer
bei Carlton Books, London.

Die deutsche Clubausgabe erschien 1994.

Die Deutsche Bibliothek – CIP-Einheitsaufnahme
Nostradamus – das grosse Buch der Weissagungen : erfüllte
Prophezeiungen und Voraussagen für die Jahrtausendwende und
danach / Francis X. King und Stephen Skinner. [Übers.:
Christine Hörmann ; Helga Zoglmann]. – München :
Hugendubel, 1996
Einheitssacht.: Nostradamus – prophecies of the world's greatest seer
<dt.>
ISBN 3-89631-169-7
NE: King, Francis X.; Skinner, Stephen; Hörmann, Christine [Übers.];
EST

SPHINX

Lektorat: Helga Zoglmann, Wien
Umschlaggestaltung: Zembsch' Werkstatt, München
Umbruch: Karin Siller, Wien
Druck und Bindung: Appl, Wemding
Printed in Germany

ISBN 3-89631-169-7

INHALT

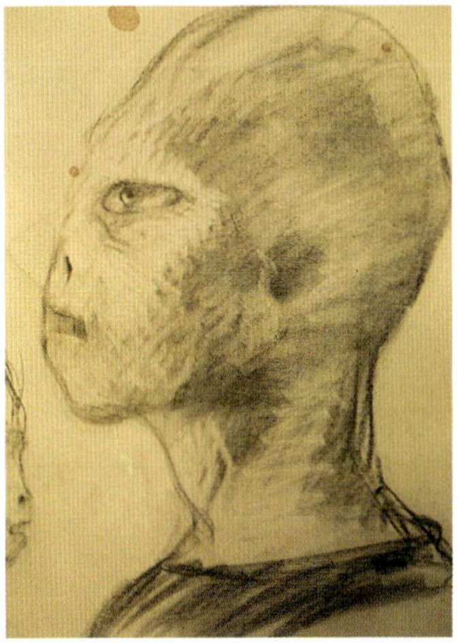

MAGIE, UNSER SCHICKSAL & ZEITREISEN

Wassermann, Träger der Weisheit

Wir leben in einer Welt der Hochtechnologie, einer Welt, in der unser Alltag – vom Fernsehen über die Transplantationsmedizin zur Raumfahrt – vor rund einem Jahrhundert noch als phantastische Visionen eines Jules Verne oder eines H. G. Wells angesehen wurden.

Welche Geheimnisse kannten die Alchimisten?

Doch wir leben auch in einer Atmosphäre voller Rätsel und Magie, denn heutzutage gehen viele Menschen – Männer wie Frauen – zu professionellen Hellsehern, Astrologen, Kartenlesern, um Rat für ihr Privatleben, ihre finanzielle Situation und für die Zukunft der Menschheit ganz allgemein zu erhalten.

Die Methoden der Menschen, die sich für Zukunftsprognosen interessieren, sind mannigfach und vielfältig – vom alten chinesischen Orakelbuch, dem I Ging, (Buch der Wandlungen) bis zum Versuch, einen anderen Bewußtseinsstand zu erreichen, in dem sich der Geist vom Körper gelöst hat und durch Zeit und Raum gleiten kann.

Präzisionswerkzeuge einer vernachlässigten Wissenschaft

Diese Techniken sind alle nicht neu. Eine der populärsten Methoden wurde seit der Mitte des 16. Jahrhunderts mit unterschiedlichem Erfolg praktiziert: die Auslegung der prophetischen Vierzeiler, die vor mehr als 400 Jahren von dem französischen Hellseher Nostradamus geschrieben wurden – dem Astrologen, der fast jedem Menschen bekannt ist. Die Vierzeiler, *Siècles* („Jahrhunderte") genannt, sind größtenteils verschlüsselt und benötigen viel

Zeit und Mühe zum vollen Verständnis. Sind jene, die sich damit beschäftigen nichts als Relikte einer abergläubischen Vergangenheit und von der Entwicklung der modernen Wissenschaft und Technologie überholt, und ist ihr Bemühen vergeblich? Oder ist es doch möglich, den Plan der Zukunft zu sehen, und reiste Nostradamus wirklich durch Zeit und Raum und erkannte Ereignisse, die noch vor uns liegen?

Stellung des Menschen im Tierkreis

Ein neueres Beispiel einer alten seherischen Kunst, die zukünftige Ereignisse erfolgreich vorhersagt, illustrieren die Kreisbewegungen der Preise auf dem Hongkonger Hightech-Börsenmarkt 1992 und ihre Verbindung mit dem „Wind-und-Wasser-Index" (Feng-Shui).

Nostradamus kannte die Geheimnisse des Orakels von Delphi

Dieser Index wurde Anfang 1992 von der Wertpapierkommission der Crédit Lyonnais Asien erstellt, nachdem man drei Adepten der alten chinesischen Kunst der Weissagung, der Feng Shui, konsultiert hatte. Sie sagten den enormen Preisanstieg der Wertpapiere für die Zeit von März bis Mai 1992 genauso voraus wie die Baisse im November und den Börsentiefstand in Hongkong Anfang Dezember. Die Wertpapierkommission beriet ihre Kunden jedoch auf der Basis von etwas orthodoxeren Voraussagen als dem Feng Shui, und obgleich dieser Rat so ausgezeichnet wie immer war, war er doch nicht so gut wie der der Feng-Shui-Adepten. Vielleicht sind die alten Künste von der modernen Technologie doch nicht so überholt, wie manche glauben.

Ritualmesser des Sehers

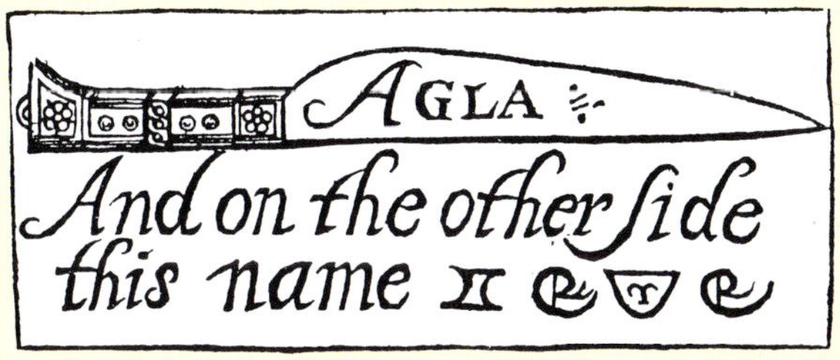

ZEITREIS

RENAISSANCE

ENDE DER

ENDE DER RENAISSANCE

ZEITREIS

ES GIBT UND GAB IMMER EINE VIELZAHL ANGEBLICHER PROPHEZEIUNGEN, DIE DIE UNMITTELBARE ZUKUNFT ALS DÜSTER BESCHREIBEN. NUR WENIGE DIESER VORAUSSAGEN MÜSSEN ERNST GENOMMEN WERDEN – JENE DES NOSTRADAMUS ALLERDINGS SIND BEEINDRUCKEND.

Die Prophezeiung lautet, daß im siebenten Monat (Juli) 1999 oder vielleicht Anfang August der „König des Schreckens" auf die Erde kommen wird.

Wer oder was ist der König des Schreckens? Fast sicher ein Lebewesen, das einen Atomkrieg auf unserem Planeten auslösen wird oder vielleicht eine alles zerstörende Wasserstoffbombe (siehe Seiten 110–111).

Sowohl vor als auch nach der Ankunft des Königs des Schreckens „wird Mars glücklich regieren", allerdings nicht glücklich für die Menschheit. Da Mars sowohl der Name des römischen Kriegsgottes wie auch des Planeten ist, der nach alter astrologischer Tradition der Herrscher der Schlachten und des Mordens ist, kann diese Prophezeiung nur bedeuten, daß mit der Ankunft des Königs des Schreckens die Welt durch bewaffnete Konflikte von bisher unbekannter Härte verwüstet werden wird.

Nostradamus-Jünger prophezeien eine apokalyptische Zukunft

Zur Zeit der Olympischen Spiele des Jahres 2008 wird ein Weltenherrscher, Oberhaupt eines bösen Zauber- und Totenkults und möglicherweise dieselbe Person wie der „König des Schreckens", eine Tat von größerer Bedeutung begehen, in Verbindung mit dem „In-Brand-Stecken des Ostens".

Das sind nicht die einzigen Ereignisse, die uns alle in den kommenden Jahren und Jahrzehnten bedrohen werden. Die vier Apokalyptischen Reiter – Seuchen, Hunger, Krieg und Tod – sind dazu bestimmt, sich überall auszubreiten und Blutvergießen und Elend über uns alle zu bringen.

Jedoch nicht alles, was vor uns liegt, ist so düster; hinter den dunklen Schluchten der Geschichte, die der Menschheit bestimmt sind, liegen sonnendurchflutete Höhen, auf denen Menschen stehen werden, ihre Blicke zu den Sternen erhoben.

Alle diese Voraussagen finden sich in den prophetischen Werken des französischen Schriftstellers Nostradamus (1503–1566), den man auch den „Seher von Salon" nennt – nach dem Ort, an dem er sich schließlich nach einem Leben der Wanderschaft, wo er viel fremdartiges Wissen sammelte, niederließ.

Was für ein Mensch war Nostradamus? Was weiß man über die Abenteuer, die er auf seinen Wanderungen erlebte? Und was besonders wichtig ist – müssen wir seine Voraussagen für die Zukunft der Menschheit ernst nehmen? Der erste Abschnitt dieses Buches versucht Antworten auf diese Fragen zu geben.

ZAUBERER, SEHER ODER SCHARLATAN?

Nostradamus studierte das Mythendiagramm, den sogenannten Lebensbaum

Der Seher kannte die Geheimnisse der Kräuter

Nostradamus wurde am 14. Dezember 1503 in St.-Remy, einer Stadt in der Provence, in eine jüdische, aber konvertierte katholische Familie hineingeboren. Nach einer Überlieferung waren die Vorfahren seines Vaters hervorragende, für ihre Bildung berühmte Ärzte, aber es gibt auch deutliche Hinweise, daß viele der direkten Vorfahren des Nostradamus jüdische Händler in Avignon, der Stadt der Päpste, waren. Diese Tatsache widerlegt jedoch keineswegs die Überlieferung, denn es gab im Europa des 16. Jahrhunderts eine Menge einfacher jüdischer Handelsfamilien, die in Seitenlinien oder auch direkt von gebildeten Rabbis, Ärzten und Philosophen abstammten, und die Familie des Propheten mag sehr wohl dazu gehört haben.

Was aber auch immer seine Vorfahren gewesen sein mögen, eines ist sicher: Nostradamus war ein intelligenter Junge, der mit Erreichen der Pubertät Grundbegriffe von Latein, Griechisch und Mathematik besaß und zum weiteren Studium nach Avignon geschickt worden war.

Im Alter von 18 Jahren, 1522, verließ Nostradamus Avignon und ging nach Montpellier, um Medizin zu studieren. Nach drei Jahren, er war erst 21, erhielt er eine Lizenz zum Praktizieren der Heilkunst und verbrachte die folgenden Jahre auf der Wanderschaft, wobei er sich in der Behandlung von „Charbon“ spezialisierte, einer Krankheit, die möglicherweise eine Abart der Beulenpest bzw. der Lungenschwindsucht war.

Er dürfte um einiges erfolgreicher in der Behandlung der „Charbon“-Kranken gewesen sein als die meisten seiner medizinischen Kollegen. Der Grund dafür war wahrscheinlich nicht seine besondere Leistung in den Behandlungsmethoden, von denen einige bis heute bekannt sind. Eine zum Beispiel war die Verabreichung einer Mischung aus Rosenblättern, Nelken, Aloeholz und getrockneten und pulverisierten Iris und Kalmus. Diese Mischung fügte seinen Patienten zwar keinen Schaden zu, aber es half ihnen wohl auch kaum; seinen Erfolg als Seuchenarzt verdankte er vielmehr der Tatsache, daß er die meisten damals in Mode befindlichen aggressiven Behandlungsmethoden ablehnte – massiver Aderlaß etwa und die Anwendung starker Abführmittel –, was die Überlebenschancen der Patienten eher verringerten als erhöhten.

Es war ganz sicher während seiner Wanderjahre, daß Nostradamus sich ein Wissen um manch alte Technik der Voraussagen aneignete, die er später einsetzte, um die Zeitschleier aufzureißen und in die Zukunft zu sehen (siehe Seiten 138–139). Allerdings ist nicht anzunehmen – wie manch einer es getan hat –, daß Nostradamus wegen seiner prophetischen Fähigkeiten als Arzt seiner Zeit um Jahre voraus war. Soweit man heute feststellen kann, waren die Mixturen, die er seinen Patienten verschrieb, um nichts weniger ungewöhnlich als die meisten seiner Zeit.

Arztbesuch in der Renaissance

Nehmen wir etwa die Salbe, mit der er angeblich den Bischof von Carcassonne von einer Reihe von Krankheiten heilte. Die Salbe bestand aus pulverisierter Koralle, Lapislazuli und Blattgold von solcher Feinheit, daß es beinahe durchscheinend war. Diese Mixtur dürfte zwar nicht geschadet haben, aber es ist wohl kaum anzunehmen, daß sie, wie Nostradamus später behauptete, „die Person verjüngte . . . sie von Kopfschmerz und Verstopfung befreite . . . und den Samenfluß derart erhöhte, daß selbst ein Übermaß seiner Gesundheit nicht schadete“. Wie wir später noch sehen werden, hat Nostradamus zwar manchmal den Scharlatan gemimt, war aber dennoch ein authentischer Prophet und ein praktizierender Seher.

Zubereitung von Drogen für Heilzwecke

NOSTRADAMUS UND DIE JUNGFRAU

Nach seinem Tod dürfte Nostradamus den Ruf bekommen haben, nicht nur Humor, sondern auch die Fähigkeit besessen zu haben, über Zeit und Raum hinweg in die Zukunft zu sehen. Wenige Jahre nach seinem Tod wurde erzählt, daß er eines Tages ein ernstes junges Mädchen auf ein Haus zugehen sah, in dem sich die Jugend von Salon zu treffen pflegte. *„Bonjour pucelle* (Guten Morgen, Jungfer)“, sagte der Seher; *„Bonjour Monsieur Nostredame“*, entgegnete das Mädchen mit einem Knicks.

Eine Stunde später traf er sie wieder, und sie sah genauso ernst wie vorhin aus. Sie knickste wieder und sagte: *„Bonjour, Monsieur Nostredame“* –, worauf der Seher mit einem Lächeln und den Worten entgegnete: *„Bonjour petite femme* (Guten Morgen, junge Frau).“

Diese und ähnliche Geschichten können sicherlich als Märchen abgetan werden, aber daß sie überhaupt erzählt werden, ist ein Beweis dafür, daß der Prophet ein Mann war, der sich vom Alltäglichen befreien und sich aus den Niederungen des Alltags erheben konnte und der die Fähigkeit besaß, hinter die äußere Erscheinung von Dingen zu blicken. Dieser Ruf zeigt sich wohl als gerechtfertigt, weil viele seiner Voraussagen – wie der Leser auf den nächsten Seiten erfahren kann – bis auf den letzten Buchstaben in Erfüllung gingen, bei einigen davon gab es sogar eine genaue Namensangabe und ein genaues Datum des Ereignisses.

NOSTRADAMUS, DER ASTROLOGE

Bilddarstellung des Himmels und der Sterne, wie sie den Astrologen damals bekannt waren

Für einige Zeit gab Nostradamus sein Wanderleben auf, heiratete und ließ sich in der Stadt Agen nieder, doch schon bald brachen Unglück und persönliche Tragödien über ihn herein. Seine Frau und seine beiden Kinder starben an der Pest, die Verwandten seiner toten Frau klagten die Rückgabe der Mitgift ein, und, was am schlimmsten war, im Jahr 1538 geriet er in den Verdacht der Ketzerei aufgrund einer Bemerkung, die er zu einem Mann machte, der gerade dabei war, eine Bronzestatue der heiligen Jungfrau Maria zu gießen. Er hatte gesagt, daß der Mann „die Statue des Teufels goß" – eine unglückliche Feststellung, die sich aber, wie er versicherte, nur auf den künstlerischen Wert des Werkes bezog.

Diese Ereignisse führten dazu, daß Nostradamus erneut das Leben eines Wanderarztes aufnahm. In den Jahren bis 1544 ist nur wenig über seine Tätigkeit bekannt, zu diesem Zeitpunkt war er jedenfalls in Marseille, allerdings weist auch einiges darauf hin, daß er zuvor in der unter der Herrschaft Venedigs stehenden Lombardei und in Sizilien herumgereist war.

1546 wurde er nach Aix gerufen, wo die Pest so heftig zu wüten begonnen hatte, daß sich Frauen, so wurde erzählt, die die ersten Symptome der Krankheit zeigten, selbst in Leichentücher einnähten, damit ihre nackten Leichen nicht dem öffentlichen Anblick preisgegeben waren, wenn sie auf dem Weg zu den Pestgruben durch die Stadt gekarrt wurden. Anscheinend gesundete eine erstaunlich große Zahl von Patienten des Nostradamus, und die dankbaren Bürger der Stadt Aix sprachen ihm eine Pension zu. Doch er übersiedelte schon bald nach Salon de Craux – deshalb auch die häufigen Hinweise auf seine Person als den „Seher von Salon" –, wo er zum zweiten Mal heiratete und mehrere Kinder hatte.

Bald nach seiner Übersiedlung nach Salon wurde er nach Lyon gerufen, um bei der Behandlung einer Epidemie mitzuhelfen, bei der es sich den Beschreibungen nach um eine besonders heftige Form von Keuchhusten handelte, die aller Wahrscheinlichkeit nach aber eher eine Beulenpestepidemie war. Aus unerfindlichen Gründen verlor er während seiner Abwesenheit bei den Bürgern von Salon seinen guten Ruf als Arzt, und dies veranlaßte ihn, einer Quelle aus dem 19. Jahrhundert zufolge, sich ernsthaft mit dem Studium der Astrologie und anderer okkulter Wissenschaften auseinanderzusetzen.

Ich stehe dieser Behauptung eher skeptisch gegenüber und glaube, wie ich später noch ausführen werde, daß das Interesse des Nostradamus für Esoterik wahrscheinlich schon viel früher in seinem Leben geweckt worden war. So ist es auch interessant festzuhalten, daß Théophile de Garencières, der im 17. Jahrhundert Leben und Prophezeiungen des Nostradamus studierte, behauptete, der Seher hätte das ernsthafte Studium der Astrologie deswegen aufgenommen, weil er überzeugt davon war, daß ein wirklich erfolgreicher Arzt gewisse Kenntnisse auf diesem Gebiet benötigte – das würde bedeuten, daß Nostradamus seine praktische Beschäftigung mit alten seherischen und anderen okkulten Künsten schon im Alter von kaum 18 Jahren begonnen hatte.

Doch wie immer auch die Wahrheit ausgesehen haben mag, ist es doch sicher, daß Nostradamus ab 1550 jährlich Almanache herausgab, die eine Menge astrologisches Material enthielten und sich einer erstaunlich großen Verbreitung erfreuten. Einer davon wurde offenbar in englischer Sprache unter dem Titel „Almanacke For 1559" fast gleichzeitig mit dem französischen Original veröffentlicht.

1555 veröffentlichte der Seher die erste Ausgabe der *Siècles*, mit knapp 400 Vierzeilern. Das Werk erregte großes Aufsehen, wenn auch einige der Meinung waren, der Autor müsse entweder ein Hochstapler oder ein Verrückter sein. Berühmt aber wurde das Buch durch eine Prophezeiung, die als Vorhersage des tödlichen Unfalls Heinrichs II. von Frankreich verstanden wurde, ein Ereignis, das im Sommer 1559 stattfand (siehe Seiten 16–17).

Von diesem Augenblick an verbreitete sich der Ruf des Sehers als wahrer Prophet stetig weiter, und als er 1566 starb, möglicherweise an Nierenversagen wegen einer Herzkrankheit, rechtfertigte sein Ruhm die auf seinem Grabmal angebrachte Inschrift:

> *„Hier ruhen die Gebeine des berühmten Michel Nostradamus, dessen fast göttliche Feder allein, im Urteil aller Sterblichen, würdig war, unter dem Einfluß der Sterne die künftigen Geschehnisse der ganzen Welt aufzuzeichnen . . . Nachwelt, störe nicht seine Ruhe . . . "*

Nostradamus beschäftigte sich sicherlich mit Astrologie, und sein Biograph behauptete, daß er die Zukunft „unter dem Einfluß der Sterne" weissagte. Trotzdem besteht nicht der geringste Zweifel, daß die meisten der Prophezeiungen in *Siècles* mit anderen Methoden als denen der Astrologie erreicht wurden. Mehr darüber auf den Seiten 138–139.

Berufe im Jahreskreis und ihre Sternzeichen

ERFÜLLTE PROPHEZEIUNGEN

Der 42. Vierzeiler von *Siècles* I des Nostradamus ist von großer Bedeutung für die Art der Methoden, die der Seher benützt, um die Zeitläufe zu erforschen. Auf den Seiten 140–141 wird der Inhalt in dieser Hinsicht genau untersucht.

Eine Zeile dieses Vierzeilers ist noch in anderer Hinsicht bedeutsam: Es liegt dort der Beweis, daß Nostradamus um zukünftige Ereignisse wußte, lange bevor sie eintraten. Übersetzt lautet diese Zeile: „Der zehnte Tag der gotischen Kalenden des April."

Eine ganz einfache Aussage – und doch ist sie ein unumstößlicher Beweis dafür, daß der Seher von der künftigen Reform des christlichen Kalenders, die erst 16 Jahre nach seinem Tod beginnen sollte und heute noch nicht ganz abgeschlossen ist, wußte.

Das Wort „Kalenden", das Nostradamus hier verwendet, leitet er aus der Antike her. Im römischen Kalender waren die „Kalenden des April" der erste April, „Kalenden" bedeutet einfach den ersten Tag eines jeden Monats. Mit dem Satz „der zehnte Tag der . . . Kalenden des April" meinte Nostradamus daher den 10. April, aber indem er die Worte noch mit dem Adjektiv „gotisch" näher bestimmte, stellte er fest, daß das Datum, das er im Sinn hatte, zwar von den Goten als der zehnte Tag des April bezeichnet wurde, es sich dabei aber nicht tatsächlich um den 10. April handelte.

Auf wen aber wollte Nostradamus durch die Verwendung des Wortes „Goten" hinweisen, und woran lag es, daß sie die falschen Kalendertage hatten?

Die offenbar richtige Antwort auf diese Frage wurde vor mehr als 300 Jahren von Théophile de Garencières in den „Wahren Prophezeiungen des Michel Nostradamus" (1672) gegeben. De Garencières stellte fest, daß der Julianische Kalender, der zu Lebzeiten des Nostradamus allgemein gebräuchlich war, etwas „vorging"; er enthielt noch das überzählige Schaltjahr. Im Laufe der Jahrhunderte hatte sich diese Ungenau-

Das Großfeuer von London 1666, von Nostradamus und vielen anderen Propheten vorausgesagt

Nostradamus sagt eine große Seuche voraus

igkeit summiert, so daß im 16. Jahrhundert der von allen Christen verwendete Kalender gegenüber dem tatsächlichen Sonnenkalender einen Rückstand von 10 Tagen aufwies. Der im Julianischen Kalender als Sommersonnenwende bezeichnete Tag war 10 Tage nach dem in der Tat längsten Tag angesetzt.

Im Jahr 1582 beschloß Papst Gregor XIII., den Kalender zu reformieren, indem man zum nominellen Datum einfach 10 Tage hinzufügte und für die Zukunft vorsah, hin und wieder ein Schaltjahr ausfallen zu lassen. Diese Reform wurde von den katholischen Ländern Europas schnell übernommen, die größtenteils protestantischen Völker Nordeuropas, die „Goten", d. h. die nicht-lateinischen, blieben noch lange beim alten, ungenauen Julianischen Kalender. Zu dem Zeitpunkt, als de Garencières sein Buch veröffentlichte, hatte England den Gregorianischen Kalender noch nicht übernommen. Die Engländer betrachteten ihn offenbar als eine unangenehme papistische Neuerung und gingen erst 80 Jahre später dazu über.

Die „Goten", die das zaristische Rußland regierten (im 16. Jahrhundert wurde das Wort Goten oft zur Bezeichnung sämtlicher christlicher Barbaren verwendet), waren noch konservativer als die Engländer und hielten bis zur Revolution 1917 am Julianischen Kalender fest. (Die orthodoxe Kirche und die Monophysiten halten nach wie vor am ungenauen Julianischen Kalender fest, der inzwischen bereits 13 Tage zurück ist.)

Ein „Zufallstreffer" des Nostradamus? Vielleicht. Schließlich enthielt der Vierzeiler keine Namen (wie etwa von Papst Gregor), oder einen Hinweis auf das Datum, zu dem er unter Umständen eingeführt werden könnte. Jedenfalls waren zu dem Zeitpunkt, als Nostradamus seine Prophezeiung zu Papier brachte, bereits seit einiger Zeit Vorschläge zu einer Reform des Julianischen Kalenders gemacht worden, und einige Menschen, die wie der Seher auf der Suche nach verborgenem Wissen waren – wie etwa John Dee in England –, waren eifrige Verfechter dieser Idee.

Ganz offensichtlich versagen aber sämtliche Hypothesen bezüglich Zufallsprognosen, wenn es darum geht, in den Vierzeilern der *„Siècles"* enthaltene Prophezeiungen, die sich erfüllt haben, zu erklären, wie etwa jene, die bestimmte Namen oder Daten enthalten. Nehmen wir beispielsweise den 16. Vierzeiler aus *Siècles* IX, der folgendermaßen lautet:

Von Castel [d. h. Kastilien in Spanien]
wird Franco die Versammlung
herausbringen,
Die Botschafter werden nicht einverstanden sein und eine Spaltung verursachen,
Die Leute von Ribiere werden in der
Menge sein
Und dem großen Mann wird der Zutritt
zum Golf verweigert werden.

Dieser Vierzeiler enthält Hinweise auf zwei Namen, Franco und Ribiere. Offenbar beziehen sie sich auf die diplomatischen Verwicklungen zwischen Adolf Hitler und dem spanischen Diktator General Franco 1940, die dem „großen Mann", Hitler, den Zutritt zum Golf verwehrten – in diesem Fall die Straße von Gibraltar.

Wie steht es nun mit der geheimnisvollen Person, die Nostradamus Ribiere nannte? Mit hundertprozentiger Sicherheit kann sie zwar nicht identifiziert werden, doch ähnelt der Name jenem des ermordeten Begründers des spanischen Faschismus, José Primo de Rivera – dessen Leute, führende Funktionäre der Falangisten, sich sicherlich „in der Menge" befanden bei den erfolglosen Verhandlungen zwischen Hitler und Franco.

Das sind nur zwei der Prophezeiungen aus den *Siècles*, die in Erfüllung gingen. Auf den folgenden Seiten findet der Leser noch viele weitere.

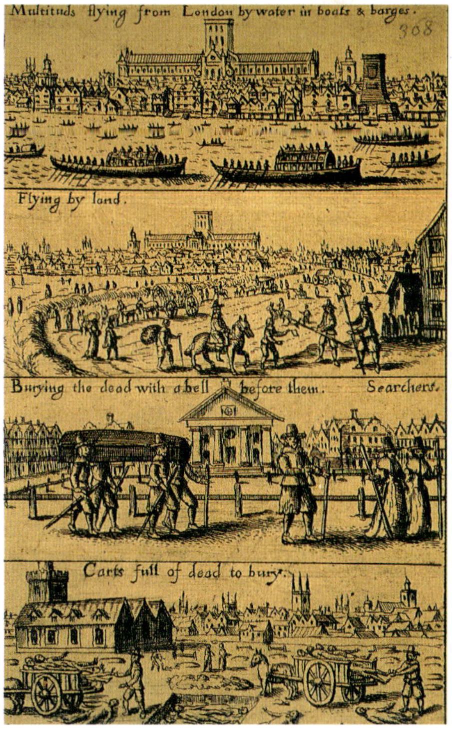

Die Große Pest in London von 1665

DER TOD DES LÖWEN

Während die erste Ausgabe der *Siècles* des Nostradamus große Aufmerksamkeit erregte, meinten doch einige seiner Leser, der Inhalt wäre ein Hinweis darauf, daß der Autor verrückt war. Andere sahen in ihm einen Scharlatan – also einen Mann, der angeblich prophetische Verse schrieb, bei denen es sich in Wirklichkeit um nichts anderes als um obskuren Unsinn handelte, der fast jeglicher Grundlage entbehrte.

Im Sommer 1559 änderten zumindest einige dieser Skeptiker ihre Meinung und kamen zu dem Schluß, daß der Mann, den sie entweder als Betrüger oder als Verrückten angeprangert hatten, tatsächlich echte prophetische Gaben besaß. Diese Meinungsänderung war eine direkte Folge des Unfalls und des Todes von König Heinrich II. von Frankreich nach einer bei einem Zweikampf erlittenen Verletzung.

Ein geschlossenes Visier im 16. Jahrhundert

Der Unfall ereignete sich, als der 40 Jahre alte König, der manchmal als persönliches Wappentier einen Löwen verwendete (obwohl dies nicht den Gesetzen der Heraldik entsprach), an einem dreitägigen Turnier teilnahm, das zu Ehren der gleichzeitigen Vermählung seiner Tochter Elisabeth mit Philipp II. von

Spätmittelalterliches Turnier. In einem solchen fand König Heinrich II. den Tod

Spanien und seiner Schwester Margarete mit dem Herzog von Savoyen stattfand.

Am dritten Tag des Turniers absolvierte der König einen Waffengang mit dem 33jährigen Kommandanten der schottischen Garde, einem Mann namens Coryes oder Montgomery, dessen Vorfahren zum Teil angeblich aus Schottland stammten, einem Land, dessen heraldisches Symbol ein drohend aufgerichteter Löwe war (und ist). Montgomerys Lanze barst, ein Teil verletzte den König leicht am Hals, doch der größere Teil der Lanzenspitze drang durch die vergoldeten Stäbe des käfigartigen Visiers, das das Gesicht des Königs bedeckte, und durchbohrte das Auge. Das Auge des unglücklichen Monarchen begann zu eitern, und im übrigen dürfte auch ein Teil der Lanze seines Gegners ins Gehirn des Königs eingedrungen sein. Nach zehn Tagen qualvollen Leidens wurden die Schmerzensschreie des Königs durch einen gnädigen Tod beendet.

König Heinrich II. von Frankreich

Fast augenblicklich fiel auf, daß dieses Ereignis offenbar von Nostradamus in *Siècles* I, Vierzeiler 35, vorhergesagt worden war. Die Veröffentlichung lag damals etwa vier Jahre zurück, und zum Zeitpunkt der Herausgabe schien der Text keinen Sinn zu ergeben. Er lautet:

Der junge Löwe wird den alten besiegen
Auf einem schlachtfeldähnlichen Kampfplatz im Kampf Mann gegen Mann,
Er wird sein Auge in einem goldenen Käfig durchbohren,
Einer von zwei Teilen, dann wird er eines grausamen Todes sterben.

Der Vierzeiler wurde sofort als erstaunlich genau auf die Umstände des Todes des Königs passend betrachtet. Der „junge Löwe" war offenbar Montgomery, der „alte Löwe", der von ihm „auf einer schlachtfeldähnlichen Kampfstatt im Kampf Mann gegen Mann" besiegt worden war (d. h. ein Waffengang bei einem Turnier), war ebenso offensichtlich König Heinrich II., dessen Auge durchbohrt wurde, obwohl es durch einen „Käfig aus Gold" – sein Visier – geschützt war, und der tatsächlich eines „grausamen Todes starb", als Folge „eines von zwei Teilen" der geborstenen Lanze seines Gegners.

EIN PROPHETISCHER SCHERZ

Zu den unmittelbaren Folgen der Prophezeiung des Nostradamus über den Tod Heinrichs II. und ihre tatsächliche Erfüllung gehörte seine Berufung als einer der Leibärzte Karls IX. von Frankreich und ein gesteigertes Ansehen bei den Angehörigen des Adels, von denen ihn viele in Fragen ihrer physischen Gesundheit und persönlicher Angelegenheiten konsultierten. Dieser Ruf sollte sich nach dem Tod des Sehers noch steigern und festigen, nicht nur beim Adel, sondern auch bei Bauern, Handwerkern und sogar, so scheint es, bei Grabräubern und Schatzgräbern.

Es wäre möglich, daß Nostradamus seinen posthumen Ruhm vorhergesagt hat, denn einer im frühen 18. Jahrhundert gedruckten Geschichte zufolge erlaubte er sich einen sehr realen Scherz, der erst voll wirksam wurde, als er schon lange tot war und Geschichten über seine Manuskripte oder angeblich in seinem Grab verborgene Schätze in Umlauf gekommen waren.

Derartige Geschichten waren in Zusammenhang mit den Gräbern heiliger Männer, Seher und Zauberer häufig, und sie waren spätestens ab 1690 besonders zahlreich betreffend die Grabstätte des Nostradamus. An diese Legenden wurde so fest geglaubt, daß das Grab im Jahr 1700 von dreisten Grabräubern sogar geöffnet wurde.

Die Räuber fanden weder einen Schatz noch Dokumente mit bisher unbekannten Enthüllungen, doch enthielt es sehr wohl neben den Gebeinen des Sehers ein flaches, vergoldetes Medaillon. Darauf befanden sich die Buchstaben MDÇC, – die lateinische Schreibweise für das Jahr 1700, jenem Jahr, in dem die Diebe die Grabschändung begingen. Offenbar verfügte Nostradamus über einen gewissen Sinn für Humor!

DIE SCHLANGE UND IHRE BRUT

Die Schlangenbrut – Familienmitglieder der Katharina von Medici

Katharina von Medici

Nach dem Tod Heinrichs II. (siehe Seiten 16–17) folgte Franz II., eines der sieben Kinder aus seiner Ehe mit Katharina von Medici, auf den Thron.

Katharina war eine gebildete und intelligente Frau, hatte aber offenbar keine echten Prinzipien, da ihr Sinnen und Trachten einzig und allein darauf abzielte, ihre Kinder und mehr noch sich selber an der Macht zu halten. Bei der Verfolgung dieser Ziele ging sie ebenso rücksichtslos wie hinterhältig vor und legte dabei all' die verschlagene List an den Tag, die man (höchst ungerechterweise) den Schlangen zuschrieb.

Eigenartigerweise änderte sie nach dem Tod ihres Gemahls ihr Wappen und wählte fortan eine Schlange mit dem Schwanz in ihrem Maul als Wappentier. Dies war von Nostradamus in den beiden ersten Zeilen der *Siècles,* Vierzeiler 19, mit den folgenden Worten vorhergesagt worden:

Wenn die Schlange den Altar umzingelt
Und das trojanische Blut getrübt . . .

Die zweite Zeile liefert ein gutes Beispiel dafür, wie Nostradamus bestrebt war, sein Wissen eher in Form dunkler Andeutungen als in Form direkter Aussagen kundzutun. An dieser, wie auch an anderen Stellen der *Siècles* verwendete er den Ausdruck „trojanisches Blut" als Chiffre für die königliche Familie Frankreichs, was eine Anspielung auf eine mittelalterliche Legende darstellt, derzufolge die Familie von einem sagenumwobenen Francus, einem angeblichen Sohn des Priamos von Troja, abstammte. Die etwa 30 Jahre umfassende Zeitspanne, während der die Taten der „Schlange und ihrer Brut" von wesentlicher Bedeutung für die französische Geschichte waren, scheinen im Mittelpunkt vieler Visionen des Nostradamus zu stehen. Außer der Zeit der Französischen Revolution und dem Ersten Kaiserreich, dem Höhepunkt (siehe Seiten 42–53), gibt es keine andere Epoche, der der Seher so viele Vierzeiler widmet. Der Grund dafür lag vielleicht in der Tatsache, daß ihn der Charakter der Katharina von Medici faszinierte, auf die er in mehr als einem seiner Verse sachlich korrekt, doch nicht unparteiisch hinwies, z. B. in *Siècles* VI, 63:

Die große Dame alleingelassen im
Königreich,
Ihr einziger [Gatte] *erst tot am Bett*
der Ehre:
Sieben Jahre lang wird sie kummervolle
Tränen vergießen,
Dann ein langes Leben für das Glück des
Königreichs.

Tatsächlich heiratete Katharina nach dem Tod Heinrichs II. nicht mehr, und wie der Seher es prophezeite, trauerte sie volle sieben Jahre über seinen Tod, um anschließend noch lange am Leben zu bleiben. Doch würden nur wenige Historiker die Meinung des Nostradamus teilen, derzufolge diese späteren Lebensjahre dem Wirken „für das Glück des Königreiches" gewidmet waren. Offenbar war der Seher in seiner Betrachtungsweise höchst parteiisch oder vielmehr betrachtete er es als opportun, da der Vierzeiler offenbar auf Katharina gemünzt war und zu Lebzeiten der betroffenen Person wie auch des Verfassers veröffentlicht wurde, ihre Beweggründe in schmeichelhaftem Licht erscheinen zu lassen.

Franz II., der älteste Sohn Katharinas und erste Gatte der schottischen Königin Maria (siehe Seite 28), regierte nur zwei Jahre, und es finden sich in den *Siècles* nur zwei Hinweise, die sich direkt auf ihn beziehen (siehe Seite 28). Obwohl er volljährig war, betrachtete man ihn als zu jung für die Führung der Regierungsgeschäfte, und während seiner kurzen Regierungszeit waren Marias Onkeln, die Brüder Guise, die wahren Herrscher Frankreichs. Ein Komplott, die sogenannte Verschwörung von Amboise, die im wesentlichen protestantisch inspiriert war, wurde ausgeheckt, um dem Einfluß der Brüder ein Ende zu bereiten, doch schlug der Versuch fehl, und heftige Repressalien folgten auf dem Fuß – wie es Nostradamus möglicherweise in *Siècles* I, Vierzeiler 13, vorhersah, wenn er ganz allgemein über eine Verschwörung schreibt, in die von Ärger und abgrundtiefem Haß verzehrte (protestantische) Exilanten verwickelt waren. Der Tod Franz' II. 1560 schien der Valois-Dynastie keine Gefahr zu bedeuten, denn er hatte vier jüngere Brüder. Aber Nostradamus wußte, daß alle ohne legitime Erben sterben würden, wie er in *Siècles* I, 10, weissagte:

Ein Sarg wird in das eiserne
Gewölbe gestellt,
In dem sich die sieben Kinder des
Königs befinden.
Ihre Vorväter werden aus den Tiefen der
Hölle hervorkommen,
Und den Tod der Frucht ihrer
Linie beklagen.

Trotz der aphoristischen Terminologie, in der Nostradamus diesen Vierzeiler abfaßte, gibt es offenbar keinen Zweifel, daß er sowohl das Ende der Dynastie der Valois wie ein ganz spezielles Ereignis vorhersagte, das 1610 stattfand die Überführung des Leichnams des letzten Monarchen aus der Familie der Valois (Heinrich III., gestorben 1589), von seiner interimistischen Ruhestätte in das Familienmausoleum in Saint Denis.

Auf Franz II. folgte sein jüngerer Bruder Karl IX., der von 1560 bis 1574 regierte. Die tatsächliche Macht wurde allerdings von seiner Mutter, der Schlangenkönigin Katharina von Medici ausgeübt, die offensichtlich die Anstifterin mancher Ausschreitungen war, die während ihrer Herrschaft stattfanden. Mehr als eine waren von Nostradamus prophezeit worden.

Nostradamus zeigt Katharina von Medici seinen Zauberspiegel

IHRE LINIE WIRD AUSSTERBEN

Wie allgemein berichtet wird, war Katharina von Medici zwar ohne echte religiöse Überzeugung, doch beschäftigte sie sich intensiv mit dem Einfluß des Übernatürlichen auf ihr eigenes Leben und das ihrer Familienmitglieder, und im Laufe der Zeit machte sich ihr Interesse für geheimnisvolle Zusammenhänge immer stärker bemerkbar. Obwohl dies einige ihrer Untertanen bestürzte, ist es doch nicht sonderlich überraschend, da sie ja sah, wie sich die Prophezeiungen des Nostradamus, die sie persönlich betrafen, eine nach der anderen erfüllte – zum Beispiel *Siècles* VI, Vierzeiler 11, der da lautet:

Die sieben Zweige werden auf zwei vermindert,
Die älteren werden vom Tod überrascht,
Die zwei werden zum Brudermord verführt,
Die Verschwörer werden im Schlaf sterben.

Im Dezember 1588 betrachteten dann jene, die den Vierzeiler kannten, ihn als eine exakte Prophezeiung – als weiteren Beweis dafür, daß Nostradamus wirklich in die Zukunft gesehen hatte. Denn „die sieben Zweige" der ersten Zeile waren die sieben Kinder der Katharina (siehe Seite 18), von denen nur drei – Heinrich III., Franz und Margarete – zu Beginn des Jahres 1576 noch am Leben waren. Zwischen den Brüdern herrschte Zwietracht, und Franz, der sich Hoffnungen auf den Thron machte, verbündete sich mit den Brüdern Guise in einer Verschwörung gegen den König.

Die Verschwörer – die beiden Brüder Guise – starben tatsächlich, auf Befehl

Drei Nächte vor der von Nostradamus prophezeiten Ermordung sah Heinrich III. die Mönche im Traum

des Königs ermordet, allerdings nicht „im Schlaf", wie es in der letzten Zeile des Vierzeilers heißt. Trotzdem kann kaum ein Zweifel bestehen, daß sich der Seher tatsächlich auf den Tod dieser beiden bezog, da er mit der folgenden Prophezeiung eine ziemlich genaue Beschreibung der Morde und ihrer Begleitumstände liefert (*Siecles* III, 51):

Paris verschwört sich [wörtlich schwört zusammen], *um einen großen Mord zu begehen,*
Blois wird Sorge tragen, daß er ausgeführt wird,
Die Leute von Orléans werden ihren Anführer ersetzen wollen,
Angers, Troyes und Langres werden ihnen einen schlechten Dienst erweisen.

Die Morde am Herzog von Guise und seinem Bruder Ludwig, Kardinal Guise, waren in Paris geplant worden; der erste fand in Blois am 23. Dezember 1588 statt, der andere einen Tag später. Etwa zur gleichen Zeit erhob sich das Bürgertum von Orléans gegen seinen Herrscher und ersetzte ihn durch einen Verwandten der Guise, einen glühenden Katholiken. In Anbetracht der Genauigkeit dieser und anderer Prophezeiungen in den *Siècles,* die sich offenbar auf die Morde bezogen, ist es nicht weiter erstaunlich, daß Geschichten, die zu Lebzeiten des Nostradamus über seine wunderbaren Gaben (siehe Kasten) erzählt wurden, weitere Verbreitung fanden. Acht Monate nachdem die Morde auf Befehl des Königs verübt worden waren, wurde er selber von einem Mönch, einem Anhänger der Guise, ermordet. Auch dieses Ereignis war von Nostradamus vorhergesagt worden; er schreibt darüber in *Siècles* I, Vierzeiler 97, der folgendermaßen lautet:

Was weder Feuer noch Eisen vollenden konnten,
Wird durch eine süße Zunge im Rat erreicht:
Schlafend, im Traum wird der König sehen
Einen Feind, nicht im Feuer oder Blut des Militärs.

Und so geschah es. Drei Nächte vor seiner Ermordung hatte Heinrich III. einen Traum, der ihm voraussagte, schon bald von der Hand eines Mönchs oder eines Mannes aus dem Volk zu sterben. Heinrich sah, wie Krone, Zepter, Schwert und Königsrobe im Schlamm lagen und Mönche und Arme darauf herumtrampelten.

Drei Tage später waren der Traum und die Prophezeiung erfüllt. In St. Cloud hatte sich dem König ein Mönch genähert, der behauptete, ihm wegen eines geheimen Briefes einen Rat geben zu wollen; als sich Heinrich vorbeugte, um zu hören, stach ihn der falsche Ratgeber in den Leib. Sein Todeskampf dauerte fast einen ganzen Tag.

Der Name des Mönches war Clement, was süß bedeutet. Der Seher hatte wohl darauf hingewiesen, als er vom Mörder mit der „süßen Zunge" schrieb.

NOSTRADAMUS UND DIE SCHWEINE

Selbst Alltägliches, wie welches Schwein zuerst zu schlachten sei, wurde vom Seher vorhergesagt

In Anbetracht der Tatsache, daß Nostradamus einigen seiner Prophezeiungen bestimmte Daten zuordnete, ist es nicht allzu verwunderlich, daß er schon zu Lebzeiten in den Ruf gelangte, immer recht zu haben und allwissend zu sein.

In einer dieser Geschichten heißt es, ein Adeliger hätte sich bei dem Seher erkundigt, welches von zwei Ferkeln, eines schwarz, das andere weiß, er zuerst essen würde. Nostradamus sagte: „Das weiße". Der Adelige versuchte, den Seher Lügen zu strafen, indem er Befehl gab, unverzüglich das schwarze Ferkel zu töten und zum Abendessen zu servieren.

Innerhalb einer Stunde etwa stand der Schweinebraten auf dem Tisch – doch der Koch mußte sich bei seinem Herrn entschuldigen. Ein Wolf hatte das schwarze Ferkel gestohlen, und so war es das weiße, das man servierte.

HEINRICH VON NAVARRA

Schon vor dem Tod Heinrichs III. war den meisten klar, daß das Ende der Dynastie der Valois bevorstand (siehe Seite 21), und aus diesem Grund gab es mehrere Prätendenten, die ein Recht auf den Thron von Frankreich zu haben vermeinten.

Vor allem die Mitglieder der Familie Guise zählten dazu. Diese Männer waren führend in der Bekämpfung des Protestantismus und aktiv in die Tätigkeit der militanten Katholischen Liga eingebunden. Einige von ihnen waren so weit gegangen, einen völlig gefälschten Stammbaum zu erstellen, mit dem ihr Anspruch auf den Thron wegen ihrer (angeblichen) Abkunft von Karl dem Großen bewiesen werden sollte.

Tatsächlich war aber aufgrund der Genealogie der tatsächliche Thronerbe zweifellos König Heinrich von Navarra – ein Mann, dessen Herrschaftsbereich nur klein war, der den größten Teil seines Lebens als Soldat verbracht hatte und der Protestant war. Letzterer Umstand machte ihn als künftigen König Frankreichs nicht nur für Spanien, den Papst und die französischen Bischöfe unannehmbar, die klar zum Ausdruck brachten, daß sie einen „ketzerischen König" keineswegs krönen würden, sondern auch für die Mehrheit des französischen Volkes.

Trotzdem erlebte Heinrich von Navarra einen Triumph – ganz wie es Nostradamus in dem anagrammatisch verschlüsselten Vierzeiler 50, *Siècles* IX, prophezeit hatte:

Medosus wird bald seine große Herrschaft antreten,
Dabei Nolaris hinter sich lassend,
Der blasse Rote, derjenige aus der Zeit zwischen den Königreichen
Der scheue Junge und der Schrecken von Barbaris.

Viel unschuldiges Blut wurde beim Kampf um Frankreichs Thron vergossen

„Mendosus“ ist eines der vielen Teilanagramme, die Nostradamus verwendete; es steht für „Vendosme“ – d. i. Heinrich von Navarra, der das Herzogtum Vendosme von seinem Vater geerbt hatte. „Nolaris“ war das auf einem anderen Teilanagramm basierende Schlüsselwort, das der Seher oft zur Bezeichnung Lothringens, der traditionellen Heimat der Familie der Guise verwendete. Die beiden ersten Zeilen des Verses können daher folgendermaßen umgeschrieben werden:

Heinrich von Navarra wird bald seine große Herrschaft antreten,
Die Guise dabei hinter sich lassend . . .

Die ersten Worte der dritten Zeile, „der blasse Rote, derjenige aus der Zeit zwischen den Königreichen“, kann ebenfalls sehr leicht gedeutet werden. Im Dezember 1585, fast vier Jahre nach dem Tod Heinrichs III., war in Joinville zwischen Philipp von Spanien, dem Papst und den Guise ein Vertrag geschlossen worden, um die Thronbesteigung Heinrichs von Navarra zu verhindern. Beim Tod Heinrichs III. sollte einer der Guise, der betagte Bourbonenkardinal Karl, zum König ausgerufen werden und dieser dann in seinem Testament Heinrich von Guise als seinen Nachfolger einsetzen.

Der Bourbonenkardinal war von Nostradamus als der „blasse Rote“ bezeichnet worden, denn Rot ist die Farbe des Kardinalshutes, und der alte Mann war wegen seines hohen Alters und vielleicht auch wegen des herannahenden Todes blaß. Der betagte Kirchenmann wurde zwar Ende 1589 als Karl X. zum König proklamiert, doch kam er nie an die Regierung – während der gesamten Zeit seiner „Regierung“ war er der Gefangene Heinrichs von Navarra – und starb bald darauf.

Der Begründer des Protestantismus Martin Luther

„Derjenige aus der Zeit zwischen den Königreichen“, der „schüchterne Junge“ und „Barbaris“ waren verschlüsselte Hinweise des Nostradamus auf andere Rivalen, die Heinrichs Rechte auf den Thron bestritten – beim ersten handelte es sich um den Herzog von Mayenne, beim zweiten um den jüngeren Herzog von Guise und der dritte war Philipp von Spanien, dessen persönlicher Anspruch nie sehr ernst genommen wurde, nicht einmal von ihm selbst.

Heinrich von Navarra mußte nicht nur erbittert um seinen Thron kämpfen, er mußte sogar seine Religion wechseln (siehe Seiten 26–27). Schließlich erreichte er jedoch sein Ziel und machte die Ansprüche seiner beiden einzigen ernsthaften Rivalen, des Herzogs von Mayenne und des scheuen jungen Herzogs von Guise zunichte, ganz wie es Nostradamus in *Siècles* X, Vierzeiler 18, prophezeit hatte:

Das Haus Lothringen wird Vendosme Platz machen.
Der Große wird erniedrigt und der Demütige erhöht,
Der Sohn des Mamon [oder Hamon – in beiden Fällen ein Hinweis auf einen Häretiker] *wird in Rom gewählt,*
Und die beiden Großen werden geschlagen.

Als Sinn der ersten Zeile des Vierzeilers ergibt sich daher: „Die Guise werden Heinrich von Navarra weichen müssen.“ Der Inhalt der zweiten Zeile ist offenkundig; die dritte bedeutet, daß der Papst schließlich Heinrich als den rechtmäßigen König anerkennen wird; und die beiden Großen, die „geschlagen“ werden, waren die beiden Thronanwärter: der Herzog von Mayenne und der Herzog von Guise.

Nostradamus lieferte zumindest einen weiteren, wenn auch nicht ganz leicht durchschaubaren spezifischen Hinweis auf Heinrich IV. in *Siécles* X, Vers 45:

Der Schatten des Königs von Navarra ist falsch.
Aus einem starken Mann wird er einen Bastard [oder ungesetzlichen] *machen,*
Das vage, in Cambrai gegebene Versprechen,
In Orléans wird der König eine Gesetzesmauer [eine Grenze] *geben.*

Es scheint, als hätte Nostradamus in diesem Vierzeiler eher auf Ereignisse in Heinrichs Privatleben als auf wichtige politische Geschehnisse angespielt, denn Heinrich hatte erwiesenermaßen zahlreiche Mätressen, darunter auch die Gattin des Statthalters von Cambrai, und er stand in dem Ruf, der Vater zahlreicher unehelicher Kinder zu sein. Die zweite Zeile des Verses hätte aber auch ein Hinweis auf einen der Thronprätendenten sein können, aus dem Heinrich einen „ungesetzlichen“ gemacht hat.

DAS SPANISCHE JOCH

Das Europa, in dem Nostradamus lebte, war ein von theologischen Streitigkeiten beherrschter Kontinent, in denen es um den freien Willen und um Vorherbestimmung, die Anwesenheit Christi in Brot und Wein bei der Feier der Eucharistie und um den Supremat des Papstes ging. Diese Streitigkeiten waren untrennbar mit den dynastischen Ambitionen der einen und den wirtschaftlichen Plänen der anderen verbunden. So war der Kampf der Calvinisten und anderer Protestanten aus den Niederlanden um freie Religionsausübung sowohl mit den ersten Anzeichen einer sich entfaltenden nationalen Identität verbunden, die zur Ablehnung des „spanischen Jochs“ (die Unterwerfung der Niederlande unter den König von Spanien) führten, wie auch mit wirtschaftlichen Spannungen wegen der wachsenden wirtschaftlichen Bedeutung der nördlichen Gebiete (in etwa das heutige Holland) und dem allmählichen Niedergang Antwerpens verbunden.

Obwohl es aber rein politische und wirtschaftliche Faktoren waren, die zählten, lagen letztlich den vielen Konflikten, Aufständen und Kriegen religiöse Streitigkeiten zugrunde, die Europa und seinen Völkern enormen Schaden zufügten und die vom dritten Jahrzehnt des 16. Jahrhunderts bis in die Mitte des nachfolgenden Jahrhunderts reichten.

Als Kind seiner Zeit wie auch als gläubiger Katholik (siehe Kasten) neigte Nostradamus dazu, seine Visionen über die Konflikte der nahen Zukunft nicht nur religiös gefärbt zu deuten, sondern dabei auch eine ausgesprochen prokatholische Haltung einzunehmen. Nirgendwo kommt dies jedoch so deutlich zum Ausdruck wie in *Siècles* III, Vierzeiler 67, der folgendermaßen lautet:

Eine neue Sekte von Philosophen
Die Tod, Ehren, Gold und andere
Reichtümer verachten
Wird von den Grenzen [wörtlich Bergen] *von Deutschland* [gemeint sind alle deutschsprachigen Gebiete]
nicht begrenzt werden,
Ihre Anhänger werden zahlreich sein.

Für uns Heutige hat diese Prophezeiung einen eher vagen Wortlaut. Für die Katholiken aber, die während der drei oder vier Jahrzehnte nach der ersten Veröffentlichung darauf stießen, handelte es sich um eine auf traurige Weise in Erfüllung gegangene Prophezeiung über die Art und Weise, wie sich die Lehre Calvins (wörtlich „der kahle Mann“) von ihrer deutschsprachigen Hochburg Genf aus über Europa verbreitet hatte. Einer der Orte, wo sie Wurzeln schlug, war Lausanne, von wo, wie Nostrada-

Wie von Nostradamus vorhergesagt, inspirierte der Calvinismus die Niederländer zu ihren Siegen

mus es in der ersten Zeile von *Siècles* VIII, Vierzeiler 10, prophezeite, „Gestank kommen wird“ infolge der Aktivitäten des Calvin-Schülers Theodore Beza.

Wegen seiner prokatholischen Haltung zögerte Nostradamus auch nicht, Prophezeiungen zur protestantischen Lehre zu veröffentlichen, die als verleumderisch bezeichnet werden könnten – d. h. Prophezeiungen, in denen er Protestanten fälschlich Meinungen zuschrieb, die nur von einer kleinen Minderheit von ihnen vertreten wurden. Die zweite Zeile des zitierten Vierzeilers liefert hiefür ein Beispiel, wenn Nostradamus andeutet, daß alle Protestanten dieselben kommunistischen Ansichten vertraten wie der radikale Extremist Jan van Leyden. Einige Kommentatoren der Werke des Nostradamus behaupteten, der Seher hätte absichtlich falsche Prophezeiungen über Massenübertritte vom Protestantismus zur katholischen Kirche veröffentlicht und dabei als Beispiel *Siècles* III, Vierzeiler 76, zitiert:

Calvin beim Konzil von Genf 1549

In Deutschland werden verschiedene
Sekten sich erheben,
Die einem glücklichen Heidentum ähneln
werden,
Das Herz versklavt und wenig
bekommen,
Sie werden zurückkehren und den
wahren Zehent zahlen.

Der Autor dieses Buches hält es für wahrscheinlicher, daß Nostradamus zu Unrecht der Falschheit geziehen wurde und sich der obige Vierzeiler auf nordische neuheidnische Sekten bezieht, die in der Zeit von 1890 bis 1945 entstanden.

KATHOLIZISMUS UND WIEDERGEBURT

Obwohl Nostradamus für kurze Zeit in den Verdacht der Häresie geriet, ist doch gesichert, daß er sein Leben lang regelmäßig die Messe besuchte und auch die übrigen religiösen Pflichten eines loyalen Sohnes der Kirche erfüllte.

Es wurde auch behauptet, der Katholizismus des Sehers wäre nur geheuchelt und Mittel zum Zweck gewesen, weil dadurch eine unerwünschte Aufmerksamkeit von seiten der Kirche abgewehrt werden konnte, und daß die religiösen Ansichten des Nostradamus äußerst unorthodox waren, was sich auch darin zeigte, daß er an eine Wiedergeburt glaubte. Als Beweis für diese Behauptungen wurde *Siècles* II, Vierzeiler 13, angeführt, der folgendermaßen lautet:

Der seelenlose Körper nicht mehr
ein Opfer.
Am Tage des Todes wird er zur
Wiedergeburt gebracht
Der Heilige Geist wird die Seele
erfreuen,
Wenn sie die Ewigkeit
des Wortes sieht.

Die erste Zeile, so wurde argumentiert, bedeute, daß Nostradamus insgeheim die christliche Lehre von der Auferstehung ablehnte, und die zweite, daß er an eine Wiedergeburt glaubte.

Der Verfasser dieses Werkes meint, daß der Inhalt dieses Vierzeilers falsch verstanden wurde, denn sein Inhalt steht völlig im Einklang mit der kirchlichen Lehre. Was Nostradamus ausdrückte, war einzig und allein sein unerschütterlicher Glaube an die Errettung, und so kann sein Vers folgendermaßen umgeschrieben werden:

Nach meinem Tod wird mein Körper
nicht mehr beim Opfer der Messe
anwesend sein, meine Seele wird in
den Himmel wiedergeboren, wo ich
mit dem Heiligen Geist die Ewigkeit
sehen werde [d. h. den Logos, also
das „Wort“ aus dem Johannes-
evangelium].

Es gibt keinen vernünftigen Grund, daran zu zweifeln, daß der Seher ein guter Katholik war – obwohl er es offensichtlich zustande brachte, seinen Glauben und die Ausübung magischer Rituale und anderer verbotener Künste miteinander zu verbinden (siehe Seiten 136–139).

PARIS WAR EINE MESSE WERT

Die Tatsache, daß Heinrich von Navarra den Thron Frankreichs besteigen würde, war in den *Siècles* des Nostradamus vorhergesagt worden (Seiten 22–23). Das gleiche gilt für zumindest einige der militärischen und diplomatischen Kämpfe, die er durchzustehen hatte, bevor ihm der Thron, der ihm rechtmäßig zustand, auch sicher war – etwa in *Siècles* III, Vierzeiler 25:

> *Er, der das Königreich von Navarra*
> *besitzt* [oder erbt],
> *Wenn Neapel und Sizilien vereint werden,*
> *Er wird Bigore und Landes durch Foix*
> *und Oloron halten* [oder ergreifen],
> *Von einem, der zu eng mit Spanien*
> *verbunden.*

Die Prophezeiung ist einigermaßen vage, doch im Zusammenhang gelesen erlauben uns die erste und die zweite Zeile eine Datierung der Ereignisse, auf die sich Nostradamus mit ziemlicher Sicherheit bezog – denn obwohl die Königreiche Neapel und Sizilien für Jahrhunderte praktisch miteinander verbunden waren, gab es dort nur drei historische Gelegenheiten, bei denen ihre Einheit förmlich verkündet wurde.

König Heinrich IV. triumphiert über seine Rivalen

Die beiden letzten dieser drei Gelegenheiten gab es im 19. Jahrhundert, als das winzige Königreich von Navarra längst aufgehört hatte, als eigenständiger Staat zu existieren. Der Vierzeiler konnte sich daher gar nicht auf eine der beiden beziehen. Dadurch bleibt nur die erste Gelegenheit – als Philipp von Spanien 1554 die Vereinigung der beiden Königreiche proklamierte. Und es war im Jahr 1562, während der Regierungszeit Philipps, daß der künftige König Heinrich IV. von Frankreich den Thron von Navarra erbte. Wir können sicher sein, daß es er und kein anderer Herrscher von Navarra war, an den Nostradamus dachte, als er die Worte von *Siècles* III, Vierzeiler 25, niederschrieb.

Die Namen in der dritten Zeile sind Orte in Navarra, einer allerdings, Bigore, ist in einem anderen Zusammenhang von Bedeutung – nämlich bei den Schlachten zwischen den protestantischen Soldaten Heinrichs IV. und ihren katholischen Gegnern. „Bigorro" war der Kampfruf von Heinrichs protestantischen Fußtruppen.

Die Bedeutung der letzten Zeile des Verses ist unklar – viele von Heinrichs Feinden waren für seinen Geschmack zu eng mit Spanien verbündet – doch aus dem Vers scheint eines hervorzugehen: Nostradamus wußte eine ganze Menge über die genauen Einzelheiten der Kämpfe zwischen Heinrich und seinen Gegnern, lange bevor sie begannen!

Obgleich Heinrich ein genialer Soldat war, reichten seine militärischen Erfolge nicht aus, ihm den Thron zu sichern. Dazu mußte er die Religion wechseln und den katholischen Glauben

Der siegreiche Einzug Heinrichs IV. in Paris am 22. März 1594

annehmen, denn schließlich war Paris, wie er es zynisch ausdrückte, „eine Messe wert“. Doch wenn Heinrich auch dem Protestantismus abschwor, die Protestanten, die für ihn gekämpft hatten, ließ er nicht im Stich: Mit dem Edikt von Nantes wurde 1598 den französischen Anhängern des Calvinismus eine fast vollständige Glaubensfreiheit und die gleichen Bürgerrechte wie den katholischen Untertanen des Königs zugestanden. Das Edikt wurde von den radikaleren, größtenteils prospanischen Katholiken nicht gerne gesehen: Es trug dazu bei, daß Heinrich IV. 1610 ermordet wurde – auch dies ein zukünftiges Ereignis, von dem Nostradamus eine Menge wußte (siehe Kasten).

DAS ABHACKEN DES HEILIGEN ZWEIGES

Hinrichtung des Mörders von König Heinrich IV.

Im Frühling des Jahres 1610 bereitete sich Heinrich IV. nach einem umfänglichen Streit mit den Habsburgern wegen der Erbfolge in dem kleinen Staat Jülich-Kleve auf einen Feldzug gegen die Habsburger vor.

Es war ein schwerer und gefährlicher Waffengang, auf den sich Heinrich hier eingelassen hatte, und ein Fortdauern hätte bedeutet, daß sich Frankreich mit halb Europa im Kriegszustand befinden würde – denn eine Linie der Habsburger war im noch mächtigen Spanien an der Macht, während eine andere das sich ausbreitende Heilige Römische Reich beherrschte, zu dem damals Böhmen, Mähren und alle deutschsprachigen Länder Mitteleuropas außer der Schweiz gehörten.

Der Krieg fand nicht statt, denn am 14. Mai 1610 wurde Heinrich IV. von einem prospanischen Mörder namens François Ravaillac erstochen, und sein jugendlicher Sohn Ludwig XIII. folgte ihm auf den Thron. Die zur Regentin ernannte Mutter des neuen Königs gab der spanienfreundlichen Partei nach – diese Männer waren „katholischer als der Papst“ –, und es kam zu einer Annäherung mit den Habsburgern.

Der Mord an Heinrich IV. wurde von Nostradamus in *Siècles* III, Vierzeiler 11, vorhergesagt, der folgendermaßen lautet:

Für eine lange Jahreszeit kämpfen
die Waffen am Himmel,
Der Baum fiel in der Mitte der
Stadt,
Der heilige Zweig von einem
Schwert gegenüber Tison abgehackt,
Dann erliegt [fällt] *der Monarch*
Hadrie.

Die erste Zeile des Verses erweckt mit dem Hinweis auf einen „Kampf am Himmel“ den Anschein, der Vierzeiler könnte sich auf das 20. Jahrhundert oder einen späteren Zeitpunkt beziehen. Dem widerspricht jedoch die letzte Zeile, da sich der oftmals von Nostradamus erwähnte verschlüsselte Name „Hadrie“ stets auf Heinrich IV. zu beziehen scheint. Tatsache ist vielmehr, daß es zum Zeitpunkt der Ermordung Heinrichs ähnlich wie beim Ausbruch des englischen Bürgerkriegs Berichte über Geisterarmeen am Himmel gab.

Der abgehackte heilige Zweig in der Mitte der Stadt war Heinrich selber – da er ein gesalbter König war, wurde er als heilig betrachtet –, und seine Ermordung fand nicht weit von der Rue Tison statt (siehe Zeile drei). Auch hier sollte sich ein seltsam formulierter Vierzeiler im Verlauf der Geschichte erfüllen.

DIE ZWEI KÖNIGINNEN

Der erste Gemahl Maria Stuarts war König Franz II. aus dem Geschlecht der Valois (siehe Seite 19), Sohn Heinrichs II. und seiner Königin Katharina von Medici.

Die Vermählung von Franz und Maria sowie die kurze Dauer ihrer Ehe und die Witwenschaft wurde von Nostradamus in *Siècles* X, 39, vorhergesagt:

Der erste Sohn, ein Witwer, eine
unglückliche Ehe,
Kinderlos, zwei Inseln [Königreiche?]
in Zwietracht.
Vor seinem achtzehnten Jahr, ein
Minderjähriger,
[das Alter der] *Vermählung des anderen*
wird noch geringer sein.

Trotz des eigenartigen Wortlautes und der seltsamen Syntax war dem französischen Hof zu dem Zeitpunkt, als die Ereignisse stattfanden, auf die er anspielte, die Bedeutung dieses Vierzeilers sofort bewußt. Er wurde zu Recht als wichtige, in Erfüllung gegangene Prophezeiung erkannt und trug zum Ruf des Nostradamus als Seher wesentlich bei.

Franz war der älteste Sohn des Königs von Frankreich, und er ließ seine Frau Maria oder Mary – wie ihr Name in der englischen Schreibweise lautete – bei seinem Tod als kinderlose Witwe zurück. Außerdem war Franz bei seiner Vermählung noch keine achtzehn Jahre alt und daher minderjährig, und die Folgen von Maria Stuarts Rückkehr nach Schottland nach dem Tod ihres Gatten führten zu schwerer Zwietracht zwischen England und Schottland.

Die letzte Zeile des Vierzeilers war für die Zeitgenossen des Nostradamus ebenfalls von Bedeutung. Sie betrachteten diese als direkten Hinweis auf die Vermählung des elfjährigen Bruders von Franz, Karl, mit Elisabeth von Österreich.

Schottlands Königin Maria auf dem Weg zu ihrer Hinrichtung

Nostradamus spielte noch ein zweites Mal auf Marias unglückliche erste Ehe im Vers 55, *Siècles* X, an:

Die unglückliche Heirat wird gefeiert werden
Mit großer Freude, doch das Ende wird
unglücklich sein.
Die Mutter [des Gatten] *wird Maria*
verachten,
Die Phybe tot und die Schwiegertochter
höchst bemitleidenswert.

Die prophetische Bedeutung der beiden ersten Zeilen war augenfällig, und sie ging auch bald in Erfüllung. Auch die Richtigkeit der dritten Zeile war bald bewiesen, denn Katharina und Maria konnten einander nicht ausstehen – es wurde sogar erzählt, daß es Maria gewagt hatte, eine unverblümte Anspielung auf die (lange zurückliegenden) bürgerlichen Ursprünge der Medici-Familie zu machen, indem sie von deren Schwiegermutter als der „Händlerstochter" sprach.

Die drei ersten Worte der vierten Zeile scheinen bei erster Lektüre keinen Sinn zu ergeben, sie können aber mit Hilfe von zweien der vielen von Nostradamus gerne verwendeten Tricks, zu denen Wortspiele mit klassischen Sprachen zählten, erklärt werden. „Phybe" setzt sich aus zwei Buchstaben des griechischen Alphabets zusammen, der erste phi, gesprochen „F", der zweite Beta, dieser wurde im alten Griechenland zur Darstellung der Zahl Zwei verwendet. „Phybe" bedeutet daher nichts anderes als „FII" – mit anderen Worten, Franz II.

HEIRAT, MORD UND DIE BRIEFE IN DER SCHATULLE

Die zweite und die dritte Ehe der schottischen Maria waren sogar noch unglücklicher als ihre erste, für sie wie auch für andere. Ihr zweiter Gemahl war Henry Stewart, Lord Darnley, den sie in der Kapelle von Holyrood im Sommer 1565 heiratete. Zur Zeit der Eheschließung war Lord Darnley ein gutaussehender junger Mann – nach ihrem ersten Zusammentreffen beschrieb Maria ihn als „den am besten proportionierten großen Mann, den ich je gesehen habe" –, und wenn die Königin ihren Gemahl auch hauptsächlich aus politischen Erwägungen erwählt hatte, dürfte sie doch auch eine echte Zuneigung für ihn empfunden haben. Auf jeden Fall war ihre Beziehung so gut, daß Maria von ihm ein Kind erwartete, das später als Jakob I. von England beziehungsweise Jakob VI. von Schottland die Herrschaft übernehmen sollte.

Als das Kind geboren wurde, begegnete die Königin seinem Vater aber bereits mit Haß und Verachtung. Er war schuld an der Ermordung von Marias italienischem Sekretär Rizzio; sein gutes Aussehen war dahin; sein Körper war von den Auswirkungen der Syphilis verwüstet; und Maria war gerade dabei, sich wieder einmal neu zu verlieben. Der Gegenstand ihrer Zuneigung war der Earl of Bothwell, der, wahrscheinlich im Einvernehmen mit Maria, Lord Darnley ermordete und einige Wochen später die Witwe heiratete.

Als man in einer Schatulle einige Briefe und andere Dokumente entdeckte, begann man Marias angebliche Verwicklung in den Mord an ihrem zweiten Gatten allgemein zu glauben. Ein Aufstand gegen sie war die Folge, und sie floh nach England, um bei Königin Elisabeth I., ihrer Cousine und nächsten Verwandten, Zuflucht zu suchen.

Die Zuflucht sollte sich als nur vorübergehend herausstellen. Maria Stuart erhob aufgrund ihres Stammbaums nunmehr Anspruch auf den englischen Thron und begann eine Verschwörung gegen ihre Cousine anzuzetteln. Ihre Komplotte waren zwar geschickt ausgedacht, aber sie scheiterten jedesmal. Maria wurde nun eher eine Gefangene als ein Gast Elisabeths, bis diese sie 1587 enthaupten ließ.

Nostradamus lieferte dazu keine Prophezeiung, doch offenbar sagte er die Auffindung der Briefschatulle im geheimnisvollen *Siècles* VIII, Vierzeiler 23, voraus, der lautet:

Briefe werden in den Schatullen der Königin gefunden,
Ohne Unterschrift und der Schreiber namenlos.
Der Trick [oder die Regierung] *wird die Angebote verstecken,*
Damit sie nicht wissen, wer der Liebhaber ist.

Königin Elisabeth I. von England, die die Exekution ihrer Kusine Maria befahl

DIE ENGLISCHE REVOLUTION

Eine erstaunlich große Anzahl der Vierzeiler aus den *Siècles* hielt man für Hinweise auf die englische Revolutionszeit zwischen 1641 und 1660 – d. h. auf die Jahre der Kämpfe zwischen Krone und Parlament, auf den ersten und den zweiten Bürgerkrieg, die Personalregierung Oliver Cromwells als Lordprotektor und die Ereignisse, die schließlich zur Restauration der Stuarts im Jahr 1660 führten.

Dem Autor dieses Buches scheinen einige dieser Bezüge etwas weit hergeholt, oft stützen sie sich auf eine verzerrte Interpretation der in nicht leicht durchschaubarer Weise abgefaßten Prophezeiungen, anstatt einen wissenschaftlich fundierten Versuch zu unternehmen, den oft verschlüsselten Inhalt zu dechiffrieren. Nehmen wir beispielsweise *Siècles* III, Vierzeiler 81:

Der kühne und unverfrorene große Redner
Wird als Führer der Armee gewählt
werden,
Die Kühnheit seines Kampfes,
Die geborstene Brücke, die Stadt
ohnmächtig vor Furcht.

Es wurde oft behauptet, daß es sich bei der in den ersten zwei Zeilen des Vierzeilers als kühndreisten Redner beschriebenen Person um Oliver Cromwell handelt. Und die „vor Furcht ohnmächtige Stadt"? Diese wäre, so heißt es, Pontefract – das Bollwerk der Königstreuen –, deren Name aus zwei lateinischen Worten mit der Bedeutung „Brücke" und „gebrochen" abgeleitet ist und die während der Bürgerkriege zwei schwere Belagerungen durchmachte.

Vielleicht. Der Vers könnte aber ebenso als Hinweis auf den Kronstädter

Nostradamus sagte den Aufstieg Cromwells voraus, dessen Armee den blutigen Kampf zwischen König und Parlament entschied

Aufstand des Jahres 1921 gegen die unter Lenins Führung stehende bolschewistische Regierung interpretiert werden – in diesem Fall würde der „kühne Redner" Trotzki sein, der Führer der Roten Armee, die furchterfüllte Stadt Kronstadt selbst und die „gebrochene Brücke" die im Granatenhagel liegenden Eisschollen, die die Verbindung mit dem Festland herstellten und über die Trotzkis Truppen vorrückten, als sie die Festung der Rebellen stürmten. Ein anderer „Cromwell"-Vierzeiler, der verschieden ausgelegt wurde (*Siècles* VIII, Vierzeiler 56), soll angeblich den Sieg Cromwells über die Schotten in der Schlacht von Dunbar vorhersagen – doch der Vers, der ein für Nostradamus typisches Anagramm der Stadt Edinburgh enthält, scheint eher auf die Schlacht von Culloden (1746) anwendbar. Unbestritten scheint jedoch, daß Nostradamus eine ganze Menge über den englischen Bürgerkrieg wußte, der fast 100 Jahre später stattfinden sollte. So sagte er insbesondere voraus, daß „der Senat (d. h. das Parlament) von London seinen König zu Tode bringen werde" – *Siècles* IX, Vierzeiler 49 (siehe Seiten 32–33). Die Numerierung des Verses ist ein Hinweis darauf, daß der Seher vielleicht sogar das Jahr, in dem dieses Ereignis, nämlich die Hinrichtung Karls I. stattfinden sollte, kannte – 1649.

Beim Lesen dieser Vierzeiler, die auf Männer und Ereignisse hinweisen, die die englische Geschichte zwischen 1641 und 1660 beherrscht hatten, wird ein Hang zu einem ausgeprägten Antiparlamentarismus spürbar, der zu der nicht gerade schmeichelhaften Ansicht des Sehers bezüglich des Charakters von Cromwell (siehe Kasten) führte. Wenn Nostradamus künftige Zeitläufe vor seinem geistigen Auge erstehen ließ, war er stets auf der Seite der Herrschenden, niemals auf jener der Beherrschten; es war, als ob ein Schleier aus Blut die klare Sicht auf seine Visionen verzerrte. Er sah unablässig die Leiden der Könige und des Adels, selten jene des gemeinen Volks. Er neigte dazu, Bedauern wegen des Federkleides zu empfinden und darüber den sterbenden Vogel zu vergessen.

Dieses Mitleid kam in mehreren der auf Karl I. gemünzten Vierzeilern zum Ausdruck, den Nostradamus für einen unschuldigen Mann hielt, dessen Blut sinnlos vergossen wurde (siehe Seiten 32–33).

Oliver Cromwell, Lordprotektor von England

CROMWELL ALS SCHLÄCHTER

Man darf annehmen, daß Nostradamus Cromwell fast ebenso verabscheute wie die Anführer der Französischen Revolution (siehe Seiten 44–49), da er ihn mit Begriffen wie „Brocken", „Fleisch" (Schlächter) und „Bastard" belegte. Der zweite Begriff findet sich in der letzten Zeile von *Siècles* III, Vierzeiler 80, der sich hauptsächlich mit dem Charakter Karls I. beschäftigt: Er könnte metaphorisch gemeint sein, im Sinne von „unwert" oder „schmachvoll", nicht so sehr wörtlich. Der erste findet sich in *Siècles* VIII, Vierzeiler 76:

Mehr ein Korb Fleisch als ein König
in England,
Im Dunkel geboren, wird er seinen
Rang durch Gewalt erreichen,
Feige ohne [den katholischen]
Glauben wird er das Land ausbluten;
Seine Zeit ist so nahe, daß ich seufze.

Der Hinweis auf Cromwell als Schlächter kann in zweifacher Hinsicht verstanden werden. Einerseits bezieht er sich auf die Metzeleien der im Lager Cromwells stehenden Kämpfer, die unweigerlich auf seine Siege folgten. Andererseits auf eine Legende, daß seine Vorfahren im 15. Jahrhundert Schlächter und Schmiede gewesen waren. Tatsächlich war Cromwells Herkunft nur insoweit eine dunkle (siehe Zeile zwei) als er nicht dem Hochadel entstammte, sondern vor dem Bürgerkrieg das ruhige Leben eines Angehörigen des niederen Landadels geführt hatte.

Die zeitliche Nähe zu Oliver Cromwell, auf die in der letzten Zeile des Vierzeilers hingewiesen wird, betrug etwa 40 Jahre – die Zeitspanne zwischen der ersten Veröffentlichung und dem Geburtsjahr Cromwells (1597).

DAS BLUT DES GERECHTEN MANNES

Nostradamus war ein Mann der Tradition. Er lehnte Veränderungen völlig ab, außer er war sicher, daß dadurch ein Wechsel zum Besseren stattfinden würde.

Diese konservative Haltung zusammen mit der für das 16. Jahrhundert typischen Ehrerbietung gegenüber dem Prinzip der erblichen Monarchie spiegelte sich in vielen der Vierzeiler, die sozialen Aufruhr vorhersagen. So sind etwa die vielen Verse der *Siècles,* die sich nimmt, daß sie sich auf die Hinrichtung Ludwigs XVI. und seiner Königin beziehen. Nostradamus glaubte zweifellos an das Gottesgnadentum des Königs.

Seine Einstellung zu einem früheren Königsmord, der Enthauptung Karls I. durch seine englischen Untertanen am 30. Januar 1649, war ebenso negativ: Er verurteilte sie. Tatsächlich zeigen die Voraussagen des Sehers zu zwei großen Katastrophen, die um 1660 über London hereinbrechen sollten, daß er sie als den „Bestrafungen" Londons und zueinander untersucht. Hier beschäftigen wir uns mit jenen Teilen, die Hinweise auf die Hinrichtung König Karls liefern – nämlich mit der ersten Zeile von *Siècles* II, Vierzeiler 51, die da lautet: „Das Blut des Gerechten wird von London gefordert werden", und der dritten Zeile des Vierzeilers 53: „Das Blut des Gerechten [Mannes] für kein Verbrechen verdammt". Im letzteren Vers erwähnt Nostradamus London nicht aus-

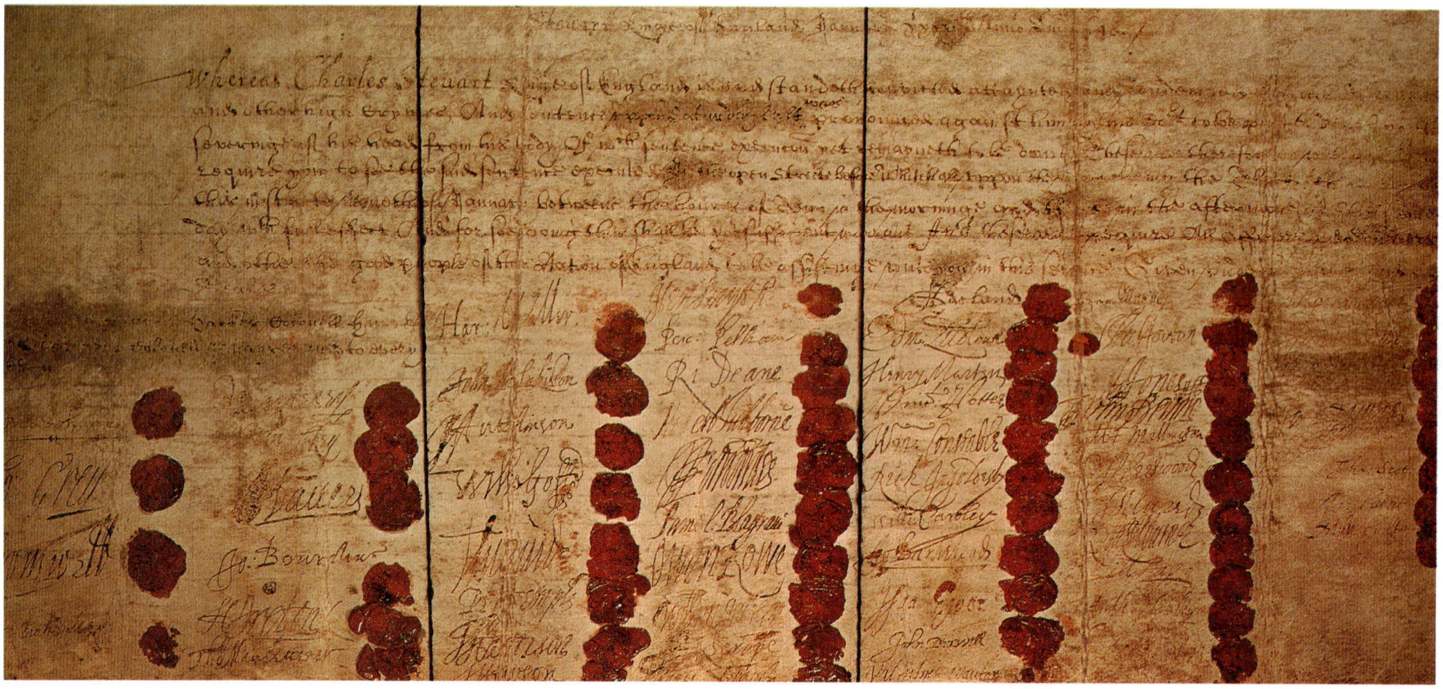

Das Todesurteil Karls I., des „gerechten Mannes", wie Nostradamus ihn nannte

offenbar auf die Französische Revolution beziehen (siehe Seiten 44–49) oft nicht nur ihrer Genauigkeit wegen bemerkenswert, sondern auch wegen der darin enthaltenen – impliziten oder expliziten – Ablehnung der Revolutionäre und ihrer Handlungen. Dieser Anflug von Kritik ist besonders in jenen Vierzeilern ausgeprägt, von denen man an- Strafe Gottes betrachtete. London, so weissagte er, würde für seine sündige Beteiligung an der Hinrichtung des Königs bestraft werden.

Die Vierzeiler, in denen diese Katastrophen vorausgesagt werden – *Siècles* II, Vierzeiler 51 und *Siècles* II, Vierzeiler 53 –, werden auf den Seiten 34–35 hinsichtlich ihres Zusammenhanges mit drücklich, doch bezeichnete er den Ort, wo die ungerechte Verurteilung stattfand, als „eine Seestadt". Keine andere wichtige Hafenstadt außer London erlebte zu den von Nostradamus angegebenen Zeiten ähnliche Katastrophen wie die auf den Seiten 34–35 behandelten; wir können daher sicher sein, daß Englands Hauptstadt der Ort war, an dem laut

Vorhersage des Sehers das Blut des gerechten Mannes vergossen werden sollte.

Es ist offenkundig, daß die im vorhergehenden Absatz angeführten beiden Zeilen im Kontext miteinander gelesen werden sollten – in diesem Fall konnte das „Blut des gerechten Mannes", dessen Bestimmung es nach Nostradamus' Beschreibung war, für kein Verbrechen verurteilt zu werden, nur jenes von König Karl dem Märtyrer sein, der auf Befehl jener, die ein ungesetzliches Verfahren durchgeführt und ihn zum Tod verurteilt hatten, hingerichtet wurde. In beiden Vierzeilern wird das französische Wort *Dame* für die St.-Pauls-Kathedrale verwendet – in der letzten Zeile der *Siècles* II, Vierzeiler 53, wird sie als „empört" bezeichnet, denn zur Zeit des Justizmordes am König waren ihre rechtmäßigen Inhaber, der Church of England ergebene Kleriker, vertrieben und durch Sektierer der verschiedensten Art ersetzt worden. Skeptiker mögen wohl fragen, ob es neben Karl I. nicht auch andere „gerechte Männer" gegeben hat, die in London vor den von Nostradamus vorhergesagten Katastrophen hingerichtet wurden. Warum sollte der „gerechte Mann" der Vierzeiler für den Märtyrerkönig gehalten werden?

Es gibt drei gute Gründe dafür. Erstens den Hinweis auf die St.-Pauls-Kathedrale, die sich in den Händen von „Prätendenten" befand, wobei Nostradamus mit diesem Ausdruck Geistliche meinte, die Sektierer waren und nicht einfach nur Schismatiker. Der letztere Ausdruck wurde normalerweise von den damaligen Katholiken für anglikanische Priester und Bischöfe zu Lebzeiten des Nostradamus verwendet. Die einzige Zeitspanne zwischen der Veröffentlichung der *Siècles* und der Jetztzeit, in der die Kathedrale gänzlich oder teilweise in den Händen jener war, die Nostradamus als „Prätendenten" bezeichnete, lag zwischen 1641 und 1662. Es mußte also während jener Jahre das Blut des gerechten Mannes vergossen worden sein.

Der von Nostradamus vorausgesagte Prozeß Karls I.

Zweitens wurde der Ausdruck „der gerechte Mann" um 1649 manchmal von englischen Königstreuen verwendet, um auf ihren früheren Monarchen zu verweisen – es gab hier einen textlichen und sprachlichen Zusammenhang mit der Bibelübersetzung unter König Jakob, und im übrigen war dieser Ausdruck gesicherter als „der königliche Märtyrer". Drittens aber sagt Nostradamus in der dritten Zeile der *Siècles* IX, Vers 49, explizit voraus, daß „der Senat von London seinen König zu Tode bringen wird". Im Zusammenhang gelesen, deuten die beiden Vierzeiler darauf hin, daß Nostradamus sicherlich Visionen zu Ereignissen hatte, die in London in den Jahren 1649 bis 1666 stattfinden sollten. Die beiden ersten seiner hellsichtigen Blicke auf Londons Zukunft waren in chronologischer Reihenfolge jener auf die „Prätendenten" in der St.-Pauls-Kathedrale und jener auf die Hinrichtung König Karls I.

Die zweiten betrafen die Katastrophen, die auf den Seiten 34–35 beschrieben werden. Als Kind einer Zeit, in der man allgemein annahm, daß der Himmel ständig in die Angelegenheiten auf Erden eingriff, zog der Seher die Schlußfolgerung, daß die beiden letzten der vier Ereignisse London zur Strafe für die Rolle auferlegt wurden, die seine Bürger bei den ersten beiden gespielt hatten.

Die Hinrichtung Karls I. in Whitehall am 30. Januar 1649

PEST UND FEUER

Plan für den Wiederaufbau Londons nach dem verheerenden Brand von 1666

Sowohl der Ausbruch der Beulenpest, die London 1665 heimsuchte, wie auch das Große Feuer im darauffolgenden Jahr sollen von Nostradamus vorhergesagt worden sein. Bei letzterem Ereignis ging er sogar soweit, das entsprechende Datum anzugeben, denn *Siècles* II, Vers 51, lautet:

Das Blut des Gerechten wird von
London gefordert werden,
Vom Feuer verbrannt in dreimal zwanzig
und sechs,
Die alte Dame wird von ihrem hohen
Platz fallen,
Und viele der gleichen Sekte werden fallen.

Die verschlüsselte Bedeutung der ersten Zeile dieses Verses wurde bereits auf Seite 32 behandelt; die wörtliche Bedeutung der zweiten ist augenfällig – ein Großteil Londons verbrannte zu Asche. Die einzigen Daten, an denen in London große Brände stattfanden, waren das Jahr 1941, durch die deutschen Bombardements, und das Jahr 1666 – die Feuersbrunst, die in einer Bäckerei begann und viele Tage wütete, wobei riesige Gebiete der City zerstört wurden. Offensichtlich war das Feuer, auf das sich Nostradamus bezog, als er sagte, daß es im Jahre „dreimal zwanzig und sechs" ausbrechen würde, das letztgenannte.

Die „alte Dame" war allem Anschein nach die St.-Pauls-Kathedrale – „Dame" war ein vom Seher häufig gebrauchtes Wort für „Kirche" – und „die vielen von der gleichen Sekte", die der Prophezeiung zufolge dort fallen sollten, waren, so darf angenommen werden, die mehr als 80 Londoner Kirchen, die bei dem Großen Feuer zerstört wurden.

Wie so viele andere Prophezeiungen des Nostradamus kann diese Voraussage nicht auf astrologischer Grundlage gemacht worden sein. Es gab und gibt zwar Methoden der Vorhersagen, mit deren Hilfe Astrologen vorsichtige Prognosen von der Art „Zum Zeipunkt X läßt die Opposition zwischen Mars im Grad X des Widder zu Jupiter zusammen mit dem Quadranten der Sonne im Zwilling zu Saturn auf die Gefahr des Ausbrechens einer schweren Feuersbrunst in London schließen", doch gibt und gab es nie eine Technik, mit der eine so detaillierte Vorhersage wie jene in *Siècle* II, Vers 51, möglich gewesen wäre.

Die Pest, die der Feuersbrunst vorausging, wird offenbar in *Siècles* II, Vers 53, angesprochen, der da lautet:

Die Große Pest der Seestadt
Wird nicht geringer, bis der Tod Rache genommen hat,
Für das Blut des Gerechten [Mannes],
der für kein Verbrechen verurteilt wurde,
Die große Dame wird von den Prätendenten geschändet.

Aus Gründen, die auf Seite 32 erklärt wurden, erscheint es wahrscheinlich, daß die Seestadt keine andere als London war und daß der Zusammenhang mit dem Ausbruch der Pest im Jahr 1665 erwiesen ist. Es wird als praktisch sicher angenommen, daß die beiden Vierzeiler, die sich auf Ereignisse bezogen, die in einem engen zeitlichen Zusammenhang standen, auch im Zusammenhang miteinander gelesen werden sollten.

Monument zur Erinnerung an das Großfeuer von London

Der Verfasser hat den Eindruck gewonnen, daß die beiden Vierzeiler wahrscheinlich auf einer Vision basieren, bei denen der Seher vier Ereignisse sah, die in einer Stadt stattfanden, die für ihn offensichtlich das London der Jahre 1649 bis 1666 war. Die ersten beiden wurden bereits auf den Seiten 32–33 behandelt. Die dritte war, wenn man von der Reihenfolge ausgeht, in der die entsprechenden Vierzeiler erstmals gedruckt wurden, die Große Feuersbrunst des Jahres 1666. Und die vierte war der Ausbruch der Beulenpest im Jahr 1665.

VERGRABENE SCHÄTZE

Nostradamus war nicht der einzige Seher, der anscheinend sowohl den Ausbruch der Beulenpest wie die Große Feuersbrunst im darauffolgenden Jahr in London vorhergesagt hat.

Ein weiterer Seher war der Engländer William Lilly (1602–1681), ein Mann, der wie Nostradamus vor allem als Astrologe und Arzt bekannt war, aber auch eine Anzahl anderer okkulter Künste ausübte und sich für alle Aspekte des Übernatürlichen interessierte.

Typisch für seine mystischen Forschungen war ein Abenteuer, das er eines Nachts zu Beginn der sechziger Jahre des 17. Jahrhunderts erlebte. In Gesellschaft anderer Anhänger und Forscher der okkulten Lehren bediente er sich der „mosaischen Ruten“, die anscheinend Bestandteil eines Wünschelrutenrituals waren, um in der alten St.-Pauls-Kathedrale in London nach vergrabenen Schätzen zu suchen. Der Versuch hatte keinen Erfolg. Die Schatzsucher verärgerten nur einige Schutzgeister, die einen derartigen Sturm entfesselten, daß die Männer Angst bekamen, das Dach der Kathedrale könnte auf sie herabstürzen.

Ähnliches erlebten andere Schatzsucher. Dr. John Dee, Mathematiker und Geograph Königin Elisabeths I., benutzte seine Wünschelrute, um verlegte und verschwundene Gegenstände wie Silbergeräte aufzuspüren und sie nach Jahren ihren Eigentümern zurückzustellen. Bei einer solchen Gelegenheit entdeckte Dee Gold in einem Teich in Wales. Die Dorfbewohner beobachteten Dees Aktivitäten und verursachten einen derartigen Aufruhr, daß es hieß, man „hätte so etwas noch nie erlebt“. William Dee und seine Freunde wurden verhaftet und von den erbosten Dörflern als Zauberer und noch Ärgeres verdächtigt.

DER SONNENKÖNIG

Frankreichs Sonnenkönig – Ludwig XIV. mit Sonnenzepter und Mondkönigin

Karl II., der Stuart-König, der im Jahr 1660 nach der Restauration auf den Thron von England, Schottland und Irland kam, hatte ebenso wie auch sein jüngerer Bruder Jakob eine unglückliche Kindheit gehabt. Als Kinder hatten sie die Unruhen und die Aufstände des Bürgerkriegs miterlebt. Als Jugendliche mußten sie die schmerzliche Erfahrung machen, wie ihr Vater vor Gericht gestellt und schließlich hingerichtet wurde – der „gerechte Mann" der *Siècles* (siehe Seiten 32–33). Als junge Männer mußten sie mit ihren Getreuen im ärmlichen Exil leben, größtenteils auf bescheidene finanzielle Hilfe aus französischen und holländischen Quellen angewiesen.

Die frühen Jahre der Restaurationszeit, in der sich die Stuarts wieder auf dem Thron befanden, waren hingegen recht glückliche. Das nachgiebige Kavaliersparlament war willfähriger als alle jene, mit denen ihr Vater zu tun gehabt hatte, und sie waren in allen Schichten beliebt, außer bei den treuen Anhängern der „Guten Alten Sache" – dem protestantischen Republikanertum.

Es war alles zu schön, um von Dauer zu sein. London wurde von der Pest und einer Feuersbrunst heimgesucht (siehe Seiten 34–35), das Parlament wurde kritischer – die königliche Familie schien unersättlichen Appetit auf Geld zu haben und wurde der Sympathien für die Katholiken verdächtigt –, und ein unpopulärer Krieg gegen die Niederlande brachte Niederlagen zur See und ein als erniedrigend empfundenes Eindringen der Holländer auf der Themse, bei der viele englische Schiffe zerstört oder als Kriegsbeute mitgenommen wurden.

1670 schließlich war die Staatskasse leer und sowohl Karl II. wie auch sein Bruder Jakob, Herzog von York, begannen sich an dem Land auf der anderen Seite des Kanals ein Beispiel zu nehmen.

Diese Entscheidung sollte sich als verhängnisvoll herausstellen, führte sie doch dazu, daß Jakob, der 1685 den Thron von seinem Bruder geerbt hatte, der Krone verlustig ging und 1714 die Dynastie der Stuarts den nüchternen Hannoveranern Platz machen mußte. Alle diese Ereignisse waren von Nostradamus vorausgesagt worden, doch 1670 lagen sie noch in der Zukunft, und es schien für die Stuarts durchaus sinnvoll, sich mit Frankreich zu verbünden. Das tat Karl II. mit dem Vertrag von Dover, einem Übereinkommen, dem geheime Protokolle beigefügt waren, die erst ein Jahrhundert später ans Licht kamen und denen zufolge Karl hohe Subsidien erhalten sollte, wenn er als Gegenleistung zum Katholizismus übertrat und seine Außen- und Innenpolitik den Interessen Frankreichs unterordnete.

In Frankreich selbst war Ludwig XIV., der „Sonnenkönig", der das politische Leben Europas für ein halbes Jahrhundert prägen sollte, 1661 an die Regierung gekommen. Frankreich hatte die internen Konflikte der letzten 20 Jahre überwunden und stand am Beginn einer Zeit des materiellen Wohlstandes und tiefgreifender Umwälzungen, die von Nostradamus in *Siécles* X, Vierzeiler 89, vorhergesagt worden waren:

Die Wände werden verwandelt werden,
von Ziegelstein zu Marmor,
Siebenundfünfzig [oder fünfundsiebzig] *friedliche Jahre.*
Freude für alle Völker, das Aquädukt erneuert,
Gesundheit, die Freude überreicher Ernten, Zeiten süß wie Honig.

Die erste Zeile dieses Vierzeilers ist von besonderem Interesse, da sie in gleicher Weise auf Ludwig XIV. anspielt wie die Bemerkung des Suetonius auf den römischen Kaiser Augustus (63 v. Chr. – 14 n. Chr.), von dem es heißt, „er fand die Stadt Rom aus Ziegeln erbaut und verließ sie marmorn". Die Beinahe-Gleichsetzung war besonders bedeutsam, weil Ludwig als „Sonnenkönig" bezeichnet wurde und der besagte Kaiser als Inkarnation der „Unbesiegbaren Sonne".

Karl II., der Vasall Ludwigs XIV.

Obgleich der Vierzeiler im wesentlichen recht genau war, weist er doch die für das ganze Werk der *Siècles* recht typische Vorliebe des Nostradamus für starke französische Monarchen auf, denn wenn die Jahre der Herrschaft Ludwigs XIV. daheim (außer für jene seiner Untertanen, die am protestantischen Glauben festhielten) auch ziemlich friedlich waren, war seine Außenpolitik extrem kriegerisch. Auch diese Zeiten des Aufruhrs waren von Nostradamus vorausgesagt worden, nämlich in *Siècles* X, 58:

In einer Zeit der Trauer wird der katzenhafte Monarch
In den Krieg ziehen mit dem jugendlichen Aemathien
Gallien erzittert, [Petrus] *Barke in Gefahr,*
Marseille geprüft und Gespräche im Westen.

Der „jugendliche Aemathien" in der zweiten Zeile des Vierzeilers ist offenbar ein Hinweis auf die Verwandlung Ludwigs in den Sonnenkönig, denn in der klassischen Mythologie war Aemathien das Kind der Morgendämmerung und kann daher mit der Sonne gleichgesetzt werden. Der „katzenhafte Monarch" der ersten Zeile war der schlaue Philipp IV. von Spanien, der einen Feldzug gegen Frankreich vom Zaun brach, während das Land nach dem Tod Ludwigs XIII. im Jahr 1643 trauerte. Und „Gallien erzitterte" (siehe Zeile drei) wegen der Fronde (jene Aufstände gegen die überhöhten Steuerforderungen und die Administration Kardinal Mazarins) und anderer bürgerkriegsartiger Kämpfe und Erhebungen, die die Jahre des noch minderjährigen Königs Ludwig XIV. prägten.

Der Satz „die Barke (von Petrus) in Gefahr" hat wie so oft bei Nostradamus eine doppelte Bedeutung. Zunächst bezieht er sich auf die schwierige Lage der Kirche Frankreichs zwischen 1643 und 1661. Zweitens auf die späteren Streitigkeiten zwischen Rom und Ludwig XIV. Ersteres ergab sich aus der Tatsache, daß die oft schwierigen Beziehungen der Kirche zum Staat während der fraglichen Jahre noch dadurch erschwert wurden, daß Kardinal Mazarin selbst ein Kirchenfürst war. Letzteres wird auf Seite 38 beschrieben.

DER RUHM EUROPAS

In *Siècles* X, 58 prophezeite Nostradamus, daß die Politik des Sonnenkönigs Ludwig XIV. „die katholische Kirche, die Barke [des Petrus]“, in Gefahr bringen würde. Die Prophezeiung war erstaunlich zutreffend, denn zur gleichen Zeit, als Ludwig mit seinen diplomatischen und militärischen Erfolgen einen absoluten Höhepunkt erreichte, weshalb man ihm als „Ruhm Europas“ huldigte, brach ein langandauernder Streit mit dem Papsttum aus.

Es ging dabei um das Eigentum an materiellen und spirituellen Rechten vakanter Bischofssitze, die nach Ansicht des Königs ihm zustanden. Die Französische Kirchenversammlung war damit einverstanden, und mit den Vier Artikeln von 1682 verkündete sie gemeinsam mit dem König, daß das Papsttum nur in spirituellen Belangen Machtbefugnisse hätte und daß die Gesetze der französischen Kirche unantastbar wären. Die Antwort des Papstes bestand in seiner Weigerung, seine Zustimmung zur Weihe der von Ludwig ernannten Bischöfe zu geben.

Ludwig hatte die Kirchenversammlung auf seine Seite gebracht, indem er sich der starren Haltung des französischen Klerus gegenüber den im Land lebenden Protestanten anschloß. Mit dem Edikt von Nantes aus dem Jahr 1598 (siehe Seite 27) war den französischen Protestanten, die sich zur strengen Theologie des Calvinismus bekannten, völlige Religionsfreiheit zugestanden worden. Ab 1651 hatte nicht nur der französische Klerus ganz allgemein, sondern auch eine Gruppe, die sich die „Gesellschaft vom Heiligen Sakrament“ nannte, alles in ihrer Macht Stehende getan, um die Auswirkungen des Edikts zunichte zu machen, indem man die darin enthaltenen Artikel streng nach dem Buchstaben des Gesetzes deutete.

Napoleons vorhergesagter Erfolg in Eylau

Die Flotte des Sonnenkönigs zerstörte viele Schiffe – aber nicht die „Barke des Petrus“

Da er die „Gallikanische Kirche“ bei den bevorstehenden Auseinandersetzungen mit Rom auf seiner Seite haben wollte, unterstützte Ludwig diese Politik der religiösen Konfrontation von Beginn an. Bis 1685 arbeitete man gegen die Hugenotten (die französischen Calvinisten) mit einer Zermürbungstaktik und nahm ihnen nacheinander ihre Schulen, Kollegien und Spitäler weg. Sie wurden mit hohen Geldstrafen belegt und wenn damit keine Bekehrungen zum Katholizismus zu erreichen waren, wurde eine gewalttätige Soldateska bei ihnen einquartiert. 1685 schließlich widerrief Ludwig einfach das Edikt von Nantes und begann mit einer Politik der offenen Verfolgung, die dann zu einem acht Jahre dauernden, von Nostradamus fast 150 Jahre früher (siehe Kasten) richtig vorhergesagten Kleinkrieg führte.

Drei Jahre nach Aussetzung des Edikts fanden die Anstrengungen Ludwigs, die er seit 1670 im Hinblick auf eine katholische Herrschaft in England unternommen hatte, ein unrühmliches

Ende (siehe Seite 37). Sowohl das Scheitern dieser Pläne wie auch die Persönlichkeit des Mannes, der dafür verantwortlich war – Wilhelm von Oranien –, waren von Nostradamus prophezeit worden, nämlich in *Siècles* II, Verse 67, 68 und 69.

Wilhelm war der Schwiegersohn Jakobs II. von England, des vormaligen Herzogs von York und jüngerer Bruder Karls II. Über Aufforderung einer großen Zahl hochgestellter Protestanten fiel er in England ein und übernahm mit seiner Frau Maria den Thron. Das war ein entscheidender Schlag gegen Ludwig, den Nostradamus vorausgesagt hatte:

Ein gallischer König vom keltischen
Recht [d. h. Holland]
Der die Zwietracht der Großen
Monarchie sieht,
Wird sein Zepter über drei Leoparden
schwingen
Gegen den Cappe
[Capet, d. h. den französischen
König] *der großen Hierarchie.*

Wilhelm von Oranien besiegte die drei Leoparden

Die „drei Leoparden" bedürfen einer näheren Erklärung: Sie sind die (oft fälschlich als Löwen bezeichneten) Leoparden im königlichen Wappen Englands.

NOSTRADAMUS UND DER KLEINKRIEG

Als Ludwig 1685 das Edikt von Nantes widerrief, kam es zwar tatsächlich zu Massenauswanderungen und Massenbekehrungen, das organisierte Hugenottentum überlebte jedoch, vor allem in den Gebirgsgegenden der Cevennen.

1703 schießlich erhoben sich die zur äußersten Verzweiflung getriebenen protestantischen Bergbewohner und führten acht Jahre lang einen tapferen, aber schließlich doch erfolglosen Kleinkrieg gegen die Armee des Königs. Dieser mutige Kampf und sein unglücklicher Ausgang wurden von Nostradamus in *Siècles* III, Verse 63 und 64, vorhergesagt:

Die keltische [d. h. hier gallische
bzw. französische Armee] *gegen*
die Bergbewohner,
Die, erkannt und in die Falle
gegangen,
Durch das Schwert umkommen
werden . . .

Hier handelt es sich um eine etwas unpräzise Vorhersage, und man könnte argumentieren, daß sie ganz einfach auf irgendeine französische Armee, die Bergbewohnern eine Niederlage bereitet, anwendbar ist. *Siècles* II, Vers 64, gibt aber Hinweise auf die Anhänger Calvins und die Cevennen und ist daher sehr präzise:

Die Menschen von Genf [d. h. die
Calvinisten] *werden vor Durst und*
Hunger verdorren,
Ihre Hoffnungen werden fehlschlagen;
Das Gesetz der Cevennen wird am
Ende sein,
Die Flotte kann in den großen
Hafen nicht einfahren.

Bei der letzten Zeile handelt es sich um einen Hinweis auf die Tatsache, daß der internationale Calvinismus den Kamisarden, also den protestantischen Guerillas, nicht in wirksamer Form zu Hilfe eilte. An sich muß der Vierzeiler jedenfalls als prophetischer Volltreffer betrachtet werden.

REVOLUTION

BLUTVERGIESSEN & DAS ATOM

N & DAS ATOM

REVOLUTION

BLUTVERGIESSE

NOSTRADAMUS LEBTE ZU EINER ZEIT, ALS MONARCHEN DIE WELT REGIERTEN UND EIN GALOPPIERENDES PFERD DAS SCHNELLSTE FORTBEWEGUNGSMITTEL WAR – DOCH BEI SEINEN ZEITREISEN SAH ER DIE RAUMFAHRT VORAUS, REPUBLIKANISCHE REVOLUTIONEN UND DIE ERRUNGENSCHAFTEN DER MODERNEN TECHNOLOGIE.

Fast jeder, der die *Siècles* des Nostradamus ganz oder in Teilen entweder im Original oder in einer wörtlichen Übersetzung liest, reagiert zunächst einmal mit Verwirrung, da diese Vierzeiler größtenteils in einer indirekten und verschlüsselten Sprache abgefaßt sind, wobei auf einzelne Personen mittels eines Decknamens hingewiesen wird. Schon der Titel des Buches ist irreführend, denn das Wort *Siècles* („Jahrhunderte") unterstellt, daß Nostradamus seinen Prophezeiungen eine bestimmte chronologische Struktur zugrunde legte, das heißt also, daß die Vierzeiler am Anfang des Buches Ereignisse behandeln, die sich in unmittelbarer zeitlicher Nähe des Sehers abspielten und jene am Ende in der ferneren Zukunft.

Revolution ist eines der Hauptthemen in den Siècles *des Nostradamus*

In den „Jahrhunderten" weist jedoch nichts ausdrücklich darauf hin, daß bei der Abfassung irgendeine logische Struktur verfolgt wurde. Viel eher scheint es sich um die Aufzeichnung einer Reihe von Visionen zu handeln, die sich teilweise der Kontrolle des Sehers entzogen und die ihm eine sozusagen zufällige Auswahl von Blicken in die Zukunft gewährten – in ein oder zwei Fällen handelt es sich in der Tat um einen Blick in die Vergangenheit, denn wir haben auch eine verschwindend kleine Anzahl von Vierzeilern, bei denen es sich offenbar um „retrospektive Prophezeiungen" handelt; das bedeutet, daß ihr Inhalt anscheinend auf Ereignisse zutrifft, die bereits stattgefunden haben, bevor Nostradamus darüber schrieb.

Doch wie auch immer die Erklärung für die Tatsache lauten mag, daß die Vierzeiler, aus denen sich das Werk *Siècles* („Jahrhunderte") zusammensetzt, weder in chronologischer Reihenfolge noch – soweit wir das abschätzen können – in irgendeiner strukturierten Form angeordnet sind, müssen alle, die Nostradamus deuten wollen, sie als Faktum anerkennen und versuchen, so gut wie möglich damit zu Rande zu kommen. Nirgendwo sind übrigens die Probleme größer als bei der Behandlung der Prophezeiungen, die in diesem Abschnitt folgen. Vierzeiler, die sich auf Napoleon beziehen, finden sich beispielsweise in fast allen zehn Abschnitten der *Siècles,* und doch scheint es sich – wie der Leser erkennen wird – bei all diesen verstreuten Versen zweifellos um denselben Mann zu handeln.

STURM, FEUER & BLUTIGES GEMETZEL

Die Ernte der Opfer der Französischen Revolution

Nachts werden durch die Wälder von Reines
Zwei Partner auf einen Umweg kommen,
die Königin, der weiße Stein,
Der Mönchskönig in Grau in Varennes,
Der gewählte Capet, Sturm, Feuer, blutiges Gemetzel sind die Folge.

Wie ist dies doch das größte Ereignis, das je auf der Welt stattfand! Und wie sehr das beste!", schrieb Charles James Fox (1749–1806), Führer des radikalen Flügels der Whigs im britischen Unterhaus und vielleicht größter englischer Parlamentsredner aller Zeiten, als er vom Ausbruch der Französischen Revolution hörte.

Nostradamus, der mehr als 200 Jahre vor dem Ereignis, das Fox in einem Brief an seinen Freund Richard Fitzpatrick kommentierte, starb, hatte dazu eine ganz andere Ansicht. Seiner Meinung nach war die Französische Revolution eines der schlimmsten Ereignisse in der Geschichte der Menschheit, und nicht das beste; fast alle Hinweise auf die Jakobiner und die anderen Revolutionäre, die sich in den Vierzeilern der *Siècles* finden, sind extrem negativ.

Doch, so könnte man fragen, gab Nostradamus tatsächlich spezielle Hinweise auf die Revolution, 200 Jahre bevor sie stattfand? Alles deutet darauf hin, daß dem so ist. Nehmen wir beispielsweise den Inhalt von *Siècles* IX, Vers 20:

Als der Vierzeiler erstmals übersetzt wurde, wußte man damit nichts anzufangen, doch zu Beginn der neunziger Jahre des 18. Jahrhunderts wurde seine Bedeutung offenkundig, und was mehr oder weniger unverständlich geklungen hatte, war von der Geschichte als bedeutsam und als Beweis für die seherischen Fähigkeiten des Nostradamus enthüllt worden.

Das Bemerkenswerteste an diesem Vierzeiler ist, daß er den Namen Varennes erwähnt, denn diese eher unbedeutende Gemeinde kann nur mit einem

Blutiges Ende – die Hinrichtung Ludwigs XVI.

einzigen Ereignis von historischer Bedeutung in Zusammenhang gebracht werden – mit der Tatsache nämlich, daß im Jahr 1791 ebendort der Versuch Ludwigs XVI. und seiner Gemahlin Marie Antoinette fehlschlug, der Revolution zu entkommen.

Die beiden hatten sich in der Tat auf einen Umweg durch die Wälder von Reines nach Varennes aufgemacht, Ludwig war offenbar in unauffälliges Grau und nicht in das Scharlach und Gold gekleidet, das üblicherweise mit Monarchen des 18. Jahrhunderts in Zusammenhang gebracht wurde, und die Gefangennahme des königlichen Paares löste zweifelsohne einen Sturm aus (im Sinne eines gesellschaftlichen Aufruhrs) und führte zum erneuten Aufflackern der Revolution, zu „blutigem Gemetzel“ – sowohl Ludwig wie auch seine Königin endeten auf der Guillotine.

Zwei Ausdrücke in dem Vierzeiler – „der gewählte Capet“ und „der weiße Stein“ – müssen näher erläutert werden.

Mit der Bezeichnung der „gewählte“ oder „gekürte“ Capet wies Nostradamus mit fast absoluter Sicherheit auf Ludwig XVI. hin. Genaugenommen sollte der Name „Capet“ zwar nur für Monarchen aus einer früheren französischen Dynastie (Kapetinger) und nicht für die Bourbonen, deren Oberhaupt Ludwig XVI. war, verwendet werden. Allerdings meinte man damit im weiteren Sinne jeden regierenden König Frankreichs.

Der „weiße Stein“ kann nicht so leicht erklärt werden, obwohl sich viele Kommentatoren daran versucht haben. So wurde beispielsweise ein Bezug mit der sogenannten „Halsbandaffäre“ hergestellt, die um 1780 stattfand und viel dazu beitrug, daß das Königshaus in Verruf geriet und bei der es um ein Diamanthalsband, um einen senilen, leichtgläubigen Kardinal, Marie-Antoinette und einen obskuren Abenteurer ging, der sich selbst Cagliostro nannte – ein Mann mit gewissen scharlatanesken Charakterzügen, der aber zweifellos auch über seherische Fähigkeiten verfügte.

Es mag sein, daß alle jene, die den „weißen Stein“ bei Nostradamus als das anrüchige Diamanthalsband identifizierten, im Recht sind, obwohl dem Autor dieser Zeilen eine derartige Interpretation weit hergeholt erscheint. Die tatsächliche Bedeutung von *Siècles* IX, Vers 20, liegt vielmehr darin, daß damit offenbar ein unwiderlegbarer Beweis geliefert wird, in welchem Maß Nostradamus um 1550 bereits über mysteriöse Details eines Ereignisses Bescheid wußte, das erst 1791 stattfinden sollte.

UNKLARHEITEN DER PROPHEZEIUNGEN

König und Königin kehren nach dem Urteilsspruch von Varennes zurück

Die Verwendung unklarer, oft unleserlicher Ausdrücke, von Neologismen, die Nostradamus aus dem Griechischen und dem Lateinischen ableitet, sowie von Anagrammen, die manchmal vollständig (wie etwa „Rapis“ für Paris), zumeist aber unvollständig sind, macht die Interpretation der Verse sehr schwierig.

Das französische Original des Vierzeilers, in dem die erfolglose Flucht Ludwigs XVI. und seiner Gemahlin vorhergesagt wird, enthält zwei für Nostradamus typische Teilanagramme. Eines davon ist „Herne“, ein unvollständiges Anagramm für Reine (Königin), wobei der Buchstabe i in ein h, den vorangehenden Buchstaben im Alphabet, umgewandelt wird, während das andere „noir“ (schwarz) ist, eine Verzerrung, die in den *Siècles* mehr als einmal dazu verwendet wird, das französische Wort für König, Roi, zu vermitteln.

DER BÖSE SENSENMANN

Tod des Jakobinerführers Jean Paul Marat

Die in Erfüllung gegangene Prophezeiung des Nostradamus über den Fluchtversuch Ludwigs XVI. und Marie Antoinettes aus Frankreich (siehe Seiten 42–43) war keineswegs die einzige Vorhersagung, die sich auf die Französische Revolution und die darauffolgenden Ereignisse bezog. Tatsächlich ist die Revolution in den *Siècles* das vorherrschende Thema. Von den knapp 1.000 Vierzeilern dürften sich zumindest 40 auf die Geschichte Frankreichs während der Ersten Republik und des darauffolgenden Napoleonischen Kaiserreiches beziehen.

Das sind natürlich nicht mehr als vier Prozent – doch da die fraglichen Jahre nur rund ein Vierteljahrhundert umfaßten und die *Siècles* sich mit der Vorhersage von Ereignissen beschäftigen, die zu Lebzeiten des Sehers beginnen und bis zu einem Zeitpunkt nach dem Jahr 3000 hinausreichen, handelt es sich um einen erstaunlich hohen Prozentsatz.

Nicht alle dieser 40 „Revolutionsverse" sind so präzise wie *Siècles* IX, Vers 20 (siehe Seite 42) oder andere Prophezeiungen auf den folgenden Seiten. Einige von ihnen sind recht allgemeiner Natur – d. h. wenn sie auch in jeder Hinsicht auf die Revolution anwendbar scheinen, ist es genausogut möglich, daß sie sich statt dessen auf Ereignisse der Geschichte Frankreichs bezogen, die noch in der Zukunft liegen. Ein typischer derartiger Vers ist *Siècles* VI, 23:

Die Befestigungen [des Reiches] *vom*
Geist des Königreiches untergraben,
Das Volk wird gegen seinen König
aufgehetzt werden,
Friede neu gemacht, Heilige Gesetze
entarten
Nie noch war Rapis [Paris] *in so*
mißlicher Lage.

Dieser Vers paßt auf die ersten Jahre der Revolution besser als auf jede andere Periode, es könnte sich aber dabei um eine doppelte oder dreifache Prophezeiung handeln.

Eine andere doppelte Prophezeiung findet sich in *Siècles* I, Vers 53, von dem man annehmen könnte, daß es sich dabei um die Vorhersage sehr ähnlicher Ereignisse als Folge der Französischen und der Russischen Revolution handelt:

Wir werden sehen, wie ein großes Volk
gemartert wird,
Und das Heilige Gesetz zur Gänze
zerstört,
Die Christenheit unter anderem Gesetz
[als dem christlichen]
Wenn eine neue Quelle von Gold und
Silber [d. h. Geld] *gefunden wird.*

Dieser Vierzeiler scheint sich sowohl auf die Unterdrückung des Katholizismus in Frankreich in den frühen neunziger Jahren des 18. Jahrhunderts (siehe unten) und mehr noch auf die grausame Unterdrückung der russischen Orthodoxie nach der bolschewistischen Revolution im Oktober 1917 zu beziehen. Auch die letzte Zeile kann im Zusammenhang mit beiden Revolutionen gesehen werden: Sowohl die französischen wie auch die russischen Revolutionäre fanden „eine neue Geldquelle". Sie druckten riesige Mengen an Papiergeld – die *assignats* in Frankreich, bolschewistische Rubel in Rußland –, die schnell an Wert verloren und zuletzt fast wertlos waren.

War diese doppelte Bedeutung des Vierzeilers von Nostradamus gewollt? Oder ist sie, wie Skeptiker meinen könnten, ein Beweis dafür, daß die Interpreten der Prophezeiungen des Nostradamus die Bedeutung der Verse des Sehers verdrehen, damit sie auf die ihnen passend erscheinenden Ereignisse zutreffen?

Robespierre auf dem Weg zur Guillotine

Die Antwort findet sich in den beiden unmittelbar auf *Siècles* I, Vers 53, folgenden beiden Zeilen, in denen Nostradamus unmißverständlich zu verstehen gab, daß er sich auf zwei Revolutionen bezogen hatte:

Zwei Revolutionen werden vom bösen
Sensenmann verursacht werden
Königreiche und Jahrhunderte
verwandeln . . .

Mit dem „bösen Sensenmann" meinte Nostradamus den Planeten Saturn – den „Großen Malefiz" der Astrologie des 16. Jahrhunderts –, dessen Symbole das Stundenglas und die Sense sind. In diesen beiden Zeilen stellte er die Behauptung auf, daß schlußendlich der Einfluß des Saturn sowohl die Französische wie auch die Russische Revolution verursachte.

BIENENWACHS UND HONIG

Eine weitere Prophezeiung hinsichtlich der Verfolgung des französischen Klerus während der frühen neunziger Jahre des 18. Jahrhunderts findet sich in *Siècles* I, 44:

In kurzer Zeit werden [nicht
christliche] *Opfer wiederbelebt,*
Ihre Gegner zu Märtyrern.
Nicht länger werden da Mönche,
Äbte oder Novizen sein,
Honig wird mehr kosten als
Bienenwachs.

Damals lag der Preis von Bienenwachs bereits über dem des darin enthaltenen Honigs; mit der letzten Zeile seines Verses deutete Nostradamus daher an, daß der Preis für Bienenwachs während einer Zeit religiöser Verfolgung fallen würde, weil es für die Herstellung von Votiv- und Altarkerzen nicht mehr so gefragt sein würde. Die vorangehende Zeile bezieht sich auf die Unterdrückung der religiösen Orden als Folge der Einführung der Verfassung des Jahres 1790 und anderer legislativer Neuerungen. In der Bretagne und auch anderswo wurden jene, die sich diesen Veränderungen entgegenstellten, tatsächlich zu Märtyrern.

Robespierre, verschworener Gegner des Christentums

Die Erwähnung der Wiedereinführung heidnischer Opfer, die am Beginn des Vierzeilers steht, bezieht sich auf die pseudoreligiösen Riten, die von den radikaleren Revolutionären vorübergehend in Frankreich eingeführt wurden: z. B. die Verehrung der „Göttin der Vernunft" (1. November 1793) und das absurde, von Robespierre orchestrierte „Fest des Höchsten Wesens".

KAMPF IN DEN TUILERIEN

Viele Verse der *Siècles* mögen früheren Interpreten obskur erschienen sein, doch wurden sie durch die folgenden geschichtlichen Ereignisse verdeutlicht. Einer davon ist *Siècles* IX, Vers 34:

Der einsame Ehepartner wird eine
Mitra tragen,
bei der Rückkehr wird der Kampf bei
dem thuille andauern
von Fünfhundert wird ein Gerechter
verraten werden,
Narbone und Saulce, wir werden Öl für
Messer haben.

„Narbone" war vielleicht die Stadt Narbonne, thuille hingegen entweder ein Neologismus des Sehers oder eine ungewöhnliche Version eines Wortes, das soviel wie Ziegel oder Ziegelofen bedeutete. Jedenfalls konnte ein Kommentator der Vierzeiler erst etwa 250 Jahre nach der ersten Veröffentlichung aus dieser Prophezeiung einen Sinn herauslesen.

Ein Student des Nostradamus unternahm im 17. Jahrhundert den kühnen Versuch, eine Deutung zu liefern. Er faßte *thuille* als leicht verzerrte Version eines französischen Wortes für Dachziegel auf und übersetzte den Vers folgendermaßen:

Der getrennte Gatte wird eine Mitra
tragen,
Zurückgekehrt, Schlacht, wird er über
den Ziegel schreiten
Von Fünfhundert wird ein Gerechter
verraten werden,
Narbon und Salces werden Öl nach
Zentnern haben.

Seine Deutung dazu lautete: „Der Vers bedeutet, daß ein bestimmter Mann, der verheiratet gewesen, sich von seiner Frau trennt und es zu kirchlichen Würden bringt . . . bei seiner Rückkehr von einem bestimmten Ort oder einer bestimmten Unternehmung wird er gestellt und bekämpft, so daß er gezwungen ist, über die Dachziegel eines Hau-

Der von Nostradamus vorhergesagte „Betrug" gewann nach dem Treueeid der Nationalversammlung auf die Revolution an Stoßkraft

ses zu entfliehen . . . ein Mann von großer Bedeutung wird von 500 seiner Männer verraten werden . . . wenn es so weit gekommen ist, werden Narbon und Salces . . . die Ernte einbringen und eine große Menge Öl herstellen.“

Eine sehr geschickte Interpretation – leider ziemlich unwahrscheinlich. So merkwürdig es in der Kirche im 17. Jahrhundert auch zugegangen sein mag, war es doch kaum möglich, daß ein Mann nach der Trennung von seiner Frau ein hohes kirchliches Amt erreichte, um anschließend „gestellt und bekämpft“ zu werden und seinen Angreifern tollkühn über Hausdächer zu entkommen.

In den Jahren 1791 und 1792 bekamen die scheinbar obskuren Verse aber plötzlich einen Sinn. Im Juni 1791 hatten Ludwig XVI. und seine Frau Marie Antoinette den Versuch unternommen, aus dem revolutionären Frankreich zu fliehen (siehe Seiten 42–43). Dieser Versuch war von Anfang an zum Scheitern verurteilt, da König, Königin und ihre Getreuen in einer riesigen, schwerfällig dahinrumpelnden Kutsche reisten, die unweigerlich die Aufmerksamkeit auf sich zog.

In der kleinen Ortschaft Sainte-Menehould bemerkte ein Mann namens Drouet, daß ihn das Gesicht eines der Männer in der Kutsche an das Porträt des Königs auf den 50-Livres-Assignaten (Papiergeld, das mit konfiszierten Kirchengütern besichert war), erinnerte. In Varennes wurde die ganze Gesellschaft angehalten und gefangengenommen, wobei sich besonders ein Mann namens Saulcer hervortat, ein Wachszieher, Krämer und Ölhändler – Name und Beruf weisen auf das in der letzten Zeile des Verses im Zusammenhang mit Öl erwähnten Saulce hin.

500 Republikaner aus Marseille plünderten gemeinsam mit den Bürgern von Paris die Tuilerien

Der Rest des Vierzeilers bezieht sich ebenfalls sehr deutlich auf die Flucht Ludwigs XVI. und die kurz darauf folgenden Ereignisse. Die erste Zeile lautet: „Der einsame Ehepartner wird eine Mitra tragen“: Nach seiner Rückkehr von Varennes nach Paris trug der König eine „Mitra“, und er war ein „einsamer Ehepartner“ – letzteres, weil er politisch immer mehr von seinen eigenen Beratern und in zunehmendem Maße auch von Marie Antoinette isoliert wurde, die selber eine Marionette seines reaktionären schwedischen Beraters Graf Hans Axel von Fersen war. Am 20. Juni 1792 setzte man Ludwig buchstäblich eine Mitra auf, als der Pöbel in den Tuilerien-Palast eindrang und seinen Monarchen zwang, das *bonnet rouge*, die rote Mütze der Freiheit aufzusetzen, deren Vorbild die phrygische Mütze der Antike gewesen war.

Und wie steht es mit den nächsten Zeilen des Vierzeilers, „Bei der Rückkehr wird der Kampf bei dem thuille andauern“ und „Von Fünfhundert wird ein Gerechter verraten werden“?

Wie auf den Seiten 48–49 beschrieben, war der Schauplatz des Kampfes, der am 10. August 1792 stattfand und fast unmittelbar zum Sturz des Königs führte, der Tuilerien-Palast. Dieser Palast, der zum Zeitpunkt der ersten Veröffentlichung der *Siècles* weder in Bau noch, soweit bekannt, im Planungsstadium war, wurde dann an der Stelle errichtet, wo sich früher zumindest ein Ziegelbrennofen, der *thuille* des Vierzeilers, befand.

Der Kampf beim Ziegelofen dauerte nach der fehlgeschlagenen Flucht und der Rückkehr Ludwigs XVI. nach Paris tatsächlich an. Wo zwei Jahrhunderte zuvor Lehmbrocken zu Dachziegeln für die Dächer von Paris gebrannt worden waren, wurde nun eine von den jakobinischen Theoretikern geformte neue Ideologie in der Hitze der Schlacht zu einer französischen Republik gebrannt.

Und die „Fünfhundert“, die der Prophezeiung zufolge „einen Gerechten“ verraten würden? Der eine Gerechte war der König. Die „Fünfhundert“, die ihn verrieten, waren wahrscheinlich die „Föderalisten“ aus Marseille, die am Kampf in den Tuilerien teilnahmen. Denn dem Historiker Louis Thiers (1797–1877) zufolge hieß es: *ils étaient cinq cents* – sie waren Fünfhundert.

DER BEGINN EINER NEUEN ÄRA

Zerstörung des Symbols der Monarchie – das Ende des „Ancien régime" in Frankreich

Der Erstausgabe der *Siècles* stellte Nostradamus eine „Epistel an Heinrich II." voll apokalyptischer Visionen voran. Die bei der Abfassung großer Teile dieser Schrift verwendete Sprache führte Skeptiker zu der Behauptung, daß es sich dabei um nichts anderes als eine vage, ja jeglichen Sinn entbehrende Aufstellung von Katastrophen handle, wo ganze Abschnitte durch einen geschickten Deuter derart verändert werden können, daß man sie auf jedes unerfreuliche Ereignis der letzten 400 Jahre anwenden könnte.

Doch es gibt sehr wohl sinnvolle und absolut präzise Prophezeiungen in der Epistel, die sich im Laufe der Geschichte bewahrheitet haben. Insbesondere eine ist von enormem Interesse, denn sie gibt eine bestimmte Jahreszahl – 1792 – für ein wichtiges vorhergesagtes Ereignis an. Die entsprechende Passage lautet:

> *Dann wird der Beginn* [einer Ära] *sein, die in sich selbst* [Verhaltens- und Denkmuster, die Art, wie Menschen die Welt betrachten] *beinhalten wird, die lange dauern wird, und in ihrem ersten Jahr wird es zu einer großen Verfolgung der christlichen Kirche kommen, schlimmer als die in Afrika* [hier handelt es sich mit größter Wahrscheinlichkeit um einen historischen Hinweis auf die grausame Christenverfolgung durch die Vandalen im 5. Jahrhundert in Nordafrika], *und dies wird zum Ausbruch kommen im Jahre eintausendsiebenhundertundzweiundneunzig.*

Es läßt sich wahrlich nicht leugnen, daß die Prophezeiung des Nostradamus, im Laufe des Jahres 1792 würden Ereignisse stattfinden, die den Beginn einer neuen Ära kennzeichnen, korrekt war. Wenn irgendein Jahr rechtens als Markstein für den Beginn der neuen Ära, in der wir nunmehr leben, betrachtet werden kann, so ist es sicherlich das Jahr 1792 – mit wesentlich größeren Recht jedenfalls als andere Kandidaten für diese zweifelhafte Ehre, wie etwa 1776, als Englands nordamerikanische Kolonien ihre Unabhängigkeit vom Mutterland erklärten, oder 1789, als Ludwig XVI. die Generalstände einberief.

Das Ereignis, das das Jahr 1792 aus allen anderen Jahren heraushob, fand am

Die aus der Bürgerarmee gebildete Nationalgarde, die aus der Revolution erwuchs, war Teil der neuen Ära

10. August statt, als der Pöbel den Tuilerien-Palast stürmte, der die Heimstatt der französischen Königsfamilie geworden war, nachdem man sie aus Versailles vertrieben hatte. Tatsächlich handelte es sich bei diesem Sturmangriff um eine sorgfältig organisierte und hervorragend geplante Sache, für die ein Aufständischenkomitee verantwortlich zeichnete, das sich größtenteils aus Jakobinern zusammensetzte, der extremen Linken der revolutionären Bewegung, die eng mit Extremistengruppen in Brest und Marseille zusammenarbeitete.

Unmittelbare Auswirkung des Sturmangriffes war, daß im Kampf Mann gegen Man 400 Aufständische und 800 Mann der königlichen Truppen den Tod fanden; daß der König zunächst der Regierungsgeschäfte enthoben, dann abgesetzt und schließlich hingerichtet wurde; daß die folgenden Septembermassaker, bei denen Hunderte gefangengenommene Geistliche, Männer und Frauen aus der Aristokratie, aber auch einfache Royalisten – ja sogar Prostituierte und Kleinkriminelle – mit größter Brutalität von den Sans-Culottes, den Verbündeten der aus der Mittelklasse stammenden Jakobiner, hingemetzelt wurden; und daß die Kommune von Paris in jeder Hinsicht, nur nicht dem Namen nach, zur Zentralregierung Frankreichs wurde.

Die letzlichen Konsequenzen dieses erfolgreichen Aufstandes, der an jenem heißen Augustnachmittag des Jahres 1792 stattfand, haben bis heute unser aller Leben beeinflußt. Jeder auch nur ansatzweise Versuch, sie umfassend darzustellen, würde den Umfang eines Buches wie des unseren sprengen. Es soll daher nur darauf hingewiesen werden, daß diese Pariser Ereignisse des August 1792 – Ereignisse, von denen Nostradamus offenbar schon 250 Jahre davor genaue Kenntnis besaß – direkt zum Entstehen jener Ideologien führten, die die Weltpolitik mehr als zwei Jahrhunderte lang beherrscht haben: Säkularisierung, Nationalismus, revolutionäre Demokratie und Sozialismus.

Im Zusammenhang mit der Prophezeiung, daß das Jahr 1792 den Beginn einer neuen Ära markieren würde, ist ein weiterer Umstand zu bedenken. In jenem Jahr führten die französischen Jakobiner einen neuen Kalender ein. Die traditionellen Namen der 12 Monate des Jahres, die sich aus der klassischen Mythologie und Geschichte ableiteten und die die radikaleren Revolutionäre daher als aus der Mode gekommene Relikte der Vergangenheit ansahen, wurden abgeschafft, und ebenso wurde die Jahreszahl verändert, so daß diese nicht länger auf einer christlichen Chronologie basierte.

Um Mitternacht vom 21. zum 22. September 1792 begann das „Jahr I der Republik". Es dauerte ganze 365 Tage und bestand aus 12 Monaten, zu je 30 Tagen und 5 zusätzlichen Tagen. Die neuen Monate bekamen „rationale" Namen; so hieß etwa der Monat, von dem man annahm, daß er der heißeste sein würde – und der zu jenem Zeitpunkt begann, der für die meisten Leute immer noch der 22. Juli war – „Thermidor" (Hitze).

So erfüllte sich im September 1792 die Prophezeiung des Nostradamus auf den Buchstaben genau. Jedenfalls hatte er prophezeit, daß die „neue Ära" lange dauern würde; und wer sich mit Marxismus beschäftigt, wird immer wieder Hinweise auf diesen Kalender finden.

Der Sohn Ludwigs XVI. starb 10jährig im Gefängnis

NAPOLEON – KAISER UND SOLDAT

Der Aufruhr in Europa, der mit dem Ausbruch der Französischen Revolution begann, war keine vorübergehende Erscheinung, und die Erste Republik, die auf die Regierungszeit Ludwigs XVI. folgte, war eine Zeit stetigen Wandels. Robespierre und seine Verbündeten traten an die Stelle der gemäßigteren Republikaner, um in der Folge selber vom korrupten Direktorium abgelöst zu werden, auf das das Konsulat und das Kaiserreich Napoleon Bonapartes folgten.

Aufstieg und Fall Napoleons wurden von Nostradamus vorhergesagt. Es gibt in der Tat so viele Vierzeiler, die sich auf Napoleon beziehen, daß nur einige wenige einer genaueren Interpretation unterzogen werden können. Der vielleicht bekannteste ist *Siècles* VIII, Vers 57, der da lautet:

Als einfacher Soldat wird er das
Kaiserreich erlangen,
Er wird das kurze Kleid mit dem langen
tauschen,
Mutig bei den Waffen, viel schlimmer
gegen die Kirche,
Verärgert er die Priester, wie der
Schwamm Wasser ansaugt.

Der Ausdruck „kurzes Kleid" war eine der doppeldeutigen Anspielungen des Sehers, denn er meinte damit sowohl den Mantel, den der künftige Kaiser schon als einfacher Kadett trug, wie auch die Robe, die er als Erster Konsul bei offiziellen Gelegenheiten anlegte. Das „lange Kleid", das er dagegen tauschte, war die Krönungsrobe anläßlich seiner Krönung 1804 durch Papst Pius VII. Die Bedeutung der dritten und vierten Zeile ist klar, und auf welche Weise Napoleon „die Priester verärgerte", wird im Zusammenhang mit zwei weitern Vierzeilern auf Seite 55 erklärt.

Nostradamus wußte nicht nur, daß ein „einfacher Soldat das Kaiserreich erlangen" würde, er dürfte auch eine recht präzise Vorstellung vom Namen des Soldaten gehabt haben – so wird es jedenfalls in einer brillanten Interpretation von *Siècles* VIII, Vers 1, angedeutet:

PAU, NAY, LORON werden
mehr Feuer als Blut sein.
Um im Jubel zu baden, wird der große
Mann im Zusammenfluß schwimmen,
Er wird den Elstern den Zutritt
verwehren.
Pampon und die Durance werden sie in
Grenzen halten.

Kaiser Napoleon I.

Napoleons Krönung in der Kathedrale Notre Dame, 1804

Die drei Namen am Beginn der ersten Zeile sind von kleinen, historisch bedeutungslosen Städten im Westen Frankreichs. Nostradamus war allerdings der Meinung, daß diese Namen in Großbuchstaben zu drucken sind, was bei ihm fast immer ein Hinweis darauf war, daß er die großgeschriebenen Worte in einem anderen Sinn verwendete – gewöhnlich ging es dabei um ein Anagramm oder irgendein anderes Wortspiel.

Ein Anagramm, das ein an sich verläßlicher französischer Interpret der *Siècles* aus diesen Ortsnamen herauslas, lautet NAPAULON ROY – also „König Napoleon". Wie dieser Kommentator vor mehr als einem Jahrhundert weiters ausführte, hat Nostradamus hier vielleicht auf die Art und Weise angespielt, wie der Kaiser die Schreibweise seines Nachnamens vom korsischen „Buonaparte" in das französischere „Bonaparte" umänderte.

Napoleons Ende vorhergesagt

Daß dies vielleicht der Fall war, wird auch durch die Tatsache untermauert, daß in *Siècles* I, Vers 76, einem der eigenartig doppeldeutigen Vierzeiler, in denen Nostradamus offenbar eine Prophezeiung aussprach, die auf zwei verschiedene Männer anwendbar ist, er sich über die „barbarischen" Nachnamen von Napoleon und Adolf Hitler lustig machte.

Nostradamus mag Napoleons Nachnamen gekannt haben oder auch nicht – es scheint aber gewiß, daß er, wie auf den nächsten zwei Seiten beschrieben, über das Schicksal des Kaisers Bescheid wußte.

DER ADLER, MAILAND UND PAVIA

Napoleons wachsender militärischer Ruhm wurde durch seinen siegreichen Italienfeldzug der Jahre 1796/97 gefestigt. Zwei der außergewöhnlichsten Episoden in diesem Blitzkrieg, die ersten und in gewisser Hinsicht größten militärischen Triumphe Napoleons, wurden von Nostradamus in *Siècles* III, Vers 37, vorhergesagt:

Vor der Attacke wird eine Rede
[oder ein Gebet] *gesprochen,*
Mailand, vom Hinterhalt getäuscht,
wird vom Adler eingenommen,
Die alten Mauern werden von der
Artillerie durchbrochen,
In Feuer und Blut wird nur wenigen
Barmherzigkeit gewährt.

Der „Adler" der zweiten Zeile, der Mailand einnimmt, ist Napoleon, er wird ja in mehreren der Vierzeiler als Adler apostrophiert, doch auf welche Einnahme Mailands (1796 oder 1800) bezieht sich der Vers?

Napoleon stoppt die Plünderung Roms

Eindeutig auf die erste, denn die Rede, auf die der Vierzeiler Bezug nimmt, war jene so außerordentlich wichtige, die der künftige Kaiser am Beginn des Italienfeldzuges 1796/97 vor seinen Truppen hielt: „Soldaten, ihr seid hungrig und fast nackt . . . Ich werde Euch in die fruchtbarsten Ebenen der Welt führen . . . Dort werdet Ihr Ehre, Ruhm und Reichtum finden . . . werdet Ihr es an Mut fehlen lassen?"

Mit der Besetzung Mailands und einiger Städte in der Umgebung fanden die Soldaten der französischen Armee die Reichtümer, die ihnen ihr General versprochen hatte. Leider waren ihre Forderungen so überzogen, daß die Bewohner Mailands, Pavias und Binascos sich mit den Bauern der Umgebung verbündeten und einen Aufstand vom Zaum brachen. Der Aufstand wurde mit größter Brutalität niedergeschlagen, vor allem in Pavia, und wie in der letzten Zeile des Verses vorhergesagt, kannten Napoleons Männer nur wenig Barmherzigkeit mit jenen, die ihnen bewaffnet in die Hände fielen.

DAS ENDE DES KAISERREICHES

Zum Zeitpunkt seiner Krönung (siehe vorhergehende Seiten), herrschte Napoleon über den gesamten europäischen Kontinent westlich der russischen Grenze. Seit Kaiser Karl V. hatte kein einzelner Mann mehr so große Macht in der westlichen Welt besessen.

Einziger gefährlicher und mächtiger Feind war England. Die englische Flotte beherrschte immer noch die Meere, und sein wirtschaftlicher Wohlstand wurde dazu verwendet, jeden europäischen Staat zu unterstützen, der kühn genug war, sich Napoleons Armee entgegenzustellen. England, so dachte Napoleon, war das einzige ernsthafte Hindernis, das es noch aus dem Weg zu räumen galt; er mußte die Vorherrschaft zur See brechen und, wenn möglich, das Land besetzen. Er versuchte beides und scheiterte – wie Nostradamus in *Siècles* I, 77, und VIII, 53 vorhergesagt hatte:

Zwischen zwei Meeren steht ein Vorgebirge,
Ein Mann, der später durch die Zügel [oder den Biß] *eines Pferdes sterben wird,*
Neptun entrollt ein schwarzes Segel für seinen Mann,
Die Flotte bei Calpre [Gibraltar?] *und Rocheval* [Cap Roche].

Obwohl mit diesem Vers offenbar eine Art Seeschlacht prophezeit werden sollte, bei der für eine der gegnerischen Flotten ein „schwarzes Segel" entrollt werden würde (d. h. entscheidend geschlagen), erscheint er bei einer ersten Lektüre doch sehr dunkel formuliert.

Die zweite Zeile allerdings, „ein Mann, der später durch die Zügel eines Pferdes sterben wird", liefert den Hinweis, mit dessen Hilfe das prophezeite Ereignis mit einer gewissen Wahrschein-

Die von Nostradamus vorhergesagte Niederlage der vereinigten Flotten Frankreichs und Spaniens bei Trafalgar

lichkeit als die Schlacht von Trafalgar identifiziert werden kann – die entscheidende Seeschlacht, bei der die Engländer die vereinigte französische und spanische Flotte schlagen und Napoleons Anspruch auf den Supremat zur See ebenso wie zu Lande zunichte machen konnten. Tatsächlich können nur wenige historisch bedeutende Kommandanten zur See von den Zügeln eines Pferdes getötet worden sein – Villeneuve allerdings, der Admiral, der die französische Flotte bei Trafalgar befehligte, dürfte aber doch auf diese eigenartige Weise ums Leben gekommen sein. Während der Schlacht gefangengenommen, wurde er im Jahr darauf entlassen und kehrte nach Frankreich zurück – um unter merkwürdigen Begleitumständen in einer Herberge in Rennes stranguliert zu werden. Zeitgenössischen Berichten zufolge hatte der Mörder die Zügel eines Pferdes als Tatwerkzeug gewählt.

Der restliche Vers ist einfach zu verstehen, das „Vorgebirge zwischen den beiden Meeren" ist Gibraltar, das sich zwischen Atlantik und Mittelmeer befindet.

Napoleons fehlgeschlagener Versuch einer Invasion in England und die Art, wie er seine unerfahrene Armee etwa zwei Monate vor der Seeschlacht von ihren Stellungen bei Boulogne abzog, wurde von Nostradamus in *Siècles* VIII, Vers 53, vorhergesagt:

In Bolongne [Boulogne] *wird er seine Fehler wegwaschen wollen,*
Im Tempel der Sonne kann er dies nicht tun,
Er wird davoneilen, um große Dinge zu tun,
In der Hierarchie fand er nie seinesgleichen.

Napoleons Rückzug aus Rußland

Die „Fehler", die Napoleon wegwaschen wollte, waren seine immer wiederkehrenden Fehleinschätzungen bezüglich der Vormachtstellung der Briten, was ihre Flotte und ihre wirtschaftliche Stärke betraf, durch die all seine militärischen Erfolge seit dem Ägyptenfeldzug von 1798 größtenteils zunichte gemacht worden waren. Doch was war der „Tempel der Sonne", in dem laut Nostradamus Napoleon im übertragenen Sinn seine Fehler nicht würde wegwaschen können?

Diese Phrase bedeutete ganz einfach nur England. Erstens bezog sich Nostradamus auf die Schriften eines vorchristlichen griechischen Geographen, der dort mit größter Wahrscheinlichkeit Stonehenge beschrieb, und zwar als Tempel des Sonnengottes Apoll. Zweitens spielte er auf die Tatsache an, daß nach alter Überlieferung Westminster Abbey, die Krönungskirche der englischen Monarchen seit den Zeiten der Normannen, an der Stelle eines römisch-britischen Sonnentempels errichtet worden war.

Nachdem Napoleon im Sommer des Jahres 1804 die Barkassen für die Invasion an der Kanalküste verlassen hatte, marschierte er mit seiner Armee ostwärts, besetzte Wien und fügte den vereinten Armeen Rußlands und Österreichs bei Austerlitz eine vernichtende Niederlage zu. Mit anderen Worten, er verließ eilends Boulogne, um „große Dinge" zu tun – wie Nostradamus es vorhergesagt hatte.

Napoleon dankte 1814 als Kaiser ab und verließ den europäischen Kontinent, um auf der Insel Elba die Herrschaft zu übernehmen. Natürlich wurde die winzige Insel zu klein für ihn; er kehrte nach Frankreich zurück, wo er sich zum Kaiser ausrufen ließ. Nach einer Regierungszeit von nur 100 Tagen wurde er allerdings von England und Preußen bei Waterloo geschlagen und ging ins Exil nach St. Helena, wo er 1821 starb.

Diese letzteren Ereignisse schienen immer wieder Teil der Visionen des Nostradamus gewesen zu sein, denn sie wurden, wie immer in allegorischer und symbolischer Form verschlüsselt, in mehreren Versen beschrieben, so berichten etwa *Siècles* II, Vers 66 und *Siècles* X, Vers 25, in symbolhafter, doch leicht deutbarer Weise von einigen Ereignissen, die während der kurzen Rückkehr Napoleons an die Macht stattfanden, und *Siècles* I, Vers 23 und 38 enthalten Prophezeiungen über die Schlacht von Waterloo. Beide Voraussagen wurden in symbolischer, quasi-heraldischer Terminologie, wie der Seher sie liebte, abgefaßt – beide aber sind bedeutungsvoll, wobei die erste die klare Aussage enthält, daß der Leopard, das Wappentier Englands, über die Adler der Großen Armee Napoleons triumphieren würde.

DER STUHL PETRI

In den *Siècles* finden sich zahlreiche Hinweise auf das Papsttum und auf einzelne Päpste. Es hat den Anschein, als ob Nostradamus, wie man es von einem Mann einer Zeit erwarten konnte, in der der Papst weltlicher wie geistiger Führer war, den Versuch unternommen hat, viele Visionen bezüglich des Papsttums und einzelner Personen, die auf dem Stuhl Petri sitzen sollten, zu erlangen. Einige der „Papst-Verse" beziehen sich auf Ereignisse, die noch nicht stattgefunden haben, und man darf annehmen, daß Nostradamus hier entweder falsch prophezeit hat oder, was wahrscheinlicher ist, daß sie erst irgendwann in der Zukunft stattfinden werden – möglicherweise in naher Zukunft (siehe Seiten 82–83). Andere wiederum sind so detailliert und entsprechen so genau den geschichtlichen Tatsachen, daß man mit gutem Grund annehmen darf, daß es sich dabei um bemerkenswerte Beispiele aus der Reihe der seherischen Volltreffer des Nostradamus handelt – etwa wenn er die Begleitumstände vorhersagt, unter denen ein ganz seltsames Exemplar nachmittelalterlicher geistlicher Spezies, nämlich ein Papst im Exil, sterben wird (siehe Kasten gegenüberliegende Seite).

Eine andere, sehr genaue Prophezeiung im Zusammenhang mit dem Papsttum findet sich in *Siècles* V, Vers 29, und lautet folgendermaßen:

Die Freiheit wird nicht wiedererlangt,
Es wird von einem [Mann, der]
schwarz, stolz, wild und böse [ist]
besetzt.
Wenn die Angelegenheit des Papstes
eröffnet wird
Von Hister, wird die Republik Venedig
verärgert sein.

Wenn wir die letzte Zeile des Verses wörtlich nehmen, müßte man glauben, daß sich die Prophezeiung auf das 18. Jahrhundert oder früher bezieht, denn die Republik Venedig verlor im Gefolge der Eroberungskriege Frankreichs seinen Status als unabhängiger Staat. Trotzdem waren sich die Interpre-

Peterskirche in Rom – Sitz der päpstlichen Macht, von größter Bedeutung für Nostradamus

ten des Nostradamus lange Zeit darin einig, daß der Seher in diesem Vierzeiler den Ausdruck „Republik Venedig" in quasi allegorischer Weise verwendete und damit so etwas wie „allgemeine Freiheiten auf der italienischen Halbinsel und die Handlungsfreiheit des Papstes" meinte.

Wenn man sich dieser Deutung anschließt – und die Argumente, die dafür sprechen, sind zahlreich und überzeugend –, dürfte es sich hier um die Zeitspanne von 1939 bis 1945 und bei dem erwähnten „Hister" um niemand anderen als Adolf Hitler handeln. Dieser Deutung zufolge hatte die nicht wiedererlangte Freiheit der ersten Zeile für Nostradamus doppelte Bedeutung. Erstens handelte es sich dabei um die politische Freiheit des italienischen Volkes, die es nach der Machtergreifung Mussolinis verloren hatte – er war der schwarz(hemdig)e böse Mann der zweiten Zeile. Zweitens ging es um die weltliche Freiheit der Päpste, die sie 1870 verloren hatten, als Rom gewaltsam dem Königreich Italien einverleibt wurde. Tatsächlich gewannen sie die Freiheit erst mit dem zwischen Mussolini und dem Vatikan abgeschlossenen Konkordat wieder, wobei ihnen Hitlers Einmischung in die inneren Angelegenheiten Italiens wie des Vatikans diese Freiheit vergällen sollte.

All das klingt nach Ansicht des Autors vielleicht ein wenig gar zu plausibel für die Interpretation einer Prophezeiung. Trotzdem muß man zugeben, daß einige Vierzeiler aus den *Siècles* „Hister" erwähnen und daß alles, was über ihn gesagt wird, im allgemeinen mit Ereignissen in Adolf Hitlers Leben übereinstimmt.

DIE VERÄRGERTEN PRIESTER

Wie bereits auf Seite 50 erwähnt, prophezeite Nostradamus in der letzten Zeile von *Siècles* VIII, Vers 57, daß Napoleon „die Priester ärgern würde, wie ein Schwamm Wasser ansaugt".

Die Prophezeiung des Sehers war korrekt – Napoleon verärgerte einen Großteil des katholischen Klerus, sowohl vor wie auch nach seiner Kaiserkrönung, und zwar nicht nur schlichte Gemeindepfarrer, sondern auch Bischöfe (zumindest einen früheren Bischof, den Aristokraten Talleyrand), Kardinäle und zwei Päpste (Pius VI. und Pius VII.).

Als Folge von Napoleons triumphalen Siegen in Italien (siehe Seite 51) wurde Papst Pius VI. als französischer Gefangener nach Frankreich gebracht, wo er im Spätsommer 1799 nach heftigem Erbrechen und Blutstürzen in Valence starb. Diesen Tod auf fremdem Boden hat Nostradamus eher vage in der letzten Zeile in *Siècles* I, Vers 37, prophezeit: „Papst und . . . Grabmal, beides in fremden Landen". Eine wesentlich genauere Voraussage findet sich in *Siècles* II, Vers 97:

Römischer Pontifex, hüte Dich davor,
Der Stadt mit zwei Flüssen zu nahe
zu kommen.
Du wirst Dein Blut an diesem Ort
spucken,
Du und die Deinen, wenn die
Rosen blühen.

Der Nachfolger des Papstes, der starb, als die Rosen des Sommers wie auch jene der Revolution in voller Blüte standen, war Pius VII., der 1814 ein Konkordat mit Frankreich schloß, trotzdem aber fast weitere vier Jahre von Napoleon als Gefangener gehalten wurde. Darauf spielte Nostradamus sowohl in der dritten Zeile von *Siècles* I, 4, „Zu diesem Zeitpunkt wird die Barke des Papsttums verlorengehen", wie auch in den beiden ersten Zeilen von *Siècles* V, 15 an, wo es heißt:

Auf seiner Reise [wörtlich Schiffsreise oder Segelreise]
Wird der Große Pontifex
gefangengenommen,
Die Anstrengungen des bekümmerten Klerus schlagen fehl . . .

Der Papst segnet den Boden

FALSCHE PROPHEZEIUNGEN

„Die Bevölkerung stirbt durch das Böse" während der Belagerung von Paris 1870

Nostradamus ist vielleicht der bekannteste Prophet der westlichen Welt, trotzdem waren nicht alle Einzelheiten seiner Vorhersagen stets korrekt. So stimmten etwa alle Details seiner Vorhersage über den Mord der Guise-Brüder in III, 51 (siehe Seite 21), nur nicht jene der letzten Zeile.

In der Zeile, wo es heißt „Angers, Troyes und Langres wird ihnen einen schlechten Dienst erweisen", sagte er ganz klar voraus, daß die erwähnten Städte jener Sache, die die Guise zu der ihren gemacht hatten, feindselig gegenüberstehen würden – nämlich dem Supremat des katholischen Glaubens in Frankreich. Tatsächlich hegte keiner der Männer, die diese Städte während der französischen Religionskriege regierten, besondere Sympathie für die protestantische Sache.

Es gibt einige im wesentlichen, wenn auch nicht zur Gänze korrekte Vorhersagen in bezug auf Ereignisse, die im 19. Jahrhundert stattfanden. Es kann sich dabei um Beispiele für fehlerhafte Vorhersagen des Nostradamus handeln – doch der Verfasser dieser Zeilen vermutet eher, daß es sich zumindest bei einigen um Irrtümer aus einer falschen Interpretation und nicht um Fehlleistungen handelt, die Nostradamus' Blick in die Zukunft umwölkten.

Ein hervorragendes Beispiel für eine wahrscheinlich falsch gedeutete Prophezeiung finden wir in X, 8. Die beiden ersten Zeilen wurden auf die Taufe des Sohnes Napoleons III. im Sommer 1856 bezogen und die dritte Zeile auf die Gattin Napoleons III., Kaiserin Eugenie. Von der vierten Zeile nahm man an, daß sie entweder nicht in Erfüllung gegangen war oder daß ihre Bedeutung so dunkel war, daß nicht festzustellen ist, ob sie sich nun erfüllt hat oder nicht. Der Vierzeiler lautet:

Mit erstem Finger und Daumen wird er die Stirn benetzen,
Der Graf von Senegalia seinem eigenen [Paten] *Sohn,*
Venus durch einige in kurzer Reihenfolge,
In einer Woche werden drei tödlich verwundet.

Nichts ist leichter, als bei den ersten zwei Zeilen eine auf Napoleon gemünzte Deutung zu fabrizieren – zweifellos handelt es sich um die Beschreibung einer Taufe, bei der ein „Graf von Senegalia" der erste Pate des Kindes sein würde. Da der Pate von Napoleons III. Sohn Pio Nono (Papst Pius IX.), der Sohn des Grafen Mastoi Feretti von Senigallia war, paßt der Vers sehr gut. Trotzdem gibt es absolut keinen Grund für die Annahme, daß der Vierzeiler auf irgendeine Weise etwas über Napoleon III. oder seine Familie aussagen will. Papst Pius IX. war der Pate sehr vieler Kinder, und die seherische Bedeutung des Verses kann sich zur Gänze auf das Leben von Menschen beziehen, die nicht in die Geschichte eingegangen sind.

Napoleon III., Thema vieler Vierzeiler

Die irrige – wenn es sich überhaupt um einen Irrtum handeln sollte – Interpretation von X, 8 entstand im 19. Jahrhundert aus dem Übereifer einiger französischer Studiosi, die unklar gebliebene Verse des Nostradamus so interpretierten, daß sie auf Ereignisse zutrafen, die ihnen vertraut waren oder von denen sie hofften, daß sie zu ihren Lebzeiten eintreten würden – etwa eine Restauration der Bourbonen nach dem Ende des Zweiten Kaiserreiches und die Ausrufung der Dritten Republik (1870).

Nicht alle im 19. Jahrhundert hergestellten Querbezüge zwischen den Voraussagen des Nostradamus und Ereignissen im Leben Napoleons III. gründen sich auf so zweifelhafte Schlußfolgerungen wie jene in *Siècles* X, 8. Sowohl IV, 100 wie auch V, 32 scheinen sich auf den Deutsch-Französischen Krieg zu beziehen, der zur Abdankung Napoleons III., zum Ende des Kaiserreiches, zur Ausrufung der Dritten Republik und zu einem mörderischen Vernichtungskampf zwischen der Armee und den Truppen der Pariser Kommune führte. Der erste Vers lautet:

Feuer wird fallen vom Himmel auf das königliche Gebäude,
Wenn das Feuer des Mars geschwächt ist:
Für sieben Monate ein heftiger Krieg, die Masse sterbend durch Böses,
Rouen und Evreux werden den König nicht im Stich lassen.

Während der Belagerung von Paris 1870, als sich der sieben Monate dauernde Deutsch-Französische Krieg seinem Ende näherte (das Feuer des Mars . . . geschwächt), wurde „dieses königliche Gebäude", die Tuilerien (siehe Seite 47), durch schweres Steilfeuer der Artillerie zerstört. Während der Belagerung wurden durch das „Böse" (Hungersnot und Krankheiten) mehr Pariser hinweggerafft als durch die militärischen Aktivitäten der Preußen. Und nach der Proklamation der Republik ließen Rouen, Evreux und andere Städte in der Normandie den „König nicht im Stich", denn sie waren Zentren jener Legitimisten, die eine Wiederkehr der Bourbonen auf den Thron wünschten.

Im Fall der hier angesprochenen Deutung scheint der Sinn des Verses nicht wesentlich entstellt worden zu sein. Man darf jedoch nicht vergessen, daß in jedem Jahrhundert, nicht nur im vergangenen, die Kommentatoren der Verse des Nostradamus die verständliche Neigung an den Tag legten, Verse ganz unbewußt so hinzutrimmen, daß sie auf Ereignisse paßten, die erst kürzlich stattgefunden hatten. Diesem Verhaltensmuster wird sich auch heute, trotz aller ernstgemeinter Bemühungen, keiner, der Nostradamus deutet, gänzlich entziehen können.

Papst Pius IX., Pate von Napoleons Sohn

Auf einigen der nun folgenden Seiten (insbesondere Seiten 68–71) sollte sich der Leser daher immer der Tatsache bewußt sein, daß der Autor dieser Zeilen möglicherweise selbst in jene Falle gegangen ist, die schon über jenem Kommentator zuschnappte, der zum ersten Mal *Siècles* X, Vers 8, auf die Taufe des Sohnes von Napoleon III. münzte.

NOSTRADAMUS UND DIE NAZIS

Nostradamus prophezeite Hitlers Einverleibung der Nachbarstaaten in ein großdeutsches Reich

Eines Abends im Winter 1939/40, in der Zeit militärischen Stillhaltens vor dem deutschen Blitzkrieg, der zur Kapitulation Frankreichs führen sollte, lag Magda Goebbels, die Frau von Hitlers skrupellosen Propagandaminister im Bett und las. Plötzlich rief sie ihrem Mann aufgeregt zu: „Hast du gewußt, daß vor über 400 Jahren prophezeit wurde, daß Deutschland im Jahr 1939 wegen Polen einen Krieg mit Frankreich und Großbritannien führen würde?"

Vieles spricht dafür, daß Goebbels schon von dieser Prophezeiung wußte, denn anscheinend hatten ihm bereits vier Mitglieder der NSDAP unabhängig voneinander Exemplare jenes Buches zugesandt. Jedenfalls besah er sich jene Passage, auf die sie ihn aufmerksam gemacht hatte, und war sich sofort des Propagandawertes bewußt, denn sie schien Datum und Ursache des Kriegsausbruches, der knapp drei Monate zuvor stattgefunden hatte, exakt vorherzusagen. Vielleicht, so dachte er, kannte der Autor des Buches andere Prophezeiungen, die mithelfen konnten, die Feinde des Reiches davon zu überzeugen, daß der Sieg der Deutschen unausweichlich war.

Das Buch hieß „Mysterien von Sonne und Seele". Autor war ein gewisser Dr. H. H. Kritzinger, und es war im Jahr 1922 veröffentlicht worden. Der Prophezeiung, die Magda Goebbels so in Aufregung versetzt hatte, lag eine ganz bestimmte, äußerst brillante Deutung von III, 57 zugrunde. Dr. Kritzinger war nicht der Urheber dieser Deutung – Teile dieser spezifischen Auslegung der Prophezeiung können bis ins Jahr 1715 zurückverfolgt werden, als ein englischer Deuter des Nostradamus – ein Mann, der unter dem Pseudonym „D. D." schrieb – seine Aufmerksamkeit jenem Vers zuwandte, der folgendermaßen lautet:

Sieben Mal wirst du sehen, wie die
britische Nation sich wandelt,
Blutbeschmiert für 290 Jahre,
Keineswegs frei durch deutsche
Unterstützung,

Der Widder fürchtet um seinen „Pol“ Bastarnien.

D. D. vertrat dazu die Meinung, daß der Satz „blutverschmiert für 290 Jahre“ sich auf eine Zeitspanne bezog, die mit der Hinrichtung König Karls I. im Jahr 1649 begann. Dadurch kam D. D. auf die Jahreszahl 1939 als wichtigem Datum in der britischen Geschichte. Die „sieben Mal, die die britische Nation sich wandelt“ wurden von D. D. als sieben dynastische oder halbdynastische Veränderungen gedeutet – wie etwa die Restauration der Stuarts im Jahr 1660.

Zwischen 1715 und 1921 wurden die Überlegungen von D. D. durch andere Studiosi ergänzt. Der letzte dieser geheimnisvollen Theoretiker, ein gewisser Herr Loog, verarbeitete alle Interpretationen zu einer einzigen, der er seine eigene Erklärung der letzten Zeile des Verses „Der Widder fürchtet um seinen ‚Pol‘ Bastarnien“ hinzufügte. Dies sollte seiner Meinung nach bedeuten: „Frankreich zweifelt an (oder fürchtet für) seinem untergeordneten Verbündeten, dem Land der Bastarnae (Polen)“.

Magda Goebbels, Frau von Hitlers Propagandachef

Was führte Herrn Loog dazu, das Zeichen des Widders für Frankreich zu halten? Ließ er seiner Phantasie einfach freien Lauf, handelte es sich um eine wilde Spekulation? Keineswegs, denn schon im 17. Jahrhundert hatte Théophile de Garencières im Zusammenhang mit diesem Vers geschrieben, daß es sich beim Sternzeichen Widder um Frankreich handle, da „Frankreich im Zeichen des Widders steht“.

Loog folgte nur früheren Kommentatoren, wenn er 1939 als jenes Jahr deutete, das „blutverschmiert“ sein und in dem es zu einem internationalen Konflikt mit anschließendem Krieg zwischen Polen, Frankreich, Deutschland und Großbritannien kommen würde.

Handelte es sich bei dieser in Erfüllung gegangenen Prophezeiung des Nostradamus bloß um einen Zufallstreffer, wie Skeptiker behaupten? Auf diese Frage kann der unvoreingenommene Beobachter nur antworten, wenn es sich bei der Prophezeiung, die mit Hitlers Einfall in Polen und dem Ausbruch des Zweiten Weltkriegs im September 1939 in Erfüllung ging, um einen Zufallstreffer handelt, dann war der Seher in Hinblick auf derartige Zufallstreffer erstaunlich produktiv. Denn es gibt in den *Siècles* und in anderen Schriften des Nostradamus zahlreiche Beispiele für ebenfalls in Erfüllung gegangene Prophezeiungen.

Die siegreiche deutsche Armee marschiert durch die Straßen Warschaus 1939, das Jahr, das Nostradamus „mit Blut getränkt“ vorhersah

HITLER, HIMMLER UND DIE NAZIS

Joseph Goebbels erkannte den enormen Propagandawert der Weissagungen des Nostradamus

Nostradamus schrieb manchmal doppeldeutige Verse – also Vorhersagen, die offenbar auf mehr als eine Person oder ein Ereignis zu passen scheinen. Die Erklärung der Skeptiker für diese Eigenart ist, daß der Seher niemals eine Prophezeiung gemacht hat, die tatsächlich in Erfüllung gegangen ist, sondern daß seine Interpreten nichts anderes taten, als die Bedeutung der einzelnen Bestandteile der *Siècles* so lange zu drehen und zu wenden, bis sie auf ihre eigenen Vorstellungen paßten.

Es handelt sich hier um ein in gewisser Hinsicht überzeugendes Argument – geht jedoch von der Voraussetzung aus, daß keine der Vorhersagen des Nostradamus jemals in Erfüllung gegangen ist. Dem Autor dieser Zeilen wie auch vielen anderen scheint diese Annahme unhaltbar angesichts der verschiedenen Prognosen, die der Seher mehr oder weniger verschlüsselt datierte (siehe Seiten 34 und 48). Eine viel wahrscheinlichere Erklärung für die mehrdeutigen Verse ist, daß Nostradamus bei seinen Visionen zwei Einzelpersönlichkeiten sah, die zu verschiedenen Zeiten lebten, sich auch charakterlich wesentlich voneinander unterschieden, trotzdem aber gewisse Dinge gemeinsam hatten, so daß er in der Lage war, einen Vers zu verfassen, der auf beide zutraf.

Ein gutes Beispiel für eine derart raffiniert abgefaßte mehrdeutige Prophezeiung finden wir in *Siècles* I, 76, die anscheinend auf Napoleon Bonaparte (siehe Seite 51) sowie auf den „barbarisch genannten" Hitler zutraf:

Dieser Mann wird einen barbarischen
Namen tragen,
Den die drei Schwestern werden erhalten
haben,
Er wird zu einem großen Volk sprechen,
in Worten und Taten,
Sein Ruhm und sein Ansehen werden
größer sein als bei jedem anderen Mann
[seiner Zeit].

Es scheint naheliegend, daß einige der Vierzeiler, die auf mehr als eine Person angewendet wurden, in Wirklichkeit durch übereifrige Deuter falsch interpretiert wurden. Ein solches Beispiel ist II, 70, den manche mit Napoleon in Zusammenhang bringen, der aber mit großer Wahrscheinlichkeit den Charakter und den Tod Heinrich Himmlers, Hitlers „Reichsführer SS", vorhersagte, der sich während eines Gesprächs das Leben nahm – genauso wie es das „menschliche Ungeheuer" tat, das Nostradamus im fraglichen Vers beschrieb:

Der Pfeil vom Himmel wird seine
Reise machen,
Tod während des Gesprächs, eine
große Exekution;
Der Stein im Baum, eine stolze
Rasse gedemütigt,
Man spricht von einem menschlichen
Ungeheuer, Säuberung und Sühne.

Ein anderer Vierzeiler, der auf Napoleon angewendet wurde, aber viel besser im Zusammenhang mit dem Nationalsozialismus zu interpretieren ist, ist III, 35, der folgendermaßen lautet:

Weit weg, in den Tiefen des
westlichen Europas
Wird einem armen Paar ein Kind
geboren werden,
Das mit seinen Reden viele
verführen wird,
Sein Ansehen wird im Reich des Ostens
noch größer sein.

Auch hier dürfte es sich um einen Hinweis auf Adolf Hitler handeln, denn die Eltern des Genannten waren um einiges ärmer als jene Napoleons, er war an der

Ostgrenze Westeuropas zur Welt gekommen, sein Aufstieg zur Macht erfolgte aufgrund seiner Rednergabe, die „viele verführte", und sein Streben nach Lebensraum richtete sich in erster Linie auf das „östliche Reich", die Sowjetunion.

Einige der zahlreichen Vierzeiler aus den *Siècles,* die in den letzten 50 Jahren etwa auf Hitler und Nazideutschland angewendet wurden, scheinen dem Autor dieses Buches zwar dubios – es fällt aber schwer, viele von ihnen in Zweifel zu ziehen. So ist es praktisch unmöglich, *Siècles* IX, 90 nicht mit dem Führer des Dritten Reiches in Zusammenhang zu bringen und als Hinweis auf jene verhängnisvolle Entscheidung zu interpretieren, als der Ungarn regierende Admiral Horthy die von Hitler angebotene „Hilfe" akzeptierte. Der Vers lautet:

Ein Kapitän des Größeren Deutschland
[d. h. Hitler]
Wird Hilfe vortäuschen,
Ein König der Könige,
um Ungarn zu unterstützen,
Sein Krieg wird großes Blutvergießen
verursachen.

Den Nazis zufolge sagten die Schriften des Nostradamus Deutschlands Sieg voraus

Auch V, 29 weist recht deutlich auf Hitler, Mussolini und das Papsttum hin (siehe Seite 55), V, 51 auf die Taten der Diktatoren zur Zeit des Spanischen Bürgerkrieges und VI, 51 auf das Attentat auf Hitler im November 1939. Auch die Eroberungen Hitlers im Frühjahr 1940 scheint Nostradamus klar in V, 94 vorhergesehen zu haben:

Er [wahrscheinlich Hitler] *wird ins*
Größere Deutschland,
Brabant, Flandern, Gent, Brügge und
Boulogne verwandeln . . .

DAS ZEICHEN DES HAKENKREUZES

Das Hakenkreuz (oder Swastika) ist heute in der Vorstellung der meisten von uns untrennbar mit der Nationalsozialistischen Partei verbunden. Ursprünglich hatte es allerdings eine rein spirituelle Bedeutung sowohl in der östlichen wie auch in der westlichen Hemisphäre unseres Planeten. Tatsächlich finden wir auch heute noch das Swastikasymbol in vielen Hindutempeln.

In Deutschland wurde das Swastikazeichen vor 1914 als Symbol des Gottes Thor angesehen, und deshalb reklamierte es das Freikorps –

bewaffnete Truppen, die Deutschland nach dem Ersten Weltkrieg verteidigten – für sich. Anfang der zwanziger Jahre veränderte Hitler dieses Symbol insofern, als er die Arme in die andere Richtung weisen ließ, und machte es zum Emblem seiner Bewegung.

Nostradamus scheint die zukünftige Bekanntheit des Hakenkreuzes wie auch des Naziführers in VI, 49 mit folgenden Worten vorhergesagt zu haben:

Der große Priester der Partei des
Mars (d. h. Hitler),
Der die Donau unterjochen wird,
Das Kreuz bedrängt vom Gauner . . .

EUROPA UND DER ZWEITE WELTKRIEG

Spanische Faschisten unter General Franco (Mitte) überlebten die Niederlage Hitlers – den „unsicheren Sieg" der Alliierten

In *Siècles* I, Vers 34, prophezeit Nostradamus ganz exakt die Meinung Europas über Hitler zwischen 1933 und 1939:

Der Raubvogel, der zur Linken fliegt,
Macht sich an [Kriegs-] *Vorbereitungen,*
bevor er Frankreich bekämpft:
Einige werden ihn als gut ansehen,
andere als böse, wieder andere als nicht
wirklich einschätzbar,
Die schwächere Partei wird ihn als gutes
Omen betrachten.

Der in der ersten Zeile enthaltene Hinweis auf Hitler als den Raubvogel, der „zur Linken fliegt", enthält ein typisches Wortspiel. Das Wort „links" leitet sich aus dem lateinischen „sinister" ab, das aber auch soviel wie „übel, böse" bedeutet; andererseits nahm sich Hitler bei seinen Propagandamethoden die Marxisten zum Vorbild und rekrutierte im übrigen viele Mitglieder seiner SA-Sturmtruppen aus den Reihen früherer Kommunisten.

Die zweite Zeile des Vierzeilers bedarf keiner weiteren Erklärung – Hitlers Kriegsvorbereitungen gegen Frankreich führten dazu, daß im Sommer 1940 Hunderttausende Flüchtlinge die Landstraßen verstopften (siehe Kasten) – die dritte Zeile allerdings muß heutzutage sehr wohl etwas näher erläutert werden.

Für uns Nachgeborene ist es ein leichtes, in Hitler den größenwahnsinnigen Kriegstreiber zu sehen, der die Weltherrschaft anstrebte und alle Menschen oder Völker, die ihm entweder direkt im Weg standen oder rassisch unerwünscht waren, vernichten wollte. In den dreißiger Jahren allerdings war keines dieser Ziele so klar erkennbar. Die Rechte sah den Sowjetkommunismus als stärkste Bedrohung von Stabilität und Frieden in Europa, und man war allgemein der Auffassung, daß die Nazis „Deutschland vor dem Bolschewismus gerettet" hatten. Und sowohl die liberale Linke wie auch die Rechte vertraten weitgehend die Ansicht, daß Hitler trotz seiner kämpferischen Rhetorik den Krieg nicht wirklich wollte, sondern ihn nur als Druckmittel benutzte, um die Ungerechtigkeiten, die sich für Deutschland aus dem Vertrag von Versailles aus dem Jahr 1919 ergeben hatten, zu beseitigen.

Die Einstellung zu Hitler war daher, wie von Nostradamus vorausgesagt, ambivalent. Einige Politiker, wie etwa der Führer der britischen Liberalen, Lloyd

Hitlers eigenes prophetisches Werk – „Mein Kampf“

George, betrachteten ihn eine Zeitlang sogar mit Bewunderung. Die „schwächere Partei“ aus der vierten Zeile, die dem Seher zufolge die Machtübernahme durch Hitler als ein „gutes Omen“ betrachten würde, waren erstaunlicherweise die stalinistischen Führer der Kommunistischen Partei Deutschlands, die in der Naziherrschaft nur eine Vorstufe zur proletarischen Revolution in Deutschland sahen.

In den *Siècles* weisen mehrere Verse auf etwas oder jemanden mit dem Namen „Hister“ hin, wobei sie alle eine doppelte Bedeutung aufweisen; d. h. es kann dabei immer sowohl der Fluß Ister (ein traditioneller Name für die Donau) wie auch Adolf Hitler gemeint sein. Einer dieser Verse ist II, 24. Es könnte sich hier sowohl um die Verhaftung des ungarischen Führers Admiral Horthy durch „Hister“ (Hitler) wie auch die Niederlage der Wehrmacht in Ungarn und ihren panikartigen Rückzug über die „Hister“ (Donau) handeln. Er lautet:

Tiere, verrückt vor Hunger, werden über
die Flüsse schwimmen,
Der größte Teil des Schlachtfeldes wird
gegen Hister sein.
In einem Eisenkäfig wird der Führer
[von ihm?] *gezogen,*
Wenn das Kind Deutschland keinem
Gesetz gehorcht.

Nostradamus sagte Hitlers Niederlagen in Westeuropa ebenso voraus wie jene an der Donau, und II, 16 bezieht sich eindeutig auf die „neue Tyrannei“ der italienischen Faschisten und ihrer deutschen Gönner, die Invasion der Alliierten in Sizilien 1943 und die vorangegangenen intensiven Luft- und Seebombardements („großer Lärm und Feuer am Himmel“). Der Vers lautet:

In Neapel, Palermo, Syrakus und überall
in Sizilien
Neue Tyrannen [herrschen], *großer*
Lärm und Feuer am Himmel.
Eine Truppe aus London, Gent, Brüssel
und Susa,
Ein großes Gemetzel, dann Triumph
und Festlichkeiten.

Die letzte Zeile nimmt den Sieg der Alliierten vorweg – an anderer Stelle, nämlich in I, 31, gibt der Seher aber zu verstehen, daß er sehr wohl weiß, daß es sich bei dem Sieg der westlichen Alliierten zum Teil um einen Pyrrhussieg handelt, da die spanischen Faschisten nach wie vor an der Macht sind, aus der Sowjetunion neue Bedrohungen erwachsen und sich die „drei Großen, der Adler (die USA), der Hahn (Frankreich), . . . der Löwe (Großbritannien)“ der Tatsache bewußt sind, daß sie einen „unsicheren Sieg“ davongetragen haben.

DAS FEST DER AASFRESSER

Der Zug der unglücklichen französischen Flüchtlinge, die im Bombenhagel der Stukas und im Maschinengewehrfeuer der Kampfflieger auf den Landstraßen nach Süden zogen, als die Wehrmacht im Frühsommer 1940 nach Paris vorrückte, wird von Nostradamus in III, 7 beschrieben:

Die Flüchtlinge, Feuer vom Himmel
auf ihre Waffen,
Die nächste Schlacht wird die der
Aasfresser sein,

St. Lo, Zeuge des „Feuers vom Himmel“

Sie [die Flüchtlinge] *flehen Erde*
und Himmel um Hilfe an,
Wenn die Krieger sich ihren Wällen
nähern.

Das „Feuer vom Himmel“ war jenes der Flugzeuge der Luftwaffe und so wirkungsvoll, daß – wie der Seher es vorhergesehen hatte – Männer, Frauen und Kinder getötet wurden und Aaskrähen um ihren Anteil am Menschenfleisch kämpften, um sich schließlich daran gütlich zu tun.

KRIEG IN DER LUFT

Nostradamus scheint Visionen vom Luftkampf gehabt zu haben – „von Lärm, Schreien, Kampf am Himmel“

Mehr als 400 Jahre haben Anhänger der Kunst der Weissagungen und Prophezeiungen über den oft gewundenen und obskuren Versen der *Siècles* gebrütet. Einige, wie etwa der verstorbene James Laver, wollten nichts anderes, als Beispiele von in Erfüllung gegangenen Prophezeiungen finden. Andere wiederum arbeiteten an der Deutung der Vierzeiler, um herauszufinden, was die Zukunft für sie und ihre Nachkommen bereithielt. Wieder andere wollten, aus Gründen, die sich nur erahnen lassen, Prophezeiungen im allgemeinen und jene des Nostradamus im besonderen in Mißkredit bringen.

Die meisten dieser Skeptiker leugnen alle Beispiele, wo Weissagungen des Nostradamus eingetroffen sind – sogar solche, bei denen der Seher genaue Daten angegeben hat –, weil es sich ihrer Meinung nach entweder um einen Zufall oder um eine nachträgliche, raffinierte Verdrehung des Inhalts und der Gewichtung bestimmter Vierzeiler handelt. Es besteht kein Zweifel, daß das manchmal der Fall gewesen ist, wobei sowohl übereifrige Nostradamus-Jünger wie auch Personen, die sich ganz einfach einen Spaß erlauben wollen, die Urheber waren.

So gab sich etwa ein amerikanischer Kommentator, der eher einen Streich als einen ernsthaften Kommentar zu den *Siècles* im Auge hatte, große Mühe, einen Vers neu zu deuten, der gewöhnlich als eine ziemlich eindeutige Prophezeiung über die Erfindung des Ballonfluges durch die Brüder Montgolfier betrachtet wurde. Seiner Meinung nach war dieser Vierzeiler von allen außer ihm selbst mißverstanden worden: Tatsächlich handle es sich hier nämlich um die Vorhersage des Ergebnisses einer US-Open-Golf-Meisterschaft, die in den zwanziger Jahren unseres Jahrhunderts stattfand.

Nun ist es zwar recht amüsant zu sehen, daß auch so haarsträubende Deutungen durchaus möglich sind, doch muß gesagt werden, daß sich die Verse der *Siècles* normalerweise keineswegs so verdrehen lassen, daß sie einem bestimmten Zweck dienen. In diesem Zusammenhang ist ein Umstand recht interessant, der sich beim Vormarsch der deutschen Armee in Frankreich im Frühsommer 1940 ereignete.

Die für Feindpropaganda zuständige Abteilung der Wehrmacht oder des Propagandaministeriums war bemüht, einen Vers von Nostradamus zu finden, dessen Inhalt so interpretiert werden konnte, daß französische Zivilisten, die sich auf der Flucht befanden, veranlaßt wurden, die in den Südwesten Frankreichs führenden Straßen zu benützen und somit zu blockieren. Man dachte daran, Broschüren mit einem entsprechend gedeuteten Vers von der Luftwaffe über Gebieten abwerfen zu lassen, von denen man wußte, daß sich dort größere Ansammlungen von Flüchtlingen befanden.

Doch obwohl sich die Feindpropaganda der Hilfe zahlreicher Nostradamus-Experten versicherte – von denen zumindest einer, Karl Krafft, ein überzeugter Nazi war –, gelang es nicht, einen Vers ausfindig zu machen, der sich für ihre Zwecke eignete. Natürlich war da der auf Seite 63 (Kasten) beschriebene Vers, doch da er andeutete, daß jene, die sich auf den Weg machten, womöglich von Raubvögeln gefressen würden, eignete er sich kaum. Die Nazis waren daher gezwungen, plumpe Fälschungen aus der Luft abzuwerfen. Sie wurden Nostradamus zugeschrieben, doch hatten sie weder stilistisch noch inhaltlich irgendetwas mit den echten Versen gemein.

Ist das der „schweinegleiche Halbmensch"?

Wahrscheinlich wäre Nostradamus gar nicht sonderlich überrascht gewesen, hätte er gewußt, daß fast 400 Jahre nach seinem Tod ihm zugeschriebene Verse von fliegenden Maschinen aus der Luft abgeworfen werden sollten – denn obwohl er in einer Zeit lebte, in der das schnellste Transportmittel ein galoppierendes Pferd war, scheint er doch Visionen von Luftkämpfen gehabt zu haben. Eine derartige Vision beschreibt I, 64:

Nachts werden sie denken, daß sie die
Sonne gesehen haben,
Wenn sie den schweinegleichen
Halbmenschen sehen,
Lärm, Schreie, Schlachten werden am
Himmel gesehen:
Wilde Tiere wird man sprechen hören.

Dies läßt uns an die Beschreibung einer Luftschlacht denken, so wie sie jederzeit zwischen dem Beginn des Zweiten Weltkriegs und dem Golfkrieg 1991 stattfinden konnte. Schließt man sich einer solchen Deutung an, dann wäre die Sonne in der Nacht der Widerschein explodierender Flugzeugabwehrraketen oder Flakgeschütze, der „schweinegleiche Halbmensch" ein Pilot oder Navigator mit Helm und Sauerstoffmaske, dessen Aussehen entfernt an eine Schweineschnauze erinnert. Und die „wilden Tiere", die man sprechen hört, wären die „Halbmenschen", d. h. die Flieger, die über Funk mit ihrer Bodenstation oder untereinander Kontakt halten.

MODERNE TECHNOLOGIE

Viele der Verse, die sich ihren Lesern um 1690, 1790 und 1890 noch als Aneinanderreihung unverständlicher Sätze präsentierten, scheinen für all jene, die sich in unserem Jahrzehnt auf eine Deutung einlassen, eine recht klare Bedeutung zu haben. Ein Großteil der Verse des Nostradamus, die etwa 1890 anscheinend sinnlos-symbolhaftes, verschwommen-mystisches Material waren, ist nun die von einem Mann des 16. Jahrhunderts erlebte und interpretierte Aufzeichnung einer Vision – einem Mann, der eine Technologie zu beschreiben versuchte, von der er nichts verstand.

I, 64 (siehe oben) liefert ein ausgezeichnetes Beispiel für den Versuch des Nostradamus, eine solche zukünftige Technologie zu beschreiben.

DIE ENERGIE DES ATOMS

Wenn wir die auf Seite 65 explizierte These gelten lassen, daß Nostradamus Visionen von modernen Luftschlachten hatte und sich bei deren Beschreibung so schwer tat, daß er zu Ausdrücken wie „schweinegleiche Menschen" Zuflucht nehmen mußte, werden wir auch ohne weiteres zugeben, daß es ihm noch größere Schwierigkeiten bereitet haben muß, das, was sein Seherblick an noch modernerer Technologie erschaute, mit Worten zu vermitteln. Doch gibt es eine Anzahl von Versen in den *Siècles,* mit denen der Prophet offenbar sowohl Atomexplosionen wie auch die Raumschiffahrt zu beschreiben versuchte.

II, 6 etwa könnte ganz gut die Prophezeiung jener Ereignisse enthalten, die zur Kapitulation der Japaner im August 1945 führten – den Atombombenabwurf auf Hiroshima und Nagasaki. Der Vers lautet:

Nahe beim Hafen und in zwei Städten
Wird es zu zwei nie dagewesenen
Heimsuchungen kommen.
Hunger und Pest, jene, die von der Waffe
[wörtlich Eisen] *zu Boden gestreckt,*
Werden zum unsterblichen Gott um
Hilfe rufen.

Natürlich ist es durchaus möglich, daß der Seher in diesem Vers eine doppelte Katastrophe voraussagt, die noch vor uns liegt – doch muß man zugeben, daß er sehr gut auf die Ereignisse des August 1945 paßt. Beide Städte grenzen an Häfen. Ihre Einwohner mußten „nie dagewesene Heimsuchungen" erleben – nämlich die absichtliche Freisetzung von Energie mit dem Ziel der Vernichtung menschlichen Lebens. Und viele von denen, die die unmittelbaren Folgen der Bombardements überlebten, erlitten noch nie dagewesene Arten von Pest und Hunger, wobei Pest für Strahlenkrankheit steht und Hunger eine Konsequenz eines ihrer Symptome ist – ständiges, schweres Erbrechen, so daß der Körper nicht in der Lage ist, irgendeine Nahrung zu sich zu nehmen.

Eine Pershing-Rakete – „fliegendes Feuer"?

Nostradamus scheint auch über die Möglichkeiten der Raumschiffahrt Bescheid gewußt zu haben und hat versucht, sie so gut wie möglich zu beschreiben. In den ersten beiden Zeilen von VI, 34 weist er wahrscheinlich auf die militärische Nutzung von Raumschiffen hin, wenn er von „der Maschine des fliegenden Feuers" schreibt, und die beiden letzten Zeilen von VI, 5 ergeben nur im Zusammenhang mit einer bemannten Raumstation Sinn. Sie lauten:

Samarobin einhundert Meilen von der
Hemisphäre [d. h. der Erde],
Sie werden ohne Gesetze leben,
frei von Politik.

Das Wort „Politik" wurde hier wohl in seinem ursprünglichen, für das 16. Jahrhundert geltenden Sinn verwendet – also Staatskunst, was soviel wie Maßhalten, Ausgewogenheit, vernünftiges Überlegen bedeutet; Nostradamus sagte demnach voraus, daß eine Gruppe von Menschen

Die zerbombte Stadt Hiroshima – Opfer der „bisher nicht erlebten Gottesgeißel" des Sehers

ohne Gesetze einhundert Meilen über der Erdoberfläche in einer Art Bau leben würde, den er „Samarobin" nannte.

Es ist auch möglich, daß Nostradamus über moderne Epidemien und Technologien des 20. Jahrhunderts Bescheid wußte, denn die ersten drei Zeilen von *Siècles* IX, 55, können als doppeldeutige Prophezeiung ausgelegt werden, mit der einerseits die Grippeepidemie der Jahre 1917/18 (die mehr Todesopfer forderte als der Erste Weltkrieg) und andererseits die moderne Seuche AIDS vorhergesagt wurde:

Der schreckliche Krieg, der im Westen
vorbereitet wird,
Im Jahr darauf wird die Pestilenz kommen,
So schrecklich, daß weder jung noch
alt . . . [überleben wird].

Nostradamus sagte eine Zeit voraus, in der Menschen im Weltall leben würden

Beide Epidemien wurden durch mutierte Viren verursacht; der Ausbruch der Grippeepidemie erfolgte im Anschluß an die Gemetzel im Ersten Weltkrieg an der Westfront, und obwohl der AIDS-Virus vielleicht schon seit Jahrhunderten existiert, erreichte die Seuche doch erst ihren Höhepunkt, als der Irak vom Westen her in den Iran einfiel und einen Krieg begann, der „mehr Opfer forderte als alles seit den großen Vormärschen der Infanterie im Ersten Weltkrieg".

COMPUTERVIREN?

Wie bereits auf den Seiten 46–47 in Hinblick auf einen Vers über den „Gatten mit der Mitra" erläutert, müssen gelegentlich alte, einfallsreiche, doch unwahrscheinliche Interpretationen von Voraussagen des Nostradamus im klärenden Licht aktueller historischer Ereignisse aufgegeben werden. Eine weitere derartige alte Deutung ist für die ersten beiden Zeilen von *Siècles* I, 22, bekannt:

Ein Ding, das ohne Sinne existiert,
Wird seinen eigenen Tod durch eine
Kriegslist verursachen . . .

Seit 1672, als Théophile de Garencières einen Kommentar zu diesen Zeilen lieferte, haben Nostradamus-Jünger immer wieder versucht, sie auf ein Ereignis zu münzen, das 1613 stattgefunden hatte – die operative Entfernung eines versteinerten Embryos aus der Gebärmutter einer Frau namens Colomba Chantry.

Abgesehen von der Tatsache, daß das Ereignis nicht bedeutungsvoll genug war, um es zum Gegenstand einer Prophezeiung zu machen, war nur schwer zu verstehen, warum der Embryo „seinen eigenen Tod durch eine Kriegslist" verursacht haben sollte. Ein aktueller Deutungsvorschlag wäre hingegen, daß das Ding, das sein eigenes Ende herbeiführen kann und doch über keine Sinne verfügt, ein Computer ist. Ein derartiger „Weiser ohne Sinne" kann sich mit einer Kriegslist selbst zerstören, wenn er mit einem Programm gefüttert wird, das ein verstecktes Virus enthält, welches die Maschine anweist, nach und nach ihren eigenen Speicher zu löschen.

Fantastisch? Vielleicht – doch das sind auch andere in den *Siècles* vorkommende Voraussagen, die bereits in Erfüllung gegangen sind.

DER ZUSAMMENBRUCH DER UdSSR

Vor zwanzig Jahren sagten viele Sowjetologen – angebliche Experten in Sachen wirtschaftlicher, sozialer und politischer Angelegenheiten der Sowjetunion und des Blocks der „sozialistischen" Länder, deren Führer sie war – düsteren oder heiteren Sinnes (je nach ihrer politischen Einstellung) den Untergang der Marktwirtschaft des westlichen Kapitalismus und den „unausweichlichen" Triumph des sozialistischen Blocks voraus. Noch vor fünf Jahren, als die Hierarchie der sowjetischen Bürokratie bereits ins Wanken geraten war, gab es nicht nur Stimmen, die unablässig davon sprachen, man müsse „einen Kompromiß mit der sowjetischen Wirklichkeit schließen", sondern auch solche, die an ihrer Meinung festhielten, daß auf irgendeine geheimnisvolle Weise die sowjetische Tyrannei dem modernen Kapitalismus moralisch überlegen war.

Nostradamus war klüger als all die selbsternannten Experten. Mehr als vier Jahrhunderte vor deren Geburt prophezeite er nicht nur den Triumph der Bolschewiken 1917 und die Verfolgung der orthodoxen Kirche, sondern auch den letztlichen Fall der Berliner Mauer und den Zusammenbruch jenes Reichs, das sie gebaut hatte.

Die ersten beiden Ereignisse sagte er in VIII, 80 vorher, dessen Übersetzung folgendermaßen lautet:

Das Blut der Unschuldigen, der Witwe
und der Jungfrau,
So viel Böses vom Großen Roten verübt,
Heilige Ikonen über brennenden Kerzen,
Starr vor Furcht wird keiner es wagen,
sich zu bewegen.

Karl Marx, der Begründer des Kommunismus

Hier handelt es sich nicht nur um eine ausgezeichnete Beschreibung dessen, was sich während der Lenin- und Stalin-Ära zutrug, sondern auch jenes psychologischen Zustandes angsterfüllter Starrheit, die die Christen Rußlands in Bann hielt.

Der letztliche Zusammenbruch des Kommunismus in Rußland und den anderen Sowjetrepubliken wurde in III, 95 vorhergesagt:

Das maurische Gesetz [Lebensweise]
wird scheitern,
Ein anderes, welches verlockender, wird
ihm nachfolgen:
Der Boristhenes wird als erster weichen,
Einer anderen, angenehmeren [Lebensweise] *als Folge von Gaben und Zungen.*

Der gesamte Vers ergab bis vor kurzem wenig Sinn, obgleich vor einigen Jahren zumindest ein Kommentator den Zusammenbruch Rußlands als marxistischer Staat herauslas. Er legte seiner Deutung ein in der ersten Zeile enthaltenes Wortspiel zugrunde – die raffinierte Verwendung des Ausdrucks „maurisches Gesetz" für etwas, das sich aus der ursprünglichen Bedeutung nicht sofort erraten läßt. Karl Marx, der Theoretiker, dessen Schriften Lenin, Trotzki, Bucharin und die anderen Führer der Russischen Revolution inspirierten, hatte einen nur von seiner Familie und anderen Nahestehenden wie Friedrich Engels verwendeten Spitznamen. Er lautete „der Maure" – und mit der Verwendung des Ausdrucks „das maurische Gesetz" meinte Nostradamus „eine Gesellschaft, die sich auf die Lehren des Karl Marx stützte".

„Der Boristhenes wird als erster einer angenehmeren [Lebensweise] weichen als Folge von Gaben und Zungen", sagte Nostradamus in der dritten und vierten Zeile. Boristhenes war der klassische Name für den Dnjepr, den großen russischen Fluß, während mit „Gaben und Zungen" aller Wahrscheinlichkeit nach der westliche Einfluß gemeint war, ersteres steht für geschmuggelte Konsumgüter, letzteres für die lockenden Stimmen des Kapitalismus, die über Radio Freies Europa und andere westliche Radiostationen zu hören waren. Der Vers

Lenin löste die Russische Revolution aus

kann also folgendermaßen umschrieben werden:

Die marxistische Lebensweise wird vor unseren Augen scheitern,
Und eine andere wird ihr nachfolgen, die angenehmer ist.
Rußland wird als erster [d. h. vor China] *den Kommunismus aufgeben*
Aufgrund der von außen wirksam werdenden Einflüsse.

Während in der letzten Analyse die Einflüsse von außen aus westlichen Quellen stammen, darf nicht vergessen werden, welch wichtige Rolle die Soldaten der Roten Armee spielten, die Augenzeugen der Ereignisse beim Fall der Berliner Mauer gewesen waren – ein ebenfalls kaum erwartetes Faktum, das Nostradamus offenbar voraussagte, nämlich in V, 81:

Der königliche Vogel über der Stadt der Sonne,
Wird seine nächtliche Prophezeiung sieben Monate geben,
Donner und Blitz, die östliche Mauer wird fallen,
In sieben Tagen der Feind direkt vor den Toren.

Der „königliche Vogel" ist der Adler, Symbol der alten preußischen Monarchie mit ihrer Hauptstadt Berlin, die der Seher vermutlich als „Stadt der Sonne" bezeichnete, da nach einem Astrologen des 16. Jahrhunderts Brandenburg, jener Staat, aus dem Preußen hervorging, im Zeichen des Löwen, also der Sonne stand.

Den Ereignissen, die unmittelbar zum Zusammenbruch Ostdeutschlands und zum Fall jener Mauer führten, die gebaut wurde, um seine Bürger im Land zu halten, waren etwa sieben Monate ständig wachsender Unruhen vorangegangen. Insgesamt paßt der Vers sehr gut auf die tatsächlichen Geschehnisse, und er kann mit Recht als eine der erfolgreichen Prophezeiungen des Nostradamus betrachtet werden.

Trotzdem muß man sagen, daß der fragliche Vers in der Vergangenheit auf zumindest zwei weitere historische Ereignisse gemünzt wurde – nämlich auf die Niederlagen, die Frankreich 1870 und 1940 erlitt. Demgegenüber ist anzumerken, daß schon 20 Jahre vor Abbruch der Mauer die Nostradamus-Deuterin Erika Cheetham mit der Meinung an die Öffentlichkeit trat, daß der Vers sich wahrscheinlich auf dieses durchaus im Bereich des Möglichen liegende, so heiß ersehnte Ereignis bezog.

Nostradamus sagte die Abkehr der Russen vom Kommunismus voraus

DER GOLFKRIEG

Eine vom Meer gestartete Trident-Rakete – moderne Kriegführung, von Nostradamus prophezeit

Wie bereits früher erwähnt, schrieb Nostradamus auch Prophezeiungen, die bis vor kurzem noch unverständlich waren, die aber in Anbetracht der modernen Kriegstechnologie in einem neuen Licht zu sehen sind.

Eine derartige „unsinnige" Prophezeiung finden wir in *Siècles* I, 29, die aus heutiger Sicht entweder auf einen künftigen Atomkrieg hinweist, der uns bald ins Haus stehen könnte, oder – und diese Alternative ist gottlob wahrscheinlicher – auf den Golfkrieg und die Besetzung Kuwaits durch den Irak:

Wenn der [reisende] *Fisch zu*
Land und zu Wasser
Von einer großen Welle an Land
gespült wird,
Seine merkwürdige Form wild und
schreckenerregend,
Erreichen seine Feinde bald von der See
aus die Mauern.

„Die Mauern" der letzten Zeile bedeuten in unserer heutigen Terminologie offenbar „statische Befestigungsanlagen" – befestigte Wälle waren im 16. Jahrhundert die einzigen feststehenden Verteidigungsanlagen –, und „seine Feinde" sind ganz offensichtlich jene, die diese Befestigungsanlagen durchbrechen wollen.

Die Bedeutung dieses Verses war jemandem, der ihn etwa um 1840 oder sogar 1940 las, völlig undurchschaubar. Sein die Mauern durchbrechender, zu Land und zu Wasser reisender Fisch war einer Deutung nur zugänglich, wenn der darin enthaltene Symbolismus aufs äußerste strapaziert wurde, und eine derartige Interpretation konnte auch nur die allerergebensten Jünger des Nostradamus überzeugen. Heutzutage allerdings scheint es möglich, daß er, wie der „schweinegleiche Halbmensch", auf modernste militärische Hochtechnologie hindeutet. So könnte es sich um eine Atomlenkwaffe handeln, die von einem Unterseeboot gegen einen Feind abgefeuert wird, wobei dieses Ereignis noch nicht stattgefunden hat. Der Autor muß in diesem Zusammenhang aber viel eher an eine Beschreibung des Golfkriegs 1991 denken, visionär erlebt von einem Renaissancemenschen mit übersinnlichen Kräften und/oder einem echten Seher (siehe Seiten 138, 140–141).

Wenn dies zutrifft, ist der zu Land und zu Wasser reisende Fisch eine von einem Boot abgefeuerte Lenkwaffe, die die Kommandozentrale der irakischen Militärmaschinerie und das dazugehörige Versorgungssystem zerstörte. Die „große Welle", die ihn an Land spülte, wäre dann das anhaltende Dröhnen der Trägerrakete, ein Geräusch, das sich so grundlegend von jedem anderen, einem Menschen des 16. Jahrhunderts bekannten unterschied, daß er dabei vielleicht an den Lärm von sich an der Küste brechenden Wellen denken mußte.

„Der Feind aus der See" schließlich, der die „Mauern" durchbrechen konnte – die Verteidigungslinien, die die irakischen Soldaten errichtet hatten –, nachdem der „Fisch" (Bord-Land-Lenkwaffe) den verheerenden Schaden angerichtet hatte, wären dann die Amerikaner, die Briten und die anderen alliierten Truppen, die über die Weltmeere gereist waren, um Kuwait zu befreien.

Wie bereits erwähnt, war Nostradamus ein Kind seiner Zeit, und er mußte bei der Deutung seiner verwirrenden Visionen aus dem Fundus schöpfen, der ihm vertraut war. Man kann seine Lage in dieser Hinsicht mit jener der europäischen Siedler im Tasmanien des frühen 19. Jahrhunderts vergleichen, die ständig mit neuen Tierarten konfrontiert wurden und sie aufgrund ihrer Erfahrungen mit der ihnen bekannten Fauna interpretierten. So hielten sie den größten und wildesten Fleischfresser Tasmaniens, dem sie begegneten, für einen Tiger – allerdings war der „tasmanische Tiger" nicht einmal ein Mitglied der Familie der Katzen. Es scheint nun, als hätte der Seher Nostradamus jedes stromlinienförmige Objekt (wie eben eine Lenkwaffe), das er in seinen Visionen sah, für das einzige stromlinienförmige Wesen gehalten, das ihm vertraut war, nämlich einen Fisch.

Ein ähnlicher „Fisch", in diesem Fall ein U-Boot, kommt in *Siècles* II, 5, vor:

Wenn Eisen [d. h. Waffen] *und Buchstaben in einem Fisch eingeschlossen sind,*
Wird aus ihm ein Mann kommen, der Krieg führen wird:
Seine Flotte wird übers Meer gereist sein,
Um an der südländischen Küste zu erscheinen.

Vielleicht ist das die Beschreibung des Anführers einer Bande von Saboteuren, die während des Golfkriegs oder eines anderen vor kurzer Zeit entstandenen Konflikts heimlich hinter den Linien des Feindes landeten – oder aber, was beunruhigender wäre, ein Hinweis auf einen Krieg, der 1996 ausbrechen soll (siehe Kasten).

KONJUNKTION IN DEN FISCHEN

Wird es 1996 zu einer größeren Seeschlacht kommen?

Es gibt noch eine andere, beunruhigendere Deutung der ersten Zeile („Wenn Eisen und Buchstaben . . .") von II, 5, die auf den traditionellen astrologischen Symbolen, die Nostradamus bestens bekannt sein mußten, fußt. Bei dieser Lesart bedeutet „Fisch" das Sternzeichen der Fische, „Eisen" bedeutet den Planeten Mars, der in der Astrologie über dieses Metall, den Krieg und die verwendeten Waffen gebietet, und „Buchstaben" bedeutet den Merkur, den innersten Planeten des Sonnensystems und Gott aller Formen der Kommunikation. Die ganze Zeile würde dann ungefähr so heißen: „. . . wenn Mars und Merkur in Konjunktion mit den Fischen stehen", und der Vers als Ganzes könnte als eine Prophezeiung dafür gelten, daß in einem solchen Fall ein Krieg im Mittelmeer („an der südländischen Küste") stattfindet, an dem eine Flotte teilnimmt, die von weither gekommen ist.

Die nächste Konjunktion von Merkur und Mars im Zeichen der Fische soll im Frühling 1996 sein. Wird zu diesem Datum ein ernsthafter Konflikt ausbrechen, an dem die US-Flotte teilnimmt?

DIE KENNEDYS IN DEN VIERZEILERN

Viele seltsame Vierzeiler wurden auf die Kennedys gemünzt

Zu allen Zeiten neigten jene, die Kommentare zu den *Siècles* des Nostradamus verfaßten, verständlicherweise dazu, Hinweise auf Ereignisse zu suchen, die zu ihren eigenen Lebzeiten stattgefunden hatten. Französische Nostradamus-Anhänger suchten während der zwei letzten Jahrzehnte des 19. Jahrhunderts nach Versen, die sich auf den Französisch-Preußischen Krieg anwenden ließen. In England glaubte man Ende der dreißiger Jahre, *Siècles* X, Vers 40, prophezeite die Abdankung Eduards VIII. Und einige Zeitgenossen behaupten, sie hätten eine erstaunlich große Zahl von Versen gefunden, die einen Zusammenhang zu den ermordeten Brüdern John F. und Robert Kennedy aufweisen.

Der Autor ist der Meinung, daß viele dieser Verse so vage sind, daß man unmöglich mit Sicherheit sagen kann, einer von ihnen „müsse sich auf die Kennedys beziehen", so wie man etwa von IX, 20 (siehe Seiten 42–43) behaupten kann, „das muß sich auf die Flucht Ludwigs XVI. beziehen", oder von den letzten zwei Zeilen von VI, 5 (siehe Seite 66), „hier muß es sich um die Beschreibung einer bemannten Raumstation handeln".

John F. Kennedy mit seiner Familie

Siècles II, 57 muß sich nicht unbedingt auf die Kubakrise und den Tod Präsident Kennedys beziehen. In der Übersetzung liest er sich jedenfalls nicht unbedingt sehr passend:

Vor dem Konflikt wird der große Mann fallen,
Der betrauerte Große [wird] *plötzlichem Tod* [anheimfallen],
Mit einem Gebrechen geboren, wird er den größeren Teil des Weges gehen,
In der Nähe des blutigen Flusses ist der Boden befleckt.

Man kann von Präsident Kennedy, der zwar während seiner ganzen Amtszeit an einem schweren Wirbelsäulenschaden und an den Nachwirkungen einer chronischen Geschlechtskrankheit litt, schwerlich behaupten, er wäre „mit einem Gebrechen" geboren, außer vielleicht in moralischer Hinsicht. Der übrige Vers scheint noch weniger zutreffend, denn obwohl in der zweiten Zeile ein eindeutiger Hinweis auf den unerwarteten Tod erfolgt, darf man nicht vergessen, daß der Präsidentenmord nach und nicht vor dem diplomatischen Konflikt im Zusammenhang mit der Stationierung von Raketen in Kuba stattfand.

Ebenso vage, allerdings vielleicht mit etwas mehr Berechtigung wären die drei ersten Zeilen von X, 26 auf John F. Kennedy und Robert Kennedy anzuwenden, weil ja beide Brüder ermordet wurden:

Der Nachfolger wird seinen gutaussehenden Bruder rächen
Und das Reich im Schatten der Rache besetzen,
Er, getötet, das Hindernis für den Schuldigen tot, sein Blut . . .

Wenn man wie viele andere annimmt, daß es sich hier um eine allerdings recht allgemeine Prophezeiung bezüglich der Kennedys handelt, stößt man auf folgende Probleme: a) Robert Kennedy war weder der Rächer noch der Nachfolger seines Bruders als Präsident, nicht unmittelbar und auch nicht in weiterer Folge, und b) die letzte Zeile des Verses scheint darauf hinzuweisen, daß das oder die Ereignisse, gleichgültig welcher Art sie waren, bei denen es aber um zwei Brüder ging, sich in irgendeiner Weise auf die französisch-englischen

Kennedys ideologischer Widersacher, Fidel Castro

Beziehungen auswirken sollten – was vom Tod der beiden Kennedys kaum behauptet werden kann.

Ein anderer Vers, der auf die Familie Kennedy angewendet wurde, ist IX, 36, dessen letzte zwei Zeilen folgendermaßen lauten:

Immerwährend Gefangene, eine Zeit, in der Blitze am Himmel leuchten,
Wenn drei Brüder tödlich verwundet sein werden.

Der Verfasser ist bezüglich des angeblichen prophetischen Gehalts dieses Verses skeptisch. Falls er unrecht hat, sind die Aussichten für den dritten Bruder, Edward Kennedy, schlecht, und die zweite Zeile wird irgendwann zu einer Osterzeit in Erfüllung gehen, denn die zweite Zeile dieses Verses lautet: „Nicht weit von Ostern wird Verwirrung herrschen, ein Streich mit dem Messer."

ZAHLEN DER STERBLICHKEIT

Ein Grund, das Vorhandensein bestimmter Nostradamus-Verse, in denen die Ermordung Präsident John F. Kennedys eindeutig vorhergesagt wurde, anzuzweifeln, ist die Tatsache, daß kein Deuter der *Siècles* einen solchen Vers vor Eintreten des Ereignisses ausfindig machte. Das ist deshalb besonders erstaunlich, weil eine ganze Reihe von Okkultisten, die sich auf Zahlendynamik spezialisiert hatten – das Studium der angeblichen mystischen Eigenschaften von Zahlen –, bei der Wahl Kennedys zum Präsidenten 1960 vorhergesagt hatten, daß er sicherlich im Amt und wahrscheinlich von der Hand eines Mörders sterben würde.

Dies erklärte sich, wie Anhänger der Zahlenmystik zum Zeitpunkt von Roosevelts Tod im Frühjahr 1944 festgestellt hatten, aus dem Umstand, daß seit 1840 jeder US-Präsident, der in einem Jahr, das mit einer Null endete, in dieses Amt gewählt worden war, während seiner Amtszeit starb, wobei drei von ihnen, nämlich Lincoln, Garfield und McKinley, die 1860, 1880 und 1900 gewählt wurden, einem Mordanschlag zum Opfer gefallen waren.

Der sogenannte „Präsidentenfluch der Nullen" war wahrscheinlich nichts anderes als eine ungewöhnliche Reihe von Zufällen. Wenn es ihn tatsächlich jemals gegeben haben sollte, so war er entweder auf die Dauer von 120 Jahren (nach Meinung einiger Zahlenmystiker eine signifikante Zeitspanne) beschränkt, oder er wurde von Ronald Reagan, der erstmals 1980 zum Präsidenten gewählt wurde, aufgehoben, dem es gelang, sowohl Mordanschläge wie auch lebensbedrohliche Krankheiten zu überleben.

DAS ENDE DES KALTEN KRIEGES

Die Tatsache, daß die meisten von uns es gerne hören, wenn unserem eigenen Land und seinen Führern eine zentrale Stellung in der Weltgeschichte zugeschrieben wird, trägt vielleicht die Hauptschuld an Fehlinterpretationen und zweifelhaften Zuschreibungen der Verse. Wenn beispielsweise jemand glaubt, daß a) die Präsidenten Lincoln und Kennedy von herausragender Bedeutung für die ganze Welt waren und daß b) Nostradamus die Grundzüge der geschichtlichen Entwicklung von seiner eigenen Zeit an bis in eine weit entfernte Zukunft klar voraussah, fällt es ihm schwer zu akzeptieren, daß diese Männer nicht irgendwo in den *Siècles* erwähnt sein sollen.

Leider nahm Nostradamus, was Ereignisse betraf, die in zeitlicher Nähe zu ihm standen, jene zutiefst eurozentrische Haltung ein, die man von einem Franzosen des 16. Jahrhunderts zu Recht erwarten konnte. Abgesehen von einigen vagen Hinweisen auf die „Hesperiden" und ihren Reichtum gibt es tatsächlich keine Voraussagen des Nostradamus, die berechtigterweise auf Ereignisse der amerikanischen Geschichte aus der Zeit vor 1900 angewendet werden können.

Bei seinem Blick in eine weiter entfernte Zukunft scheint sich das Blickfeld des Sehers allerdings ausgeweitet zu haben, und es gibt eine Vielzahl von Ereignissen, die noch vor uns liegen und teilweise oder zur Gänze auf die USA Bezug haben. Für unser Jahrhundert finden sich in den *Siècles* mehrere Vorhersagen, die den USA zugeordnet werden können, und einige, die mehr oder weniger genau auf bestimmte Ereignisse zu passen scheinen.

Wie immer sind jene am interessantesten, die nicht allein auf bestimmte Ereignisse passen, sondern bereits eingetreten sind, und die schon im vorhinein als Vorhersage eben dieser Geschehnisse interpretiert worden waren. Gute Beispiele sind jene Verse, die zu einem Zeitpunkt, als der kalte Krieg auf seinem Höhepunkt war, als Hinweise auf eine kurzlebige zukünftige Freundschaft zwischen den USA und der Sowjetunion interpretiert wurden.

Die Präsidenten Gorbatschow und Reagan

Eine solche Freundschaft – nur von kurzer Dauer aufgrund des Zerfalls der UdSSR in ihre Teilstaaten – entstand während der Regierungszeit von Bush und Gorbatschow, und ohne sie wäre die Welt wohl einen ganz anderen Weg gegangen. Einer dieser Verse, der als eine solche Vorhersage interpretiert wurde, ist *Siècles* II, 89:

Eines Tages werden die beiden großen
Führer Freunde sein,

Amerika – Hesperiden – in der Vorstellung eines Zeitgenossen des Nostradamus

Ihre große Macht, man wird es sehen,
wird wachsen:
Das Neue Land [Amerika] *wird am*
Höhepunkt seiner Macht sein,
Dem Mann des Blutes wird die Zahl
berichtet.

Durch die Erwähnung der beiden großen Führer und des „Neuen Landes", einer im 16. Jahrhundert geläufigen Bezeichnung für Amerika, betrachtete man diesen Vers als Hinweis auf eine zukünftige Freundschaft zwischen Amerika und Rußland. Die Bedeutung der letzten Zeile allerdings verwirrte die Kommentatoren. Sollten die USA, so fragten sie sich, tatsächlich Verbündete eines Landes werden, das von einer Person regiert wird, deren Charakter nach Ansicht des Sehers so beschaffen ist, daß er ihn als „Mann des Blutes" bezeichnete?

Als Gorbatschow Präsident wurde, schien die Bedeutung der letzten Zeile allerdings deutlich zu werden: Nostradamus hatte auf das augenfällige Erkennungsmal des sowjetischen Führers, das große Muttermal auf seinem Kopf, Bezug genommen.

Diese Erklärung scheint durchaus klar und zutreffend, einige zeitgenössische Nostradamus-Anhänger nehmen allerdings einen weitaus pessimistischeren Standpunkt ein und setzen den „Mann des Blutes" mit dem Antichrist gleich, einem bösartigen Führer, dessen Stunde vielleicht schon bald schlagen könnte (siehe Seiten 90–91).

Die nur kurze Dauer der sowjetisch-amerikanischen Freundschaft wurde von Nostradamus in den beiden ersten Zeilen von V, 78 vorhergesagt („die beiden werden nicht lange verbündet bleiben, da [die SU] barbarischen Satrapenstaaten weichen wird").

BALLONS, SCHLACHT, UNSINN

Der Einsatz von Heißluftballons für militärische Zwecke wurde von Nostradamus vorhergesagt

Einer der merkwürdigsten Versuche, bei einer Vorhersage des Nostradamus einen Bezug zu Amerika herzustellen, basiert auf *Siècles* V, 57, der in Teilübersetzung – aus Gründen, auf die später eingegangen wird, wurden einige Worte im Original belassen – folgendermaßen lautet:

Es wird einer hingehen vom Mont Gaulfier *und dem* Aventine, *der durch ein Loch dem Heer Information geben wird . . .*

Interpreten der Verse vertreten einhellig die Meinung, daß diese Zeilen sich auf die erstmalige Verwendung von Heißluftballons für militärische Aufklärungszwecke beziehen. So geschehen bei der Schlacht von Fleurus (1794), als diese Art Ballons Montgolfieren genannt wurden, nach den Brüdern Montgolfier, die den Ballon 1783 erfunden hatten.

In den dreißiger Jahren unseres Jahrhunderts beschloß ein beherzter Amerikaner, der offenbar davon überzeugt war, daß fast jede Prophezeiung des Nostradamus so lange gedreht und gewendet werden kann, bis sich schließlich ein Bezug zu Amerika herstellen läßt, der Ausdruck *Mont Gaulfier* wäre ein Hinweis auf das Golfspiel und der ganze Vers eine Vorhersage des Resultats einer bestimmten US-Open-Meisterschaft. Wenn einer einer solchen Interpretation Glauben schenkt, ist er ein Scherzbold, zwei oder mehr sind schon Spinner!

FALSCHE VORAUSSAGEN

Auf den vorangegangenen Seiten haben wir einige jener Prophezeiungen näher erläutert, bei denen Nostradamus erstaunlich genau ins Schwarze getroffen hat. Etwa wenn er die exakte Jahreszahl angibt, in der London von dem großen Feuer heimgesucht werden und der Zweite Weltkrieg beginnen würde. Oder wenn er erstaunliche Kenntnis jener Ereignisse beweist, die 200 Jahre nach seinem Tod während der Französischen Revolution stattfanden.

Im nächsten Abschnitt des Buches (Seiten 78–103) werden wir Prophezeiungen untersuchen, die noch nicht eingetreten sind – Prophezeiungen, die die unmittelbare Zukunft unseres Planeten betreffen und wahrscheinlich Auswirkungen auf das Leben jedes einzelnen von uns haben werden. Wer sich mit dem Studium dieser Prophezeiungen beschäftigt, wetteifert in gewisser Weise mit Nostradamus, indem auch er versucht, den Schleier der Zeit zu zerreißen. Allzu eifrige Nostradamus-Jünger müssen allerdings ihre Erwartungen etwas zurückschrauben und sich stets zweier Tatsachen bewußt sein. Erstens: Die exakten Interpretationen der Voraussagen über unsere Zukunft wurden von ihren verschiedenen Verfassern auf der Grundlage der oft rätselhaften und dunklen Sprache, wie sie Nostradamus in den *Siècles* verwendet, abgeleitet – und einige Beurteilungen der vom Seher gelieferten Sinninhalte mögen daher teilweise oder gänzlich falsch sein. Zweitens sind einige der angeblich von Nostradamus stammenden Prophezeiungen wahrscheinlich oder sicher Fälschungen. Zum Teil wurden sie von der Propagandamaschinerie der Nazis im Zweiten Weltkrieg in Umlauf gebracht, andere wiederum dürften als Ergebnis von Selbsttäuschung oder dem Wunsch, Leichtgläubige zu täuschen, entstanden sein.

In diesem Zusammenhang ist die Geschichte eines Ereignisses, das angeblich zu Beginn der siebziger Jahre unseres Jahrhunderts stattgefunden hat, recht aufschlußreich. Dieser Erzählung zufolge erschien Nostradamus als ein lebendiges Wesen „in Fleisch und Blut“ in der Gar-

Dem amerikanischen Medium Criswell zufolge sagte Nostradamus eine Zeit sexueller Zügellosigkeit voraus

derobe eines amerikanischen Fernsehstudios. Er gab verschiedene neue Prophezeiungen von sich, die zwar in Französisch, doch „verständlich, als wären sie in Englisch" gemacht wurden, und lieferte eine ausführliche Erläuterung einer Art „Druidentarot".

Einziger Zeuge dieses bemerkenswerten Ereignisses war ein bekannter amerikanischer Hellseher mit Namen „Criswell", der sein Erlebnis in seinem Buch „Criswell's Forbidden Predictions Based on Nostradamus and the Tarot" (Die verbotenen Weissagungen des Criswell auf der Grundlage des Nostradamus und des Tarot) beschreibt. Criswell saß gerade in seiner Garderobe und war damit beschäftigt, sein Make-up zu entfernen, als es an der Tür klopfte und ein Mann in der Kleidung des 16. Jahrhunderts eintrat. Der unerwartete Besucher stellte sich mit erstaunlicher Kürze vor: „Ich bin Nostradamus", sagte er.

Criswell fand sich urplötzlich in eine enorme Grotte versetzt, in der sich nur ein Eichentisch und zwei Stühle befanden. Nostradamus setzte sich auf den einen, Criswell auf den anderen Stuhl, worauf Criswell – der offensichtlich mit merkwürdigen Situationen wesentlich besser fertig wird als der Schreiber dieser Zeilen – in aller Ruhe Nostradamus zuhörte, wie er eine Reihe neuer Prophezeiungen von sich gab. Criswell war so beeindruckt davon, daß er sich klar genug an sie erinnern konnte, um sie in seinem Buch wiederzugeben.

Fast alle Weissagungen waren recht erstaunlich. Und alle – oder vielmehr alle, die sich auf Daten vor Erscheinen dieses Buches bezogen – stellten sich von A bis Z als falsch heraus!

RIESENMOTTEN UND EINSTÜRZENDE PYRAMIDEN

Es lohnt trotzdem, einige der Prophezeiungen, die Nostradamus Criswell zukommen ließ und die sich auf die Jahre unmittelbar vor der dritten Jahrtausendwende beziehen, als Warnung für Unvorsichtige anzuführen.

1 Vorübergehend wird es zu totaler sexueller Zügellosigkeit und einer weltweiten Orgie kommen, bis schließlich „sogar Tiere zu Diensten gezwungen werden".

2 Bakterien werden die Größe von Motten erreichen und Menschen wie Tiere beißen, für die jede Hilfe zu spät kommt. Texas und Mexiko werden am schwersten davon betroffen sein und „flehentlich um Hilfe bitten". Glücklicherweise wird der Bedrohung durch die Bakterien ein Ende gesetzt, weil die Luft „durch Elektrizität fest" wird.

3 Ein Wiederaufleben des Okkultismus wird dazu führen, daß Männer, Frauen und Kinder „alles und jeden" mit Zaubersprüchen belegen werden. Fünftausend solcher Hexer werden sich bei den Niagarafällen versammeln und den Fluß dazu bringen, in die andere Richtung zu fließen. Eine andere Gruppe wird „die Pyramiden zum Einsturz" bringen, während eine Million Hellseher sich in Prairie, South Dakota, versammeln werden, um eine riesige Séance abzuhalten. Dabei werden Persönlichkeiten wie Hitler, Mussolini und Stalin „erscheinen".

4 Alle Fernsehapparate, Telefone, Schreibmaschinen, Füllfedern und Bleistifte werden von den Weltherrschern konfisziert werden, wobei sie auch verbieten werden, daß mehr als drei Personen zusammentreffen.

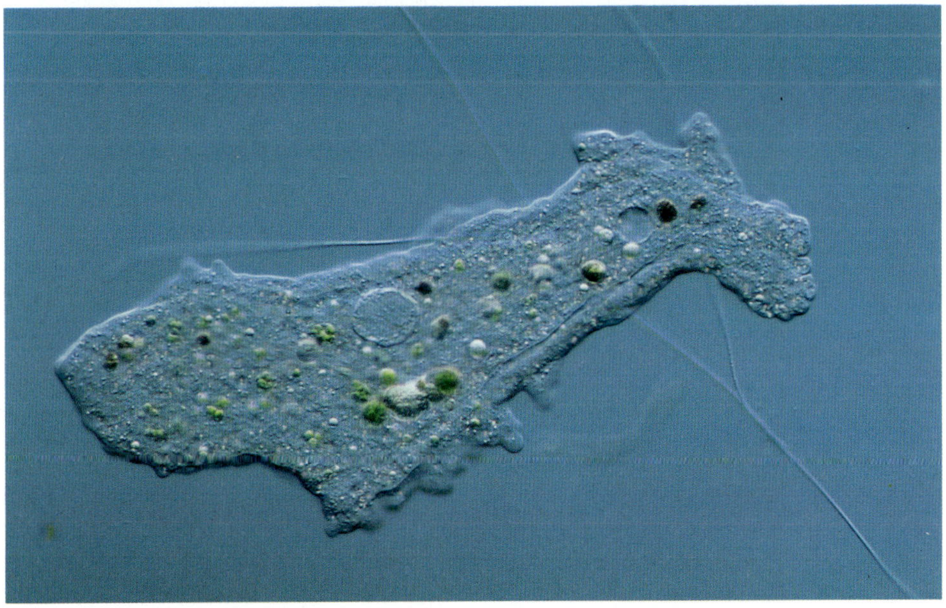

Bakterien werden die Größe von Motten erreichen – eine unwahrscheinliche Vorhersage

NEKROMANTIE
& DAS ZEICHE

N DER BESTIE

NEKROMANTIE & DAS ZEICHEN DER BESTIE

DIE SELTSAM CHIFFRIERTE SPRACHE DES NOSTRADAMUS IN VIELEN SEINER VIERZEILER WAR SO BESCHAFFEN, DASS WIR DAVON AUSGEHEN KÖNNEN, DASS ER ÜBER ALTES MYSTISCHES WISSEN VERFÜGTE – FÜR DIE MEISTEN VON UNS, DIE WIR HEUTE IN EINEM SKEPTISCHEN ZEITALTER LEBEN, EIN RÄTSEL, ZU DEM WIR DEN SCHLÜSSEL NICHT FINDEN KÖNNEN.

Weissagungen des Nostradamus im Zusammenhang mit Ereignissen zu interpretieren, die bereits stattgefunden haben, ist keinesfalls leicht, ausgenommen vielleicht jene Prophezeiungen, in denen der Seher ein bestimmtes Datum wie etwa 1666 oder 1792 (siehe Seiten 34 und 48) angibt. Trotzdem ist das ein Kinderspiel im Vergleich zu der exakten Interpretation von Weissagungen, die bisher noch nicht in Erfüllung gegangen sind – jene etwa, die offenbar auf weitgreifende soziale und politische Umwälzungen in der ganzen Welt Bezug haben, auf Kriege, die mit neuen, furchtgebietenden Massenvernichtungswaffen ausgefochten werden, auf einen unheilbringenden Kult, dessen Anführer Nostradamus als den lange vorhergesagten Antichrist (siehe Seiten 90–91) bezeichnet, und auf Reisen im Weltall.

Sagte Nostradamus seltsame Besucher von einem anderen Planeten voraus?

Die Mehrzahl der Weissagungen des Nostradamus fällt in die Kategorie der noch nicht in Erfüllung gegangenen Prophezeiungen – d. h. ihr Inhalt scheint sich auf die Zukunft zu beziehen bzw. wird darin eine so seltsame Terminologie verwendet, daß diese nur im Licht künftiger Ereignisse verständlich wird. Eine andere Möglichkeit ist, daß sich einige auf geheimnisvolle Dinge beziehen, die in den Bereich der Magie fallen, von der die meisten von uns wenig oder gar nichts wissen. Die letzteren Verse, die oft als „okkulte Vierzeiler" bezeichnet werden, ziehen zu Recht die Aufmerksamkeit zeitgenössischer Nostradamus-Forscher auf sich, vor allem jener, die auf der Suche nach einem Generalschlüssel sind, mit dessen Hilfe sie die verborgene Bedeutung der *Siècles* enthüllen können. Der Nostradamus-Interpret darf nicht vergessen, daß zumindest einige der „okkulten Vierzeiler", sich tatsächlich auf magische Rituale, Alchimie und andere esoterische Disziplinen beziehen. Es ist möglich, daß sich der Seher dabei eines okkulten Symbolismus bediente, um Ereignisse und Begriffe näher zu beschreiben, die er in der Sprache seiner Zeit nicht ausdrücken konnte.

Auch die mit dem Jahr 2000 und den Jahren danach in Zusammenhang stehenden Verse sind oft dunkel oder vieldeutig. Einige der Interpretationen, die auf den folgenden Seiten analysiert werden, müssen daher falsch sein, bei anderen wiederum ist die Wahrscheinlichkeit, daß sie richtig sind, sehr hoch.

NOSTRADAMUS UND NEKROMANTIE

Mehr als 400 Jahre lang waren Nostradamus-Jünger bemüht, einen Schlüssel zu finden, der ihnen Zugang zu jenem (hypothetischen) in sich geschlossenen System verschaffen sollte, das ihrer Meinung nach den *Siècles* zugrunde liegt. Sie ließen sich dabei von der Überzeugung leiten, daß kein Seher, dessen Voraussagen sich auf so erstaunliche Weise bewahrheiteten, seine Visionen zukünftiger Ereignisse völlig planlos aufgezeichnet haben konnte. Man mußte, so dachten sie, von einer inneren Logik ausgehen, die sich hinter der scheinbar zufälligen Anordnung verbarg, in der die Verse geschrieben waren. Und wenn dies der Fall war, dann mußte Nostradamus die Absicht gehabt haben, es jenen, die so wie er selbst die geheimnisvolle Kunst der Weissagung jahrelang studiert hatten, zu ermöglichen, dieses geheime, logische System zu durchschauen und die *Siècles* so zu lesen, daß sowohl ihre Chronologie wie auch ihr Inhalt völlig verständlich werden.

Wie bereits auf Seite 79 erwähnt, enthalten die *Siècles* eine Anzahl von Versen, die aufgrund ihres Inhalts und ihrer Terminologie unter dem Begriff „okkulte Verse" zusammengefaßt wurden – d. h. daß sie sich offenbar mit den magischen Künsten beschäftigen. Natürlich ist im eigentlichen Sinn des Wortes „okkult" (geheim) eine ganze Reihe von Versen der *Siècles* von „okkulter" Bedeutung. Was heißt, daß es sich dabei zwar sicherlich um Prophezeiungen handelt, deren genauer Sinn aber aller Wahrscheinlichkeit nach erst offenbar werden wird, wenn sie in Erfüllung gegangen sind oder der langgesuchte Schlüssel zur Decodierung der *Siècles* gefunden wurde. Sollte dieser Schlüssel je gefunden werden, so kann dies durchaus über die Analyse jener Verse geschehen, von denen immer wieder angenommen wurde, daß sie Nostradamus in Zusammenhang mit Kabbalismus (siehe Kasten), Alchimie, Zahlenmystik und sogar der schwarzen Kunst der Geisterbeschwörung bringen.

Satan, Herr der Nekromantie

Der Autor fühlt sich nicht berufen, den Versuch einer Entschlüsselung der tiefsten Geheimnisse der *Siècles* zu unternehmen. Alle Leser dieses Buches aber, die selber den Versuch wagen wollen, möchte er darauf hinweisen, daß *Siècles* IV, Vierzeiler 28–31, in diesem Zusammenhang von besonderer Bedeutung sein könnten – die Numerierung dieser Verse blieb nämlich möglicherweise nicht dem Zufall überlassen, sondern erfolgte unter Umständen unter Einbeziehung zahlendynamischer Überlegungen. Dies gilt ganz besonders für die beiden letzten, IV, 30 und 31, die folgendermaßen lauten:

Die Macht des Unbekannten – ein moderner magischer Ritus

Mehr als elfmal wird der Mond die
Sonne nicht wollen.
Voll aufgegangen, aber gemindert . . .
Sie stehen so tief, daß nur wenig
Gold gesaät wird.
Nach Hungersnot und Pest wird das
Geheimnis entdeckt.

und:
Der Mond in der Mitte des hohen Berges,
Der neue Weise hat ihn entdeckt:
Von seinen Schülern aufgefordert,
unsterblich zu werden,
Augen südwärts, Hände auf der Brust,
Körper brennend.

Ob diese beiden Verse nun den geheimen Schlüssel liefern oder nicht, ist Ansichtssache. Jedenfalls zeigen sie, daß Nostradamus über eigenartige Entwicklungen auf dem Gebiet geheimer Kulte Bescheid wußte und daß sie in naher Zukunft entscheidenden Einfluß auf unser Leben haben werden.

DIE WUNDERBAREN LICHTER

Ein Ansatz auf der Suche nach dem Schlüssel zur Interpretation der *Siècles* geht von der Tatsache aus, daß Nostradamus mit den Grundzügen der christlichen Kabbala wohl vertraut war.

Die Kabbala ist ein mystisches System der Juden, das ab dem 16. Jahrhundert auch in christianisierter Form bestand und in fast unentwirrbarer Weise mit Magie und Alchimie verwoben war. Daß Nostradamus Bücher zu derartigen Themen besessen hatte, geht aus einem Brief hervor, den er veröffentlichte:

. . . Ich warne Euch vor der Verführung der . . . scheußlichen Magie . . . Obwohl mir viele Bücher, die lange Zeit versteckt gelegen waren, unter die Augen gekommen sind, habe ich nicht danach begehrt, ihren Inhalt bekannt zu machen . . . nachdem ich sie gelesen hatte, . . . habe ich sie dem Feuer überantwortet.

Wahrscheinlich wollte der Seher damit den Verdacht, er betriebe kabbalistische Magie, bewußt zerstreuen. Die Annahme, daß der eifrige Büchersammler Nostradamus seltene magische Texte absichtlich zerstörte, ist nicht sehr glaubhaft.

Zeitgenossen, die die christliche Kabbala studieren, waren von der Tatsache überrascht, daß es zehn *Siècles* gibt (nicht alle davon sind vollständig) und daß die Theorie der Kabbalistik auf zehn Emanationen beruht – den Sephiroten oder

Eine französische Einführungsschrift in die Kabbalistik

„wunderbaren Lichtern“ – die aus dem „Nicht-Manifesten“ stammen. Den Lehren zeitgenössischer Kabbalistiker zufolge kann alles im Universum, von Ideen und Gefühlen bis zu materiellen Objekten, in dieses System der zehn Sephiroten eingeordnet werden. So kann etwa alles, was dem Begriff Konflikt zuzuordnen ist, in einen mystischen Zusammenhang mit dem fünften Sephirot gebracht werden, der Bereich Liebe mit dem siebenten und der Bereich Geld mit dem zehnten.

Es wäre nun sehr angenehm, wenn die zehn *Siècles* jeweils einen offensichtlichen Zusammenhang mit den zehn Sephiroten aufwiesen – wenn etwa *Siècles* X eindeutig auf Geld, Besitz usw. gemünzt wäre usw. Leider ist das nicht der Fall. Es könnte aber sein, daß zwischen der Struktur der *Siècles* und dem System der Sephiroten ein zwar versteckter aber dennoch existenter Zusammenhang bestünde und daß alle Probleme der Interpretation des Nostradamus mit einem Schlag gelöst wären, sobald die Art der Bezüge genau festgestellt ist.

Noch vor wenigen Jahrzehnten wäre dieser Gedanke völlig absurd erschienen – die jüngsten historischen Forschungen haben aber gezeigt, daß eine ganze Reihe von Büchern aus dem 17. Jahrhundert über einen versteckten Aufbau verfügen, der sich aus der kabbalistischen Lehre ableitet, und die *Siècles* könnten ein weiteres Beispiel dafür sein.

DAS ENDE DES PAPSTTUMS?

Einige der besonders eifrigen Nostradamus-Forscher, unter ihnen der verstorbene James Laver, waren von der sogenannten „Prophezeiung des hl. Malachias“ fasziniert – da sie überzeugt waren, eine Beziehung zwischen dieser und bestimmten Weissagungen des Nostradamus festgestellt zu haben, die sich auf das Papsttum beziehen, wie etwa V, 56:

Wegen des Todes des sehr alten Papstes
Wird ein Römer sehr guten Alters [d. h. ein junger] *gewählt werden,*
Von ihm wird gesagt werden, daß er den
Stuhl schwächt [d. h. den Thron Petri],
Doch wird er ihn lange unter vielen
Qualen innehaben.

Nostradamus sagte, daß es im Verlauf der Geschichte einem jungen Papst bestimmt sein würde, als Nachfolger eines älteren gewählt und von jemandem angegriffen zu werden, der ihn beschuldigte, die Kirche zu schwächen. Trotzdem würde er unter Qualen den Thron Petri lange innehaben.

Diese Prophezeiung hat sich bisher offensichtlich noch nicht erfüllt, denn seit der Veröffentlichung der *Siècles* ist der einzige Papst, von dem man sagen könnte, er wäre in jungen Jahren gewählt worden, Gregor XIV., dieser aber hatte den Stuhl Petri keinesfalls lange inne, sondern seine Regierungszeit war ungewöhnlich kurz.

Wenn man wie James Laver davon ausgeht, daß zwischen der „Prophezeiung des hl. Malachias“ und den *Siècles* ein Zusammenhang besteht, so ist es aus Gründen, die später angeführt werden sollen, wahrscheinlich, daß der junge Papst, dessen Wahl in V, 56 prophezeit wird, vom Schicksal als Nachfolger des derzeitigen Pontifex, Papst Johannes Paul II., bestimmt wurde.

Die „Prophezeiung des hl. Malachias“ steht hier in Anführungszeichen, da die Wissenschaft einhellig der Meinung ist, daß, wer auch immer der tatsächliche Autor gewesen sein mag, dies sicherlich *nicht* der irische Mönch Malachias (1095–1148) war. Es wurde sogar behauptet, daß es sich dabei um gar keine echte Prophezeiung, sondern um eine ca. 1590 entstandene Fälschung handelt. Andererseits haben viele fromme Männer und Frauen geglaubt, daß die Zuschreibung der Prophezeiung gerechtfertigt ist: Ein Priester des 19. Jahrhunderts, Pater Cucherat, stellte aus-

Der hl. Bernhard von Clairvaux würdigte die Authentizität der Weissagungen des hl. Malachias

Nostradamus und Malachias zufolge wird der nächste Papst der letzte sein

drücklich fest, daß die Vision bzw. die Visionen, die die Grundlage dafür bilden, im Jahr 1140 in Rom von Malachias tatsächlich erlebt wurden und daß er seine prophetischen Sprüche auf einem Pergament festhielt; dieses übergab er Papst Innozenz II., der es in der Bibliothek des Vatikans hinterlegte, wo es für die nächsten 400 Jahre völlig unbeachtet blieb.

Das alles klingt ein wenig unwahrscheinlich – doch laut Meinung des Offiziums, für das Fest des hl. Malachias war dieser sehr wohl mit der Gabe der Weissagung gesegnet. Was allerdings noch mehr zählt, ist der Umstand, daß der hl. Bernhard von Clairvaux feststellte, Malachias hätte ihm den Tag und die genaue Stunde zu der er, Malachias, sterben würde, vorausgesagt.

Die dem Malachias zugeschriebene Weissagung ist kurz. Sie besteht aus 108 lateinischen Mottos, von denen man annimmt, daß ein jedes auf einen bestimmten Papst gemünzt ist, beginnend mit Zölestin II. (Papst von 1143–44) bis zu „Petrus dem Römer", der angeblich der letzte Papst sein soll. Die lateinischen Mottos bestehen oft aus nicht mehr als zwei oder drei Wörtern. Das Zölestin II. zugeordnete Motto etwa lautete: „Ex Castro Tiberis" (Aus einem Schloß am Tiber), eine Anspielung auf seinen Familiennamen Guido de Castello. Dem derzeitigen Papst, Johannes Paul II., wird das 107. Motto aus der Prophezeiung zugeordnet – es hat also ganz den Anschein, als würde ihm nur noch ein Papst nachfolgen. Über diesen äußerte sich Malachias (oder wer auch immer der Verfasser sein mag) recht unfreundlich:

Während der letzten Verfolgung der Heiligen Römischen Kirche wird Petrus regieren, der seine Herde trotz vieler Kümmernisse versorgen wird; danach wird die Stadt der sieben Hügel zerstört werden, und der schreckliche Richter wird das Volk richten.

Der Ausdruck „schrecklicher Richter" wird gemeinhin als Hinweis auf das Jüngste Gericht interpretiert, das die Lebenden und die wiederauferstandenen Toten entweder zu ewiger Verdammnis verurteilt oder mit ewiger Seligkeit belohnt. Es könnte damit aber auch ein ganz anderes Urteil gemeint sein – ein Ereignis, das die ganze Welt erschüttert bzw. mehrere Ereignisse, die die Kirche zerstören. In jedem Fall wird, wenn Nostradamus und Malachias konform gehen, der nächste Papst auch der letzte sein.

DER EHEMALIGE SCHWEINEHIRT

Papst Sixtus V., der den Thron Petri von 1585 bis 1590 innehatte, kam aus sehr ärmlichen Verhältnissen. Damit war er das gerade Gegenteil der meisten anderen Päpste seiner Zeit, die mit den großen Familien Italiens eng verwandt waren.

1521 als Sohn eines Gärtners geboren, wurde Felice Peretti, der spätere Sixtus V., im Alter von acht Jahren Schweinehirt. Er war jedoch ein außergewöhnlich intelligentes Kind, so daß er schon nach einem Jahr seine Schweineherde verlassen und seine Ausbildung in einem Kloster beginnen konnte. 1547 wurde er zum Priester geweiht, 1566 zum Bischof und vier Jahre später zum Kardinal.

Seine Ernennung zum Papst wurde von Nostradamus bereits 40 Jahre vorher prophezeit. Bei einem Besuch in Italien fiel der französische Seher vor Peretti, der damals gerade zum Priester geweiht worden war, auf die Knie und sprach ihn mit „Eure Heiligkeit" an.

DAS WIEDERAUFLEBEN DES ISLAM

Muslime bei einer Andacht in Mekka

Gordon von Khartum – Opfer eines Dschihad

In jüngster Zeit hat der islamische Fundamentalismus ein erstaunliches Comeback gefeiert. Wie die Ereignisse der letzten 15 Jahre in Ländern wie dem Iran, Afghanistan und den zentralasiatischen Republiken der ehemaligen Sowjetunion beweisen, ist der Glaube an den Propheten wieder zu einem wichtigen Faktor im Weltgeschehen geworden und wird wahrscheinlich auch eine immer wichtigere Rolle in der internationalen Politik spielen.

Die Ursprünge der heutigen islamischen Renaissance können zumindest bis in die zwanziger Jahre unseres Jahrhunderts zurückverfolgt werden, doch tatsächliche Bedeutung erlangte die Bewegung erst mit dem Niedergang des Kommunismus in den siebziger Jahren. Damals begann sich bei den Völkern des Iran, Afghanistans und der asiatischen Sowjetrepubliken die Überzeugung durchzusetzen, daß die Lösung ihrer sozialen und wirtschaftlichen Probleme eher durch eine Rückkehr zum Gesetz des Islam als durch die Übernahme des materialistischen Atheismus der marxistischen Ideologie gefunden werden könne.

Der Niedergang und Zusammenbruch des Kommunismus wurde von Nostradamus in mehr als einem Vierzeiler vorhergesagt (siehe Seiten 68–69); eine dieser Prophezeiungen bezüglich des Wiederauflebens des Islam ist beispielsweise in IV, 32 enthalten, dessen letzte zwei Zeilen darauf hinweisen, daß „die alte Ordnung (Islam) erneuert" und vom „Panta chiona philon" – ein klassisches altgriechisches Zitat, das soviel bedeutet wie „alle Dinge gemeinsam", d. h. Kommunismus – abgegangen werden wird.

Vom Standpunkt derer, die eine fundamentalistische Religion welcher Art auch immer als unvereinbar mit jenen Werten ansehen, die von den im Westen vorherrschenden Ideologien rechter wie linker Prägung vertreten werden, ist dieses neuerliche Erstarken des Islam eindeutig ein Übel. Doch ob der Aufschwung des Islam nun positiv oder negativ sein mag, wir werden lernen müssen, damit zu leben – zumindest dann, wenn sich die Vorhersagen des Nostradamus in der Zukunft ebenso erfüllen sollten, wie es in der Vergangenheit der Fall war. Allem Anschein nach hat Nostradamus vorhergesagt, daß zu den wichtigsten Ereignissen der unmittelbar vor uns liegenden Jahrzehnte schwere, mit ungeahnten Zerstörungen einhergehende Kriege zwischen islamischen und nichtislamischen Ländern zählen würden. Im Lauf dieser Kriege wird es, wenn wir den *Siècles* Glauben schenken, auch auf islamischer Seite zu Rückschlägen kommen – möglicherweise sogar zur Gefangennahme eines Führers (siehe Kasten) –, doch ebenso zu Katastrophen wie etwa der totalen Zerstörung Monte Carlos. Einige davon werden auf den Seiten 86–87 beschrieben.

PROPHETISCHE UNKLARHEITEN

Eines der Probleme, mit dem alle Kommentatoren der *Siècles* zu kämpfen haben, ist die Existenz von Versen, die aufgrund ihrer Beschaffenheit manchmal als „retroaktive Vorhersagen" bezeichnet wurden, d. h. sie beziehen sich offenbar auf Ereignisse, die stattfanden, bevor Nostradamus über sie schrieb. Beispiele für solche retroaktive Vorhersagen sind die Vierzeiler VIII, 51 und 83, wobei sich der erste anscheinend auf Ereignisse vor der Vertreibung der Mauren aus Spanien im Jahr 1492 bezieht und der letztere auf Greueltaten der Venezianer während des Vierten Kreuzzugs, etwa 350 Jahre bevor Nostradamus sie „prophezeite".

Es ist schon recht merkwürdig, wenn ein Seher sich damit beschäftigt, in kaum verständlicher Sprache Beschreibungen von Ereignissen zu verfassen, die lange vor seiner Zeit stattgefunden haben. Daß es solche Pseudoprophezeiungen in den *Siècles* gibt, war daher für Nostradamus-Jünger stets ein Rätsel, und es wurden dementsprechend viele Erklärungen dafür geliefert. Eine Erklärung etwa enthält Überlegungen zu alternierenden Wirklichkeiten, nämlich Welten, die während gewisser Zeiträume parallel zu der unsrigen existieren und in denen die Geschichte einen anderen Verlauf genommen hat (siehe Seiten 132–133). Ein anderer Erklärungsvorschlag lautet, daß die Visionen des Nostradamus sich seiner Kontrolle entzogen und daß er Ereignisse deutlich vor sich sah, die schon vor langer Zeit eingetreten waren. Beide Hypothesen mögen ganz oder teilweise stimmen, doch könnte es auch ohne weiteres der Fall sein, daß einige dieser „retroaktiven" Vorhersagen alles andere als retroaktiv sind, sondern sich im Gegenteil auf einen Zeitraum in der Zukunft beziehen, wo bereits eine islamische Supermacht existiert. Eine derartige Prophezeiung ist in *Siècles* VI, 78, enthalten:

Laut zu rufen den Sieg des
zunehmenden Halbmonds,
Der Adler wird von den Römern
ausgerufen werden,
Ticcan, Mailand und die Genueser
werden nicht zustimmen,
Und der große Basil [ein Ausdruck
Nostradamus', den er aus dem
Griechischen ableitet und soviel
bedeutet wie König oder Kaiser]
wird von ihnen gefordert werden.

Es wurde allgemein angenommen, daß es sich um die Beschreibung der Gefangennahme eines muslimischen Sultans handelt, der auch Anspruch auf das Kalifat, die geistige Führerschaft der islamischen Welt, erhob. Da der letzte derartige Sultan bzw. Kalif zu regieren aufhörte, als das Osmanische Reich am Ende des Ersten Weltkriegs zerbrach, nimmt man heute an, daß es sich um eine retroaktive Prophezeiung handelt, wahrscheinlich um die Gefangennahme Sultan Jemms im 15. Jahrhundert. Andererseits besteht absolut kein Grund zur Annahme, daß es in Zukunft nie wieder einen mächtigen Kalifen geben sollte, der von westlichen Mächten gefangengenommen wird, die Nostradamus unter Verwendung der Terminologie seiner Zeit als „Römer" bezeichnen könnte.

DIE HEILIGEN KRIEGE DES ISLAM

Märtyrer eines modernen Religionskriegs – der Heilige Krieg des Iran

Der Begriff des Dschihad – ein Heiliger Krieg gegen all jene, die nicht im „Haus des Islam" wohnen – hat eine lange Vergangenheit. Zwischen 622 und 732 eroberten die Araber in seinem Namen fast ganz Nordafrika und drangen bis nach Frankreich vor; im 15. Jahrhundert führte der von den osmanischen Türken gegen Byzanz geführte Heilige Krieg zum Fall Konstantinopels, und noch nach 1680 belagerten mohammedanische Krieger erfolglos Wien.

Während der folgenden 300 Jahre verlor die mit dem Dschihad verbundene Ideologie zwar an praktischer Bedeutung, keineswegs aber ihre mystische Anziehungskraft. Die wenigen Versuche, den Dschihad als politische und diplomatische Waffe einzusetzen, gingen größtenteils ins Leere.

In den letzten zehn Jahren etwa mehren sich aber die Anzeichen, daß dem nicht mehr so ist. In Afghanistan wurde die Rote Armee mit einem Guerillakrieg, den die Anhänger des Dschihad gegen sie führten, geschlagen, und in Bosnien sind einige der fanatischsten Kämpfer gegen die orthodoxen Serben und die katholischen Kroaten von dieser Ideologie beseelt. Wenn wir Nostradamus Glauben schenken, ist das erst der Anfang, und wir werden noch einen oder mehrere Heilige Kriege miterleben.

Der Seher prophezeite, daß die Auswirkungen dieser Kriege, bei denen es zum Einsatz von Massenvernichtungswaffen kommen wird, die er nur unter Verwendung merkwürdiger Analogien zu beschreiben imstande war, katastrophal sein werden. In IV, 23, der aus vielerlei Gründen als Hinweis auf einen Konflikt zwischen dem Islam und dem Westen interpretiert wird, sagt er voraus, daß die Verwendung derartiger Waffen zur Zerstörung Monte Carlos, der heutigen „Welthauptstadt des Vergnügens", führen wird. Der Vers lautet:

Die Legion der Seeflotte
Wird brennen – Kalk, Pech,
Schwefel und Teer:
Die lange Rast an einem sicheren Ort,
Port Selyn und Hercle werden
vom Feuer verzehrt.

Der Ausdruck „Seeflotte" (das aus dem Lateinischen stammende Wort wurde von Nostradamus stets im Sinne von Armada, Flotille oder Flotte verwendet) in der ersten Zeile erschien den Nostradamus-Interpreten des letzten Jahrhunderts als Tautologie. Was für eine andere Flotte als eine Seeflotte könnte es denn schon geben? Heute kennen wir die Antwort auf diese Frage – es gibt auch Luftflotten, und in nicht allzuferner Zukunft wird es höchstwahrscheinlich auch Weltallflotten geben. Es hat also den Anschein, als ob Nostradamus, indem er das Wort Flotte näher bestimmte, uns einen Hinweis darauf liefern wollte, daß er sehr wohl über die zukünftige Eroberung der Luft und des Weltalls durch den Menschen Bescheid wußte.

Die zweite Zeile des Verses zählt einige der Bestandteile der byzantinischen Brandbomben, bekannt als „Griechisches Feuer", auf, und wahrscheinlich handelt es sich dabei um eine Metapher, mit der ein Feuersturm beschrieben werden soll – in diesem Zusammenhang ist die Erwähnung einer „langen Rast" in der dritten Zeile von düsterer Bedeutung –, doch von vordringlichem Interesse ist die genaue Vorhersage der verhängnisvollen Feuersbrunst in „Port Se-

Ein Sohn des Dschihad

lyn und Hercle". „Port Selyn" bedeutet „der Hafen des Halbmondes", wobei der Halbmond das Symbol des Islam ist, während „Hercle" eine Abkürzung von *Herculeis Monacei* ist, dem lateinischen Namen für Monaco und seine Hauptstadt Monte Carlo. Es hat den Anschein, als würde Nostradamus die gleichzeitige Zerstörung einer Flotte, eines wichtigen islamischen Hafens und Monte Carlos durch ein Feuer vorhersagen. Es versteht sich von selbst, daß derartige Großbrände zahlreiche Opfer fordern würden, nicht nur in „Port Selyn" und Monte Carlo – tatsächlich würde es, wenn wir einem Nostradamus-Interpreten Glauben schenken wollen, allein in Frankreich zu fast einer Million Opfer kommen (siehe Kasten).

Ganz offensichtlich wird in *Siècles* IV, 23, ein Weltkrieg oder eine Serie von Kriegen vorhergesagt. Andere Verse des Nostradamus scheinen einen Hinweis darauf zu geben, daß es in diesem Kampf der Titanen zum Einsatz bakteriologischer und atomarer Waffen kommen wird.

EINE MILLION FRANZOSEN TOT

Zumindest einer der zeitgenössischen, dem Verfasser bekannten Interpreten der *Siècles* – er zählt zur kleinen Gruppe der Nostradamus-Interpreten, die sich bemühen, die Voraussagen des Sehers im Licht der Kabbala (siehe Seite 81) zu interpretieren – bringt auf der Zahlenmystik und anderen Überlegungen basierende Argumente vor, daß die Prophezeiung der Zerstörung Monte Carlos aus IV, 23 eine systematische Verbindung zu *Siècles* I, 71 und 72, aufweist, die folgendermaßen lauten:

Dreimal wird der Turm in der See
erobert und wiederum erobert
werden,
Von Spaniern, Barbaren [vielleicht
auch Berbern, d. h. Nord-
afrikanern] *und Italienern:*
Marseille und Aix, Arles von den
Pisanern,
Verwüstet durch Feuer und Schwert,
Avignon von den Turinern
geplündert.

Die Bewohner Marseilles völlig
verändert,
Auf der Flucht, verfolgt bis
nach Lyon,
Narbonne und Toulouse von
Bordeaux beleidigt,
Tot und gefangengenommen,
fast eine Million.

Die genaue Bedeutung dieser Verse ist zwar ungewiß, ihre allgemeine Aussage hingegen deutlich genug. Wenn sie wirklich zusammen mit IV, 23 gelesen werden sollen, stehen der Welt blutigere Konflikte bevor als je in früheren Kriegen. Wie auf Seite 88 erläutert, besteht Grund zu der Annahme, daß diese Konflikte in einer nicht allzu fernen Zukunft liegen könnten.

Teherans Brunnen des Blutes, den Toten des Dschihad geweiht

„MODERNE“ KRIEGFÜHRUNG

Eine der düstersten Prognosen aus den *Siècles* findet sich in VIII, 77, der von einem nicht weniger als 27 Jahre dauernden Krieg handelt. Seine letzte Zeile lautet: „Roter Hagel, Wasser, Blut und Leichen bedecken die Erde“ und bezieht sich nach Meinung der meisten zeitgenössischen Nostradamus-Interpreten auf einen zukünftigen Konflikt, bei dem es zum Einsatz atomarer und/oder biologischer Waffen kommen wird.

Der von Nostradamus erwähnte rote Hagel und das Wasser ist entweder ein Aerosol, mit dem absichtlich bakterielle Infektionen verbreitet werden können, und/oder Wasser aus der Atmosphäre, das durch radioaktiven Abfall nach einer Atomexplosion verseucht wurde. Im schlimmsten Fall könnte es sich bei letzterem sogar um eine absichtliche Verseuchung einer ganzen Region mit radioaktivem Abfall handeln, bei der eine besonders abscheuliche Waffe Verwendung fände, nämlich eine Atombombe mit einem Kobaltmantel.

Daß der prophezeite tödliche rote Hagel schon sehr bald auf unseren Planeten niederfallen wird, wird in I, 16 angedeutet, der „Pest, Hungersnot und Tod von militärischer Hand“ für eine Zeit vorhersagt, wenn die Jahrhunderte „ihrer Erneuerung zustreben“. Dieser letzte Hinweis läßt sich mit gutem Grund als bewußten Hinweis des Nostradamus auf esoterische Theorien interpretieren, die astrologische und chronologische Zyklen zum Inhalt haben, insbesondere mit dem neoplatonischen Begriff eines „Großen Jahres“, das aus zwölf „Monaten“ bestand, von denen jedes etwa 2.000 Jahre in unserer Zeitrechnung umfaßt.

Wenn die „Erneuerung der Jahrhunderte“, auf die in I, 16 hingewiesen wird, sich auf das „Große Jahr“ der Platoniker bezieht, so ist es wahrscheinlich, daß damit ein Datum für das Kommen der „Pest, Hungersnot und Tod von militärischer Hand“ angegeben wird, wobei diese Prophezeiung exakt mit dem übereinstimmt, was einige moderne Okkultisten als „den Übergang vom Zeitalter der Fische in jenes des Wassermanns“ bezeichnen; d. h. es ist ein Zeitpunkt kurz vor oder nach dem Jahr 2000, wobei das genaue Datum des Ereignisses nicht ganz sicher ist, weil es

Der Atomunfall von Tschernobyl 1986 – wird es so weitergehen?

davon abhängt, welcher bestimmte Fixstern als Markstein für den Beginn des Tierkreiszeichens genommen wird. Dabei handelt es sich um ein technisches Problem, über das sich jene streiten, die über eine gründliche Kenntnis der esoterischen Theorien verfügen, doch die Sache an sich ist völlig klar; die Erfüllung der Prophezeiung des Nostradamus bezüglich einer weltweiten Pestepidemie und Hungersnot steht knapp bevor.

Andere Verse in den *Siècles* scheinen diese Interpretation zu bestätigen, so etwa I, 91, der folgendermaßen lautet:

Die Götter werden der Menschheit
offenbaren,
Daß sie die Schöpfer eines großen
Krieges sind:

Technologische Kriegführung

Zuvor waren die Himmel frei von
espée et lance,
Der größte Schaden wird der Linken
auferlegt.

Die im Original belassenen Wörter in der dritten Zeile würden wörtlich genommen bedeuten, daß der Himmel – völlig unwahrscheinlich – in dem vom Seher vorhergesagten großen Krieg von Schwertern und Lanzen verdunkelt würde. Wir können daher annehmen, daß dieser Satz von seinen Lesern bildlich verstanden werden soll, sobald das prophezeite Ereignis näherrückt, und daß der zeitgenössische Interpret unter der Prophezeiung *espée et lance* „Waffen und Raketen" verstehen soll. Die wahrscheinliche Bedeutung von „die Linke", wie in der vierten Zeile des Verses verwendet, wird auf den Seiten 103–104 untersucht; an dieser Stelle genügt der Hinweis, daß es zwar möglich, aber eher unwahrscheinlich ist, daß der Seher das Wort „Linke" im modernen politischen Sinn, der erst im späten 18. Jahrhundert entstanden ist, verwendet hat.

DER GROSSE STERN BRENNT

Im Zusammenhang mit den weltweiten Konflikten, die kurz vor oder nach Ende unseres Jahrhunderts ausbrechen werden, ist *Siècles* II, Vers 41, von besonderem Interesse:

Der Große Stern wird sieben Tage
lang kochen,
Seine Wolke wird die Sonne wie ein
doppeltes Bild aussehen lassen,
Der große Hund wird die Nacht
hindurch heulen,
Wenn der Papst seine Wohnstatt
wechselt.

Mit dem Versuch, den Zeitpunkt festzulegen, zu dem das prophezeite Ereignis stattfinden wird, wurde der „Große Stern" der ersten Zeile als die Rückkehr des Halleyschen Kometen identifiziert. Da aber die beiden letzten Erscheinungen des Kometen so wenig spektakulär waren, daß sie mit bloßem Auge kaum beobachtet werden konnten, fällt es schwer, daran zu glauben. Wesentlich wahrscheinlicher ist, daß der „Stern" die Explosion einer extrem großen Kernfusionswaffe ist – bei der die Energie auf genau dieselbe Art und Weise hergestellt wird, wie dies im Inneren der meisten Sterne der Fall ist, nämlich durch die Verwandlung von Wasserstoff in Helium. Bei einer von Menschenhand erzeugten Kernfusionsbombe dauert das „Kochen" der eigentlichen Explosion allerdings nicht über eine Woche, und sie produziert auch kein Bild einer Doppelsonne.

Atomare Kriegführung – der „große Stern"?

Vielleicht bezieht sich die Prophezeiung auf eine ganze Reihe von atomaren Angriffen, eine wahrscheinlichere Erklärung aber wäre, daß das Bild des „Kochens", wie der Seher es verwendet, eine riesige Staubwolke bedeutet, die von Wasserstoffbomben aufgewirbelt wird und sehr lange braucht, bis sie auch nur teilweise zur Erde zurückgekehrt ist.

DAS KOMMEN DES ANTICHRIST

Wenn wir die auf Seite 88 beschriebene Deutung der letzten Zeile von VIII, 77 glauben, hat Nostradamus vorhergesagt, daß die ersten Jahre des neuen Jahrtausends von den in Folge eines bakteriologischen oder atomaren Krieges über die ganze Erde verstreuten Leichen gekennzeichnet sein werden. Wie aber ist der restliche Vers zu interpretieren? Ungekürzt lautet der Vers:

Der Antichrist vernichtet sehr bald
die Drei,
Siebenundzwanzig Jahre wird sein Krieg
dauern,
Die Ketzer sind tot, gefangen, im Exil,
Roter Hagel, Wasser, Blut und Leichen
bedecken die Erde.

Die Identität der „Drei“, von denen es heißt, der Antichrist würde sie vernichten, ist allen Deutern der *Siècles* ein Rätsel. Vielleicht sind es die drei Großmächte oder drei große Führungspersönlichkeiten unserer Erde, geistige oder weltliche. Doch was oder wer auch immer „die Drei“ sein mögen, wer sind die in der dritten Zeile erwähnten Ketzer, und was bedeutet das Wort „Antichrist“ in der ersten Zeile des Verses?

Am besten, wir versuchen als erstes, eine Antwort auf die letzte Frage zu geben. Nach traditioneller christlicher Glaubensauffassung (siehe Kasten) ist es die Bestimmung des Antichrist, als falscher Erlöser aufzutreten, der den großen Fürsten der Hölle dient, die Erde ins Chaos stürzt und einen großen, vielleicht den größten Teil der Menschheit auf spirituelle Abwege bringt, die buchstäblich zu ihrer Vernichtung führen. Dieser Glaube hat schon eine sehr lange Tradition, doch wird er auch heute noch von manchen ernst genommen, und vielleicht sollte daran erinnert werden, daß in gar nicht allzu ferner Vergangenheit ein so gebildeter und frommer Mann wie Kardinal Manning (1808–1892) eine Reihe von Vorträgen zum Thema Antichrist hielt, wobei er seiner Überzeugung Ausdruck verlieh, daß einige der recht merkwürdigen Er-

Die Verbündeten des Antichrist – die Bestie 666 und ihre Braut, die Hure von Babylon

eignisse, die mit dem Aufkommen des modernen Spiritualismus einhergingen, ein Hinweis darauf sein könnten, daß der höllische Advent – die Geburt des Antichrist – nahe bevorstand.

Ob nun der Kardinal mit seiner Annahme recht hatte oder nicht – jedenfalls dürfte es außer Zweifel sein, daß Nostradamus ein Anhänger theologischer Begriffe war, die im allgemeinen die gleichen waren. Von zentraler Bedeutung ist die Tatsache, daß Überlegungen über das Erscheinen des Gegen-Christus, des „Sohnes der Verderbnis", ebenso Teil des Weltbildes des Nostradamus waren wie auch jedes anderen gebildeten Christen jener Zeit. Es muß daher angenommen werden, daß Nostradamus, wenn er in die Zukunft sehen konnte, seine Visionen von unangenehmen Personen und Ereignissen mit Begriffen deuten würde, die ihm vertraut waren – d. h. dem Kommen des Antichrist, der Erscheinung eines Wunder wirkenden, falschen Erlösers, dessen Schüler die Diener der Mächte und Fürsten der Hölle waren.

Mit anderen Worten: Genauso wie Nostradamus offenbar die Kriegführung des 20. Jahrhunderts mit Hilfe der Gegenstände und Militärtechnologien zu erklären versuchte, die ihm vertraut waren (siehe Seiten 64–65 bezüglich I, 64), so würde er auch versucht haben, jene moralischen Haltungen und die sich daraus ergebenden Handlungen, die von den meisten von uns als unmenschlich, ungeheuerlich und dem ewigen Prinzip des Bösen zugehörig angesehen würden, mit Hilfe von Begriffen aus der Eschatologie des 16. Jahrhunderts zu erklären – d. h. religiöser Glaubenswahrheiten und Lehren über das Weltende. Auf den nächsten Seiten werden wir sehen, in welcher Weise solche Überzeugungen zu dem offenbar von Nostradamus prophezeiten Kommen des „Antichrist" kurz nach dem Jahr 2000 passen.

Entwurf für den Tempel der Bestie

Aleister Crowley, den man für den Antichrist hält

DER MESSIAS DES BÖSEN

Schon als das Christentum noch in den Kinderschuhen steckte, wurde das Wort „Antichrist" immer wieder benützt, um außergewöhnlich bösartige Personen zu beschreiben. Nostradamus und andere Christen des 16. Jahrhunderts verwendeten das Wort in diesem Sinn, denn der *oberste* Antichrist würde für sie ein Messias des Bösen sein – ein Wunder wirkender Prophet der höllischen Bosheit.

Für die damalige Zeit typisch waren die Ansichten des hl. Roberto Bellarmine (1542–1651) über die Herkunft des Antichrist. Bellarmine glaubte, daß der Vater des Antichrist ein Inkubus – ein Dämon, der sexuelle Beziehungen zu Menschenfrauen unterhält – und seine Mutter eine Zauberin war.

Ein Dominikanerpater des 17. Jahrhunderts behauptete, daß der kommende Antichrist nicht allein von einem Teufel gezeugt sein würde, sondern auch:

> *. . . so bösartig wie ein Verrückter, voller Gemeinheit, wie sie die Erde noch nicht erlebte . . . er wird Christen so behandeln, wie die Seelen der Verdammten in der Hölle behandelt werden. Er wird eine Vielzahl von Synagogennamen haben und fliegen können, wenn er es will. Beelzebub wird sein Vater sein, Luzifer sein Großvater.*

DAS ZEICHEN DER BESTIE

Zu Lebzeiten des Nostradamus waren die Ereignisse, die nach eschatologischer Ansicht (siehe Seite 91) vor dem Jüngsten Gericht auf der Erde eintreten sollten, fast untrennbar mit jenen Ereignissen verbunden, die nach traditioneller Überlieferung dem Kommen des Antichrist vorangehen und folgen sollten. Das bedeutet, daß Nostradamus, wenn er in einer fernen Zukunft die Lehren und Taten eines Hitler, eines Stalin oder irgendeines anderen Diktators, der noch an die Macht kommen wollte, vorhersah, sie mit allergrößter Wahrscheinlichkeit als Erscheinung eines oder mehrerer Antichristen deuten mußte.

In diesem Zusammenhang lohnt sich ein Blick auf eine bestimmte Stelle in der *Epistel an Heinrich II.*, die gleichzeitig mit der ersten Ausgabe der *Siècles* gedruckt wurde und die, wie auf Seite 48 beschrieben, ein ganz präzises Datum für Ereignisse angab, die während der Französischen Revolution stattfanden. Diese Stelle liefert einen höchst unerfreulichen Bericht über Ereignisse, die der Herrschaft desjenigen vorangehen würden, den Nostradamus den „dritten (d. h. den obersten) Antichrist" nannte.

In seiner Beschreibung eines „Königs" (was in diesem Zusammenhang jeden absoluten Herrscher bedeutet), der schlimme Verbrechen gegen die Kirche verüben wird, schreibt der Seher, daß dieses menschliche Ungeheuer:

... das Blut von mehr Kirchenmännern vergossen haben wird, als es ein jeglicher mit Wein tun könnte ... Menschliches Blut wird in den Kirchen und Straßen fließen wie Wasser nach heftigem Regen, und die Flüsse der Nachbarschaft werden sich purpurrot färben mit Blut ... dann, im gleichen Jahr wie auch während der folgenden Jahre, wird die fürchterlichste Pest kommen, sie wird um so heftiger sein, da ihr eine Hungersnot vorausgeht, und Leid wird sich ausbreiten, das nicht seinesgleichen hat seit dem Bestehen des Christentums ... Der große Pfarrer des Pluviale [der Papst] *wird ... zu Tode betrübt und von allen verlassen sein ... Danach wird der Antichrist der Höllenfürst sein ... die ganze ... Welt wird fünfundzwanzig Jahre erschüttert sein, ... und die Kriege und Schlachten werden wüst sein ... und so viel Schandtaten werden vom Satan verübt werden, ... daß fast die ganze Welt zerstört und zu Tode betrübt sein wird.*

Das Reich des Antichrist – eine Vision der Hölle aus dem 16. Jahrhundert

Abgesehen von der Erwähnung des Antichrist als dem „Höllenfürsten" und dem Hinweis auf die wegen der vielen von Satan verübten Schandtaten zu Tode betrübte Welt findet sich in dieser Prophezeiung nichts, was nicht als Beschreibung einer Abfolge politischer Ereignisse betrachtet werden könnte. Sobald man erst einmal akzeptiert hat, daß Nostradamus und andere Seher und Propheten unter Umständen tatsächlich in der Lage waren, den Verlauf zukünftiger Ereignisse vorherzusehen (oder vielleicht gefühlsmäßig zu erfassen, was in einer anderen Wirklichkeit vor sich ging – siehe Seiten 132–133) enthält diese Stelle nichts, was ihre Glaubwürdigkeit beim Leser allzusehr erschüttern könnte. Es würde nicht verwundern, wenn ein Mann wie Nostradamus, dem nur die Technologie des 16. Jahrhunderts bekannt war, zu der Annahme gelangt sein sollte, daß ein Diktator, dem alle Gaben einer pervertierten Wissenschaft von Atomwaffen bis Giftgasbomben zur Verfügung standen, kein Mann, sondern ein Teufel war – entweder der Antichrist oder ein Vorläufer des Antichrist.

Einige der heutigen Deuter von Prophezeiungen behaupten (da es sich um äußerst komplexe Interpretationen handelt, ist es nicht möglich, sie an dieser Stelle auch nur ansatzweise wiederzugeben), daß uns das Kommen des schrecklichen Herrschers, wie ihn der Seher in seiner *Epistel an Heinrich II.* beschreibt, kurz bevorsteht. Außerdem identifizieren sie mit diesem „König“ den dritten und großen Antichrist. Sie glauben, daß diese böse Kreatur dazu bestimmt ist, „das Blut von mehr Kirchenmännern“ zu vergießen, „als ein jeglicher es mit Wein tun könnte“. Seine unsichtbaren Taten, die zum Ausbruch der „schrecklichen Pest, die um so heftiger sein wird, da ihr eine Hungersnot vorangeht“, führen werden, sind ihrer Meinung nach ein Hinweis auf einen Krieg mit bakteriologischen Waffen.

Die Kinder des Verderbens – die Untertanen des Antichrist

Der kommende, der dritte Antichrist, so wird argumentiert, ist mit größter Wahrscheinlichkeit das gleiche Individuum, das für das Herabsteigen des Königs des Schreckens vom Himmel im Juli oder August 1999 (siehe Seiten 110–111) verantwortlich sein wird.

DER SOHN DES VERDERBENS

Der dritte Antichrist, jenes Wesen, das die Ursache sein würde dafür, daß Blut „in den Kirchen und Straßen fließt wie Wasser nach heftigem Regen“, wurde von vielen Deutern als jener „Sohn des Verderbens“ ausgemacht, von dem im Neuen Testament behauptet wird, er wäre jener, der viele mit „verlogenen Wundern“ täuschen würde.

Der entsprechende Text ist Teil des 13. Kapitels des letzten Buchs der Bibel, der Offenbarung des hl. Johannes, und beschreibt eine „zweite Bestie“, die für konservative Kommentatoren des Neuen Testaments gleichzusetzen ist mit der höllischen Wesenheit des Antichrist. Die Stelle lautet:

. . . Und ich betrachtete eine andere Bestie, . . . und sie sprach wie ein Drache . . . Und sie . . . brachte die Erde und jene, die sie bewohnen, dazu, die erste Bestie zu verehren . . . Und sie wirkte große Wunder, indem sie Feuer vom Himmel auf die Erde brachte . . . Und sie täuschte jene, die die Erde bewohnten, mit diesen Wundern, . . . die zu wirken sie die Kraft hatte . . .

NEUER TRADITIONALISMUS

Nostradamus sagte voraus, daß die ersten Jahrzehnte des dritten Jahrtausends von Kriegen, Epidemien, Hungersnot, einem Aufbrechen des militanten Islam und dem Erscheinen eines religiös-politischen Führers von solcher Abscheulichkeit geprägt sein würden, daß er ihn mit dem Antichrist identifizierte.

In dieser Epoche kann auch das traditionelle Christentum nicht ungeschoren davonkommen, doch wird diese Religion die Kraft haben zurückzuschlagen. Ein entsprechender Vers ist I, 15:

Mars bedroht uns mit
kriegerischer Macht,
Siebzigmale wird dies zu
Blutvergießen führen:
Der Klerus wird erhöht und
erniedrigt werden,
Von jenen, die nichts von ihm
lernen wollen.

Das heißt, daß es nach einer Reihe von Kriegen jenen, die sich dem traditionellen Glauben des Westens („die nichts lernen wollen") widersetzen, teilweise gelingen wird, das Christentum und seine Führer herabzusetzen, doch es wird zu einer Reaktion zugunsten der historischen Christenheit kommen, die die Anführer der militanten Kirche erhöht.

Nostradamus könnte einen interessanten Hinweis auf die Art der Kriege gegeben haben, die laut seiner Prophezeiung diese religiösen Konflikte mit sich bringen werden, indem er in der zweiten Zeile den Ausdruck „siebzigmale wird dies Blutvergießen verursachen" verwendet. Es ist unwahrscheinlich, daß er die Zahl Siebzig im wörtlichen Sinn verwendet hat, und wenn er damit vielleicht auch nur eine sehr große Anzahl von Konflikten gemeint hat, ist es aber auch möglich, daß er damit auf die Bedeutung der Zahl Siebzig in der christlich-kabbalistischen Zahlenmystik hinwies.

Pilger in der Grotte zu Lourdes – noch heute ein starker Anziehungspunkt in der katholischen Tradition

Die Zahl Siebzig steht angeblich in mystischem Zusammenhang mit den hebräischen und chaldäischen Wörtern für „Nacht“, „Wein“ und „Geheimnis“; dies ließe auf die Möglichkeit schließen, daß Nostradamus der Meinung war, jene, die für die vorhergesagten Konflikte verantwortlich waren, könnten Anhänger eines Glaubens sein, dessen Lehre in den Augen der Christen „dunkel, voll nächtlicher Geheimnisse“ war und die Riten ausübten, bei denen Wein und vielleicht auch eigenartige Drogen verwendet wurden.

In I, 96 gibt es eine rätselhafte Beschreibung desjenigen, der dazu bestimmt ist, das Wiederaufleben des Traditionalismus geistig zu inspirieren:

Ein traditionalistischer Büßer in Sevilla

Einem Mann wird die Aufgabe
übertragen werden,
Tempel und Sekten, von [seltsamen]
Fantasien verwandelt, zu zerstören:
Er wird eher den Felsen schaden
als den Lebenden,
Indem er Ohren mit seiner
Beredsamkeit füllt.

Ob ihm die in der ersten und zweiten Zeile der Prophezeiung erwähnte zerstörerische Aufgabe von anderen menschlichen Wesen oder von einer übernatürlichen Macht übertragen wird, ist unklar. Die Art seiner Aufgabe aber ist offenkundig – ganz oder teilweise Pseudoreligionen zu zerstören, die viele getäuscht haben werden. Das heißt es kann angenommen werden, daß der Kult, der von jenem Bösen angeführt wird, den der Seher als den „dritten Antichrist“ bezeichnete, der bedeutendste dieser „Tempel, . . . von Fantasien verwandelt“ sein muß.

DER MANN MIT DER EISERNEN MASKE

Ein moderner Deuter des Nostradamus (nämlich jener esoterisch interessierte Zahlenmystiker, auf den auf Seite 87 verwiesen wird) hat den Autor darauf hingewiesen, daß abgesehen von der Chronologie zwischen *Siècles* I, 96 (siehe oben) und I, 95 noch eine andere, versteckte Verbindung besteht, die sich aus kabbalistischen Lehren über die Verbindung zwischen den Buchstabenkombinationen des hebräischen Alphabets und bestimmten Zahlenspielereien mit Hilfe eines alten, okkulten Instruments, der sogenannten „Kabbala der Neun Kammern“ ableitet. Das hat diesen Esoteriker zu der Annahme veranlaßt, daß der in I, 96 prophezeite religiöse Führer, der „durch Fantasien verwandelte Tempel und Sekten“ zerstören wird, jenes geheimnisvolle Kind sein muß, das Nostradamus in *Siècles* I, Vers 95 erwähnt:

Vor einem Kloster wird ein
Zwillingskind gefunden,
Das stammt von einer alten
klösterlichen Erblinie:
Sein Ruhm und seine Macht durch
Sekten und Beredsamkeit sind so groß,
Daß man von ihm sagen wird, der
lebende Zwilling ist in der Tat der
Erwählte.

Im letzten Jahrhundert haben die meisten Kommentatoren bei ihrer Interpretation dieses Verses auf die Legende zurückgegriffen, derzufolge Ludwig XIV. von Frankreich einerseits der illegitime Sohn Kardinal Mazarins war und überdies einen eineiigen Zwillingsbruder hatte, den man, um jegliche Erbfolgestreitigkeiten auszuschließen, bereits als Kleinkind ins Gefängnis steckte, wo er bis zu seinem Tod als der schweigsame Gefangene, bekannt als der „Mann mit der Eisernen Maske“, verblieb. Die moderne Forschung hat allerdings gezeigt, daß diese alte Interpretation völlig falsch ist, denn der Mann mit der Eisernen Maske hat zwar tatsächlich existiert, doch war er keineswegs der Zwillingsbruder Ludwigs XIV. Wenn man also annimmt, daß die in diesem Vers erwähnte Person derselbe Mann sein sollte wie der traditionelle christliche Führer aus dem nachfolgenden Vers, wird man wahrscheinlich die „Herkunft aus einer alten klösterlichen Erblinie“ eher als einen symbolischen Hinweis auf seine Überzeugungen und nicht als eine wörtliche Beschreibung seiner Vorfahren interpretieren.

DER GROSSE CHYREN

Nach dem Sturz des Zweiten Kaiserreichs unter Napoleon III., 1870, waren einige französische Nostradamus-Interpreten auch überzeugte Legitimisten, die die Rückkehr der Bourbonen auf den Thron Frankreichs unterstützten. Ihre Königstreue veranlaßte sie, jene Verse aus den *Siècles* gründlich zu studieren, die Hinweise auf einen Mann enthielten, den Nostradamus den „Großen Chyren" nannte und den diese Deuter mit viel Geschick als den Comte de Chambord, den damaligen Thronanwärter aus der älteren Linie der Bourbonen, identifiziert haben wollten.

Wir können sicher sein, daß diese Interpretationen falsch waren, denn die ältere Linie der Bourbonen erlosch in den achtziger Jahren des vorigen Jahrhunderts, und der derzeitige Anwärter auf den Thron Frankreichs ist ein Mitglied der Familie Orléans. Trotzdem kann kein Zweifel darüber bestehen, daß Nostradamus, wenn er den Decknamen Chyren verwendete, von einem bestimmten Franzosen sprach, der sowohl im eigenen Land wie auch auf der ganzen Welt einen überaus günstigen Einfluß ausüben würde. Nach Meinung einiger moderner Nostradamus-Interpreten könnte es sich bei diesem Franzosen ohne weiteres um jenen Zerstörer falscher Religion (siehe Seiten 94–95) und um einen Papst handeln, dessen Wahl in V, 49 angekündigt wird:

Nicht aus Spanien, sondern aus dem alten Frankreich
Wird einer gewählt [erwählt], *um das schwankende Schiff zu lenken* [das Schiff des Papsttums],
Er wird Zusicherung geben dem Feind,
Der während seiner Regentschaft schlimme Pestilenz verursacht.

Da es bis zur Geburt des Nostradamus keinen französischen Papst gegeben hat, können wir sicher sein, daß diese Prophezeiung sich noch nicht erfüllt hat. Der Inhalt der ersten Zeile des Verses ist sehr merkwürdig, denn wenn es auch durchaus sinnvoll erscheint, daß Nostradamus die Nationalität des Papstes angibt, ist keineswegs klar ersichtlich, warum der Seher es für angebracht hält, darauf hinzuweisen, er wäre kein Spanier. Die wahrscheinlichste Erklärung ist, daß in diesem Vers ein bevorstehendes Schisma prophezeit und es für kurze Zeit zwei Anwärter auf den Thron Petri geben wird, von denen jener französischer Herkunft von Nostradamus als der legitime Papst betrachtet wird.

Der Hinweis auf die Verwendung chemischer oder biologischer Waffen im Kampf gegen die Anhänger des wahren Papstes stimmt mit einem anderen Vers überein, in dem die Verwendung dieser Waffen durch den dritten Antichrist (siehe Kasten) vorhergesagt wird.

Die Seiten der Geschichte Frankreichs sind mit dem Blut vieler Schlachten um die Vorherrschaft getränkt

Christentum unter Bedrohung

PROPHETISCHE UNKLARHEITEN

Ob nun der von Nostradamus in I, 96 (siehe Seite 95) prophezeite Mann, dessen Bestimmung es war, das zu zerstören, was der Seher bei seinem Blick in eine weit entfernte Zukunft als den einem falschen und fantastischen Glauben geweihten Tempel betrachtete, mit Recht entweder als der „Große Chyren" oder der französische Papst, der das schwankende Schiff des Papsttums führen wird (bzw. beides in einer Person), identifiziert werden kann, wird unter Nostradamus-Jüngern lebhaft diskutiert. Über eines allerdings kann kein Zweifel bestehen: Der wichtigste Widersacher des überlieferten christlichen „Zerstörers", dessen Kommen Nostradamus in I, 96 vorhersagte, wird der gefürchtete Messias des Bösen sein.

Der Seher war offensichtlich davon überzeugt, der dritte Antichrist würde von Geburt Asiate sein; wahrscheinlich ist dieser Geburtsort bzw. jener Platz, der das Zentrum der Macht des Antichrist darstellte in IX, 62 vorhergesagt worden, der mit dem Begriff des Antichrist in Verbindung steht. Er lautet:

Dem Großen Cheramon agora
Werden alle die Kreuze zugeteilt
nach Rang.
Das beharrliche [damit ist vielleicht „von dauerhafter Wirkung" gemeint] *Opium und Alraun,*
Rougon wird am dritten Oktober
entlassen.

Dieser Vers wurde von modernen Deutern oft dahingehend interpretiert, daß es sich hier um Hinweise auf geheime Zauberpraktiken handle, bei denen auch halluzinatorische Drogen (Opium und Alraunwurzel) und von den Magiern der Alten Welt „barbarische Beschwörungsformeln" verwendet wurden. *Cheramon agora* sollen angeblich zwei solche Formeln sein.

Diese Interpretation ist wahrscheinlich aus zwei Gründen falsch. Die Verwendung des Ausdrucks „beharrliches Opium und Alraun" bedeutet, daß der Seher die Namen dieser bewußtseinsverändernden Drogen nicht im buchstäblichen Sinn verwendete, sondern versuchte, mit Hilfe der zu seiner Zeit geläufigen Ausdrucksweise mitzuteilen, daß die handelnde Person in diesem Vers Substanzen als eine Art Waffen verwendet, die Wahnsinn, Koma und Tod verursachen. Mit anderen Worten, er verwendet genau dasselbe Arsenal einer chemischen Kriegführung, wie sie in anderen Versen dem Antichrist zugeschrieben werden. Zweitens handelt es sich bei *Cheramon agora* nicht um eine okkulte Beschwörungsformel, sondern dies ist der klassische Name für einen Ort in der heutigen Türkei, und die von Nostradamus prophezeiten „Kreuze", die dem Rang nach zugeteilt werden, sind wahrscheinlich die vom Pseudomessias angeführte Hierarchie der Sekte.

Die letzte Zeile des Verses scheint ein Hinweis darauf zu sein, daß der dritte Antichrist einen Angriff mit chemischen Waffen auslösen wird („Rougon"), und zwar genau am 3. Oktober. Wirklich schade, daß Nostradamus bezüglich des Jahres, in dem das prophezeite Ereignis stattfinden sollte, nicht ebenso präzise Angaben lieferte!

Die Alraune, Quelle der „Mandragora", Codewort des Nostradamus für chemische Kriegführung

DIE VERWÜSTUNG VON FORT KNOX

Wertlose Papierfetzen – werden alle Währungen ihren Wert verlieren?

Für die Jahre unmittelbar vor und/oder nach dem Jahr 2000 prophezeite Nostradamus länger andauernde, noch nie dagewesene Krisen. Unser Schicksal ist es, so sagte der Seher voraus, eine Epoche politischer und sozialer Umwälzungen, Schismen und mit chemischen und bakteriologischen Waffen geführte, größtenteils religiös inspirierte Kriege durchzumachen. Es ist ziemlich sicher, daß diese Ereignisse, wenn sie tatsächlich stattfinden sollten, als direkte oder indirekte Folge einen katastrophalen Niedergang der Weltwirtschaft mit Elend, Hungersnöten, Krankheiten und Tod für Hunderte Millionen von Männern und Frauen haben werden.

Es ist wahrscheinlich, daß seit Bestehen der Menschheit in jedem Jahrzehnt eines jeden Jahrhunderts Menschen in diesem oder jenem Teil der Erde verhungert sind – und jeder Seher, der eine Hungersnot in einem bestimmten Land vorhersagte, ohne ein genaues Datum anzugeben, durfte sicher sein, daß sich diese Prophezeiung eines Tages erfüllen würde. Die *Siècles* enthalten tatsächlich eine Reihe solcher Prophezeiungen – z. B. wird in I, 70 eine Hungersnot im Iran vorausgesagt:

Regen, Hungersnot und Krieg werden
ohne Ende sein in Persien.
Zu großes Vertrauen wird den Monarchen
verraten,
Die in Gallien begonnenen Angelegenheiten werden auch dort enden,
Ein geheimes Omen für einen
zu verschonen.

Ein interessanter Vers, der wahrscheinlich im Zusammenhang mit künftigen Entwicklungen im Iran steht, doch ist seine spezielle Aussage viel zu vage, als daß man vor dem tatsächlichen Eintreten der Ereignisse mit einiger Aussicht auf Erfolg eine Interpretation vornehmen könnte. Andererseits gibt es in I, 67 eine Prophezeiung des Nostradamus, die auf eine weltweite Hungersnot noch nie dagewesenen Ausmaßes hinweist, wobei es sich um jene Epoche politischer, religiöser und sozialer Unruhen handeln könnte, die der Seher für die Jahre rund um die vor uns liegende Jahrtausendwende vorhersagte:

Die große Hungersnot, deren Nahen ich
verspüre,
Wird wieder und wieder auftreten [in bestimmten Ländern] *und schließlich*
die ganze Welt erfassen:
So groß wird sie sein und so lange wird
sie dauern,
Daß sie [die Hungernden] *Wurzeln in*
den Wäldern essen und die Kinder von
der Brust reißen werden.

Diese letzte Zeile könnte bedeuten, daß die Hungernden die Kinder von ihren Brüsten reißen werden, um selbst die Milch zu trinken – es könnte aber auch sein, daß Nostradamus eine Hungersnot vorhersagt, die solche Ausmaße annimmt, daß auf der ganzen Welt Kannibalismus in großem Stil betrieben wird!

Diese Hungersnot soll von einer ebenfalls weltweiten Inflation begleitet werden, bei der sämtliches Papiergeld seinen Wert verliert – so hat es zumindest den Anschein nach der Lektüre von VIII, 28. Der Vers lautet:

Die Simulacra [Bilder oder Reproduktionen] *von Gold und Silber im Wert gesunken,*
Und nach dem Diebstahl [ihres tatsächlichen Werts] *in den See geworfen,*
Bei der Entdeckung, daß alles zerstört ist durch Schulden.
Alle Wertpapiere und Aktien werden annulliert.

Da Papiergeld, „die Simulacra von Gold und Silber", zu jener Epoche, als Nostradamus die *Siècles* schrieb, in Europa unbekannt war, ist die erste Zeile des Verses an sich bereits sehr bemerkenswert. Wenn die Prophezeiung als ganzes sich als richtig herausstellen sollte, wird diese bevorstehende Inflation die umfassendste und verheerendste sein, die die Welt bisher erlebte, denn es werden nicht nur das Papiergeld, sondern auch „alle Wertpapiere und Aktien" – mit anderen Worten jegliches Vermögen außer Grundbesitz und andere Sachwerte – vernichtet.

In einer solchen Situation wird mit großer Wahrscheinlichkeit ein Run auf das einzige leicht tragbare Tauschmittel – nämlich Gold und andere Edelmetalle – einsetzen. Dies und die Wut auf die Bankiers, denen man die Schuld an der zu Massenarmut führenden wirtschaftlichen Situation in die Schuhe schieben wird, könnte zweifellos zu sozialer Unruhe, zu Aufständen und zur Plünderung von Gebäuden führen, die Finanzinstitutionen nahestehen.

Ein derartiger Ausbruch des Volkszorns gegen ein System, das ihnen ihrer Meinung nach alles geraubt hat, wird offenbar in X, 81 vorhergesagt:

Inflation in Deutschland – eine Schachtel mit 6,5 Mio. Mark für eine Rechnung von 6,50 Mark

Fort Knox – Goldreserven, zum Plündern bestimmt?

Der Schatz wird von den Bürgern der Hesperiden [Amerika] *in einen Tempel gebracht,*
In seinem Inneren in einem geheimen Versteck verwahrt,
Der Tempel offengesprengt von verhungerten Pfandrechten,
Zurückgewonnen, geschändet, schreckliche Beute in der Mitte [davon?].

Die Tresorräume der Banken und ähnliche moderne Baulichkeiten zur Lagerung von Edelmetallen waren Nostradamus natürlich unbekannt, wobei es sich bei dem Wort „Tempel" sehr wohl um einen Hinweis darauf handeln könnte – in der Antike kam es recht häufig vor, daß Bürger ihr Vermögen in den Tempeln der Götter aufbewahrten. Da der „Tempel" in diesem Vers sich in den Hesperiden (Amerika) befindet, handelt es sich bei dem Vers in seiner Gesamtheit um eine prophetische Beschreibung einer gewaltsamen Attacke auf Fort Knox, in dessen Tresorräumen sich der größte Teil der Goldreserven der USA befindet.

DIE VERGIFTUNG NEW YORKS

Der Atomunfall auf Three Mile Island war angeblich von Nostradamus vorhergesagt worden

Bei den Kommentatoren des Nostradamus bestand schon immer die Neigung, bestimmte Voraussagen Ereignissen zuzuordnen, die vor relativ kurzer Zeit Schlagzeilen machten. Wenn diese Bemühungen auch zu so bemerkenswerten „Volltreffern" wie etwa der Deutung des Verses über das Großfeuer von London (siehe Seiten 34–35) führten, so bergen sie doch auch gewisse Gefahren in sich. Erstens kommt es oft vor, daß der Deuter einen bereits verzerrten Vers noch weiter verdreht, damit dieser auf Ereignisse paßt, die zu seinen Lebzeiten stattfanden. Zweitens vergißt der Deuter unter Umständen sogar auf seinen gesunden Menschenverstand und kommt zu dem Schluß, Nostradamus hätte Prophezeiungen über Ereignisse gemacht, die Hunderte Jahre nach seinem Tod stattfanden und doch bedeutungslos waren.

Das hat dazu geführt, daß mehr als einer der modernen Deuter der *Siècles* den Vierzeiler X, 49 als eine Prophezeiung des amerikanischen Atomstörfalls ansah, der vor etlichen Jahren im Three Mile Island Kraftwerk stattfand und bis zur Katastrophe von Tschernobyl der weltweit schwerste Zwischenfall war:

Garten der Welt in der Nähe der
neuen Stadt
In der Straße der hohlen Berge,
Er wird ergriffen und läuft in den Tank,
Mit Schwefel vergiftetes Wasser zu
trinken gezwungen.

Jene, die meinen, der Vers beziehe sich auf den Störfall in Three Mile Island, behaupten, die „neue Stadt" aus der ersten Zeile wäre New York (was höchstwahrscheinlich zutrifft – siehe Seite 103), die „hohlen Berge" aus der zweiten Zeile wären eine Umschreibung des Nostradamus für jene Wolkenkratzer, die er während seiner Vision vor Augen hatte, und Zeile drei und vier bezögen sich auf die Gefährdung der New Yorker Trinkwasserversorgung als Folge des radioaktiven Fallout.

Vielleicht ist es so, doch selbst wenn man den von einem der Interpreten gemachten Vorschlag akzeptiert, daß der „Schwefel" aus Zeile vier als das alchimistische Prinzip gleichen Namens verstanden werden muß – nämlich als Essenz des feurigen „Elements" der Zerstörung, bei dem die unkontrollierte Radioaktivität nur eine unter mehreren Erscheinungsformen ist – und nicht als eine Zusammensetzung des chemischen Elements Schwefel, läßt sich die Prophezeiung kaum auf die Auswirkungen des Zwischenfalls von Three Mile Island anwenden. Die nackte Tatsache ist, daß der Unfall von Three Mile Island zwar zur Bedrohung eines großen Gebiets im Nordosten der USA führte, er aber schnell unter Kontrolle gebracht werden konnte, so daß es zu keiner Katastrophe kam und weder die Wasserversorgung New Yorks noch die einer anderen Stadt vergiftet wurde.

Trotzdem scheint der Vers dadurch, daß er die „neue Stadt" erwähnt (womit Nostradamus nach einhelliger Meinung New York beschrieb), einen Hinweis auf die (tatsächliche) Vergiftung der Wasserversorgung von New York oder irgendeiner anderen Ansiedlung zu geben. Wenn die Prophezeiung, die uns Nostradamus in X, 49 gibt, nicht völlig falsch ist – und man darf nicht vergessen, daß einige Prognosen des Sehers offenbar völlig falsch waren (siehe Seiten 142–143) –, so muß dieses Ereignis noch vor uns in der Zukunft liegen, denn bisher hat es sicherlich noch nicht stattgefunden.

Der Inhalt dieser Prophezeiung ist nicht so beschaffen, daß er uns einen Hinweis auf das mögliche Datum des Ereignisses liefert, doch zahlenmystische Überlegungen stellen eine Verbindung zu einer Reihe anderer Verse her, die sich auf Ereignisse beziehen, die für die letzten Jahre dieses Jahrhunderts bzw. die ersten des kommenden vorhergesagt wurden. Anders gesagt: Die Prophezeiung, New Yorker oder andere Amerikaner würden sich in einer Situation befinden, in der sie gezwungen sind, „mit Schwefel vergiftetes Wasser zu trinken", bezieht sich auf jenen Zeitraum, für den Nostradamus Heilige Kriege der Moslems, den dritten Antichrist, weltweite Konflikte und Hungersnöte vorausgesagt hat (siehe Seiten 84–91).

Es ist daher wahrscheinlich, daß die Prophezeiung über vergiftetes Wasser erstens in naher Zukunft, wahrscheinlich zwischen 1995 und 2005, und zweitens als Folge eines militärischen Angriffs auf die USA in Erfüllung gehen wird. Ebenfalls wahrscheinlich ist, und zwar aufgrund des Inhalts der ersten Zeile des Verses – „Garten der Welt in der Nähe der neuen Stadt" –, daß die Vergiftung vor allem das New York benachbarte New Jersey, „den Gartenstaat", und nicht so sehr New York selbst treffen wird.

Wenn Wasseraufbereitungsanlagen durch Bomben zerstört werden, wie das in Bagdad während des Golfkriegs der Fall war, können die Trinkwasservorräte verseucht werden, und es wäre gefährlich, Wasser zu trinken. Dem kann allerdings auf einfache Weise abgeholfen werden, indem man das Wasser vor Verwendung abkocht; wenn daher Nostradamus davon spricht, sie wären „gezwungen zu trinken", so bedeutet dies eine wesentlich gefährlichere Art der Verseuchung – höchstwahrscheinlich einen Hinweis auf die Verwendung chemischer oder atomarer Waffen. Erstere wären wahrscheinlicher, nämlich dann, wenn der Seher das Wort „Schwefel" ganz bewußt im ursprünglichen Sinn verwendet hat – es gibt nämlich eine ganze Reihe äußerst gefährlicher Schwefelverbindungen. Wollte er das Wort allerdings im übertragenen Sinn verstanden wissen, so mag sich die Prophezeiung wohl auf radioaktive Gifte und einen Atomangriff auf die Vereinigten Staaten von Amerika beziehen. Und wenn wir die letztere Möglichkeit in Betracht ziehen, ist der Inhalt von VI, 97, den wir auf den beiden nächsten Seiten analysieren, von erschreckender Bedeutung.

Nostradamus prophezeite „mit Schwefel verseuchtes Wasser"

KAMPFFLUGZEUGE ÜBER AMERIKA

Kein Teil des kontinentalen Territoriums der USA hat jemals direkte Auswirkungen moderner Kriegführung erleiden müssen – d. h. einer Kriegführung, bei der es zum Einsatz von Flugzeugen und Boden-Boden-Raketen kam. Während von 1917 an bis heute zahllose amerikanische Familien und ganze Gemeinden unter den Auswirkungen fremdländischer Kriege gelitten haben – angefangen von wirtschaftlichen Nöten bis zum Leid als Folge des Todes von Nachbarn, Freunden und Verwandten –, bestand der einzige dem amerikanischen Festland durch ausländische Militärstreitkräfte seit 1814 direkt zugefügte Schaden in unbedeutenden Unannehmlichkeiten, die an der Westküste während des Zweiten Weltkrieges infolge Granatbeschuß durch japanische Unterseeboote entstanden und durch die noch bedeutungsloseren Feuerballons, die auf der anderen Seite des Pazifiks abgeschossen wurden.

In den *Siècles* ist zu lesen, daß ein Andauern einer derartigen „Immunität" der Zivilbevölkerung gegenüber den Greueln moderner Kriegführung über längere Zeit hinweg nicht mehr zu erwarten ist, denn Nostradamus hat prophezeit, daß diese weltweiten Konflikte, deren Beginn er irgendwann zwischen 1995 und 2004 voraussah, wenn man sich der Zeitrechnung des Nostradamus anschließt, unmittelbare Zerstörungen für Nord- und Südamerika und seine Bevölkerung mit sich bringen werden. Nehmen wir etwa die Vorhersage eines weltweiten Konflikts, wie sie in I, 91 auf Seite 89 zu finden ist. Die letzte Zeile des Verses lautet: „Der größte Schaden wird der Linken auferlegt."

Es ist höchst unwahrscheinlich, daß der Seher das Wort „links" in seinem heutigen politischen Sinn verwendet hat – obwohl man diese Möglichkeit nicht zur Gänze ausschließen kann, denn in einigen seiner bereits in Erfüllung ge-

„Feuer nähert sich der großen Stadt" – die USA scheint das Ziel militärischer Angriffe zu sein, laut einer der Voraussagen des Sehers

gangenen Prophezeiungen hat er offenbar das Wort „Rote“ durchaus im modernen Sinn von „Sozialrevolutionäre“ gebraucht und nicht in einer der im 16. Jahrhundert üblichen Bedeutungen, wie etwa „die römischen Kardinäle“. Es wäre aber unter Umständen auch möglich, daß Nostradamus damit die „sinistren“ Gegenspieler, die „Bösen“ meinte, da sich das Wort „sinister“ aus dem

Der Seher sagte für uns weltweite Konflikte voraus

Lateinischen herleitet und soviel wie „links“ bedeutet.

Am wahrscheinlichsten ist aber, daß der Seher hier einen Hinweis auf die sowohl zu seinen Lebzeiten als auch heutzutage gebräuchlichste Art von Landkarte gab. Auf diesen so eurozentrischen Produktionen findet sich die nördliche Hemisphäre am oberen Teil der Landkarte und die westliche Hemisphäre – die beiden Amerika – links. Wenn der Seher also in der letzten Zeile des Vierzeilers I, 91 einen derartigen geographischen Hinweis gegeben hat, dann kann dieser im Zusammenhang mit den ersten drei Zeilen folgendermaßen umschrieben werden: „In dem prophezeiten Weltkrieg, der mit Raketen und anderem Kriegsgerät der Luftwaffe ausgefochten wird, werden die beiden Amerika den größten Schaden erleiden.“

Eine derartige Interpretation der letzten Zeile dieses Verses wird durch eine erstaunliche Zahl anderer in den *Siècles* enthaltener Prophezeiungen untermauert. So etwa in VI, 97:

> *Der Himmel wird bei 45 Grad rösten,*
> *Feuer nähert sich der großen neuen Stadt,*
> *Eine riesige Flamme züngelt hoch auf,*
> *Wenn sie einen Beweis* [oder Anhaltspunkt] *für die Normannen haben wollen.*

Es ist oft schwierig herauszufinden, was genau in den Versen des Nostradamus über unsere Zukunft gesagt wird, doch im Fall dieses Verses scheint nur die Bedeutung der letzten Zeile zweifelhaft zu sein (siehe unten). Der Hinweis auf „45 Grad“ in der ersten Zeile muß sich auf den ungefähren Breiten- und/oder Längengrad beziehen (vielleicht zu erweitern auf zwischen 40 und 50 Grad), auf dem sich eine bestimmte Region auf der Erde befindet. Es besteht kein Grund, darin einen astronomischen Hinweis zu sehen, etwa auf ein bestimmtes Tierkreiszeichen oder auf die Seehöhe, da in diesem Fall der restliche Vers keinerlei Sinn ergäbe.

Als geographischer Hinweis auf einen Breiten- und/oder Längengrad zwischen 40 und 50 könnte sich 45 Grad auf eine Reihe von Regionen beziehen, so etwa auf die Ölgebiete im Nahen Osten und auf große Teile der USA einschließlich ganz New Englands und New Yorks. Es könnte sein, daß es sich hier um eine der Doppelprophezeiungen des Nostradamus handelt und sie für beide Weltgegenden gilt, doch die Erwähnung der „neuen großen Stadt“ in der zweiten Zeile des Verses macht deutlich, daß die Prophezeiung in erster Linie für die USA von Bedeutung ist, denn jedesmal wenn in den Versen eine „neue Stadt“ erwähnt wird, handelt es sich offenbar um eine amerikanische, sei es Washington, San Francisco oder – am häufigsten – New York.

Man könnte daher folgern, daß die Zeilen zwei und drei einen umfangreichen Atomangriff auf die USA vorhersagen, möglicherweise auch einen gleichzeitigen derartigen Angriff im Nahen Osten, bei dem jedenfalls New York große Schäden erleidet, vielleicht sogar völlig zerstört wird von der „sich nähernden Flamme“.

NORMANNEN UND NORDMÄNNER

Wie auf dieser Seite bereits erwähnt, enthält *Siècles* VI, 97 ganz offensichtlich einen deutlichen Hinweis auf einen Atomangriff auf New York und andere Gebiete der Vereinigten Staaten. Nur die Bedeutung der letzten Zeile „wenn sie einen Beweis (oder Anhaltspunkt) für die Normannen haben wollen“ liefert Stoff für heftige Diskussionen.

Für einige angesehene Nostradamus-Interpreten, darunter Erika Cheetham, enthält diese Zeile einen möglichen Hinweis auf eine militärische und diplomatische Verwicklung Frankreichs im Zusammenhang mit der Bombardierung New Yorks. Vielleicht – doch das Wort „Normannen“ stammt von einem alten norwegischen Wort, das „Nordmänner“ bedeutet; es könnte daher sein, daß die Zeile sich nicht auf Frankreich, sondern auf eine nordasiatische Allianz bezieht, vielleicht unter der Führung des „dritten Antichrist“ des Nostradamus.

NOSTRADAMUS & DIE ZEIT DES SCHRECKENS

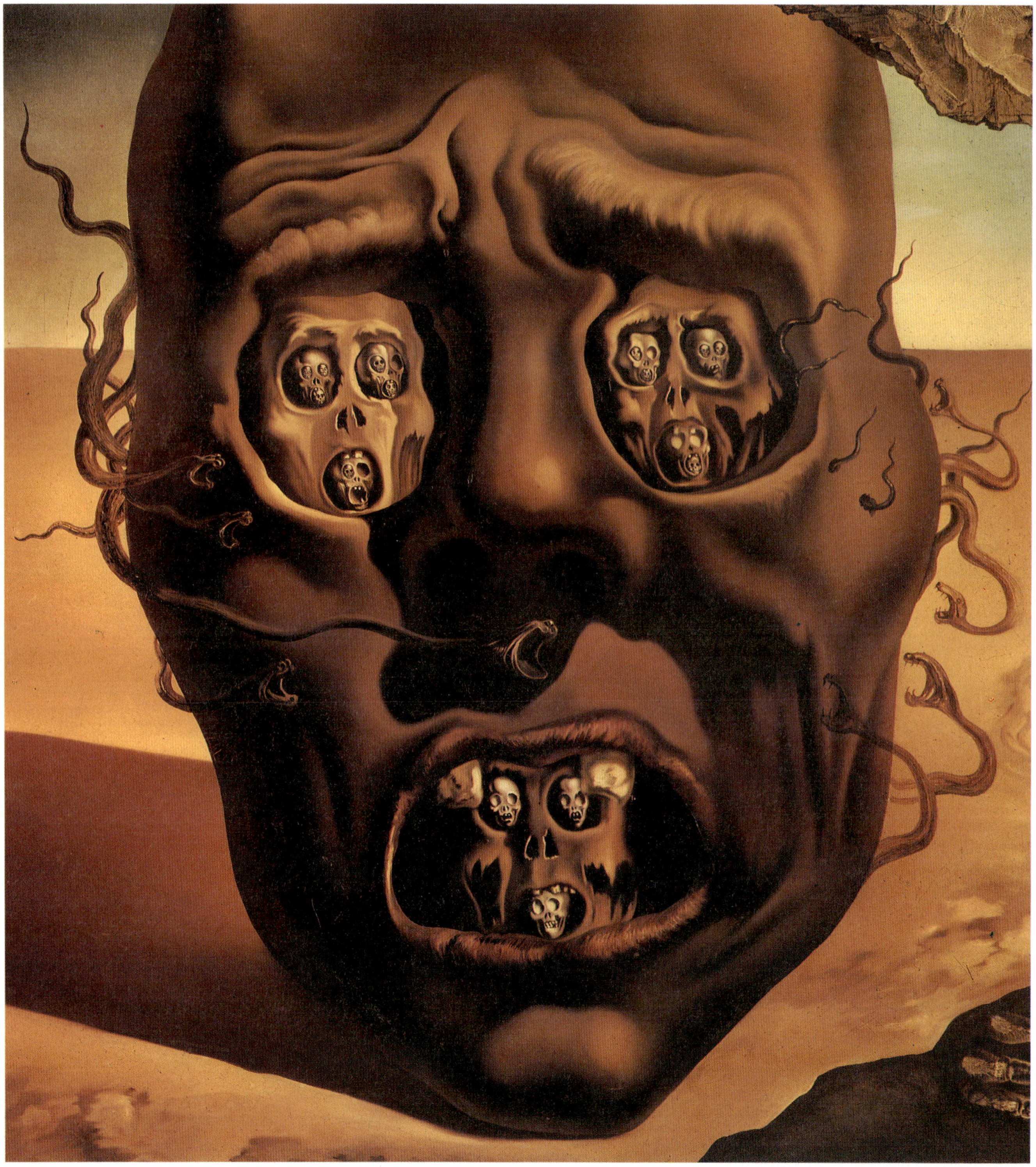

NOSTRADAMUS & DIE ZEIT DES SCHRECKENS

DER FILM *JURASSIC PARK* HAT DIE WIEDERBELEBUNG ANTIKER, MILLIONEN JAHRE AUSGESTORBENER RIESENTIERE ZUM THEMA. NOSTRADAMUS GLAUBTE, DASS SEIT LANGEM TOTE MONSTER IN MENSCHLICHER GESTALT – WIE ETWA DSCHINGIS KHAN – IN NAHER ZUKUNFT WIEDER AUF DER ERDE UMHERSCHLEICHEN WERDEN.

Wie auf den vorangehenden 25 Seiten gezeigt wurde, sind die Prophezeiungen des Nostradamus, von denen man annimmt, daß sie sich auf das kommende Jahrzehnt beziehen – etwa von Mitte der neunziger Jahre bis ins nächste Jahrhundert –, alles andere als rosig. Es droht eine weltweite Hungersnot derartigen Ausmaßes, daß viele von uns sich von Wurzeln aus den Wäldern ernähren und andere Kannibalismus betreiben werden; ebenso Kriege, bei denen es zum Einsatz chemischer, bakteriologischer und atomarer Waffen kommen wird; die schlimmste Inflation, die die Menschheit je erlebte, steht bevor; sowie wirtschaftliche und soziale Folgen von fanatischen religiösen Exzessen. Kurz gesagt: eine Zeit schrecklichen Terrors und fast unvorstellbaren Grauens steht bevor.

Viele Nostradamus-Jünger sagen böse Zeiten für unsere Zukunft voraus

So fürchterlich sieht die Zukunft aus, die Nostradamus für uns und unsere Kinder prophezeit hat – zumindest nach Ansicht der meisten heutigen Nostradamus-Interpreten –, daß selbst der glühendste Bewunderer der *Siècles* hoffen muß, der Seher habe sich, was die nächsten 10 bis 15 Jahre betrifft, gründlich getäuscht. Oder noch besser, daß die Interpreten der in verwirrender und obskurer Sprache abgefaßten Verse entweder ihre Bedeutung mißverstanden haben oder es sich noch herausstellen wird, daß sie beim entsprechenden zeitlichen Rahmen um ein paar Jahrhunderte danebengegriffen haben. Dies ist um so mehr zu hoffen, als auch viele der Voraussagen, die auf den folgenden Seiten kommentiert werden, sehr düsterer Natur sind.

Vorhergesagt werden unter anderem: eine Katastrophe riesigen Ausmaßes, bei der es wahrscheinlich zum Einsatz von Kernfusionswaffen kommt und die zur gleichen Zeit stattfindet wie Olympische Spiele; die Einmischung in die ganze Welt betreffende Angelegenheiten durch irgendeine schreckliche Macht – wobei es sich sowohl um eine Person wie auch um etwas Materielles handeln kann –, der Nostradamus den rätselhaften Decknamen „König Reb" gab; unheilvolle religiöse Bewegungen, weitere Kriege und Hungersnöte und eine düstere Zukunft für Rußland.

Nicht alles ist so düster, denn während Nostradamus für die unmittelbare Zukunft viel Elend voraussagt, so scheint er doch für die Menschheit in ferneren Tagen Glück und Zufriedenheit vorherzusehen.

DIE SPIELE DES TODES

Wird eine der künftigen Veranstaltungen von Olympischen Spielen schreckliche Ereignisse ankündigen?

Eine überraschende Erklärung kommt von einigen modernen Nostradamus-Forschern, die sich mit den seltsamen Vierzeilern auseinandersetzen. Sie behaupten, daß in zwei Versen – X, 74, und I, 50 – Nostradamus vorhersagte, daß zur Zeit der Olympischen Spiele im Jahr 2008 uralte Geheimkulte, die man lange verschwunden glaubte bzw. die nur von einer Handvoll übersinnlicher Spinner gepflegt wurden, der Welt ihre verborgenen Kräfte demonstrieren werden. Diese sonderbaren Sekten sind heidnisch, hängen dem Totenkult an, werden blutig sein und im Jahr 2008 vielleicht von dem Individuum geführt werden, das für das Kommen des „Königs des Schreckens" (siehe Seiten 110–111) im Sommer 1999 verantwortlich sein wird.

Hier folgt nun eine Paraphrase dieser Interpretation der Vierzeiler X, 74 und I, 50, von wo die sensationellen und alarmierenden prophetischen Schlußfolgerungen von der ersten Seite dieses Abschnittes stammen. *Siècles* X, 74, lautet::

Das Jahr der großen siebenten Nummer umkreist,
Es wird erscheinen zur Zeit der Spiele der Hekatombe,
Nicht weit entfernt vom großen Millennium,
Wenn die Toten ihre Gräber verlassen werden.

„Nicht weit entfernt vom großen Millennium" bedeutet „nicht weit vom Jahr 2000". Das kann sowohl vor als auch nach der Jahrtausendwende sein. Da jedoch das genaue Jahr von Nostradamus als ein Jahr mit einer Sieben am Ende bezeichnet wird („Das Jahr der großen siebenten Nummer umkreist", d. h. vollendet), kann man annehmen, daß das Ereignis entweder nach 1997 oder nach 2007 stattfinden wird. Da es die „große siebente Nummer" ist, von der Nostradamus spricht, kann man eher auf 2007 schließen; das Jahr in dem die Toten ihre Gräber verlassen werden, wird daher kurz nach 2007, also wahrscheinlich 2008 sein.

Die modernen Olympischen Spiele erneuerten die „Spiele der Hekatombe" des antiken Griechenlands

Daß es sich bei dem vorhergesagten Jahr um 2008 handelt, wird durch die zweite Zeile des Verses bestätigt: „Es wird erscheinen zur Zeit der Spiele der Hekatombe". Eine Hekatombe – das Wort stammt aus dem Griechischen und bedeutet im eigentlichen Wortsinn „einhundert Ochsen" – ist ein riesiges öffentliches Blutopfer mit rituellem Schlachten vieler Tiere. In der klassischen griechischen Antike wurde ein solches Blutopfer jeweils vor den regelmäßig abgehaltenen Sportfesten in Korinth und anderen Städten dargebracht. Diese Spiele – die bekanntesten fanden in Olympia statt – waren keine Spiele im heutigen Wortsinn, sondern feierliche heidnische Feste, an denen Athleten aus allen griechischen Gebieten im östlichen Mittelmeer teilnahmen.

Die ursprünglichen Olympischen Spiele der Antike standen in enger Verbindung mit dem Kult der Göttin der Unterwelt, Demeter (die einzigen Frauen, die zu den Spielen zugelassen waren, waren ihre Priesterinnen), und mit der Mondgöttin Selene, die wahrscheinlich Symbol eines einfachen Fruchtbarkeitskults war.

Gegen Ende des 4. Jahrhunderts n. Chr. wurden die Olympischen Spiele von Kaiser Theodosius verboten, der wie alle Kaiser der zweiten Hälfte jenes Jahrhunderts – mit Ausnahme von Kaiser Flavius Claudius Julianus (361–363 n. Chr.), von den Christen Apostata, der Abtrünnige, genannt – Christ war. Das geschah wegen des heidnischen Charakters der Spiele und wegen der Tatsache, daß die teilnehmenden Athleten nackt zu den Bewerben antraten, was die Christen in ihrer Prüderie zutiefst beleidigte.

Das beendete alles, was zumindest dem Namen nach „die Spiele der Hekatombe" genannt wurde, obwohl die eigentlichen Opferriten schon Jahre vorher eingestellt worden waren.

Gibt es in unserer heutigen Zeit irgend etwas, worauf die Phrase des Nostradamus, „die Spiele der Hekatombe", angewandt werden könnte? Es werden sicherlich keine öffentlichen Spiele abgehalten, bei denen Tiere antiken Göttern geopfert werden, doch die modernen Olympischen Spiele, die Spiele der Neuzeit, wurden 1896 erstmals abgehalten, als bewußte Wiederbelebung der größten aller „Spiele der Hekatombe", jener Spiele in Olympia, nachdem sie in den 1500 Jahren beinahe in Vergessenheit geraten waren.

Das erste der Olympischen Spiele der Neuzeit nach dem bewußten Jahr 2007 – „das Jahr der großen siebenten Nummer" der ersten Zeile von X, 74 – wird im Jahr 2008 stattfinden. Und es wird in diesem Jahr sein, daß – was immer oder wer auch immer das sein mag – die „Toten aus ihren Gräbern aufstehen" werden, tatsächlich oder auch nur symbolisch. Aus verschiedensten Gründen wird „es" (zweite Zeile) mit einer Person identifiziert, auf die in *Siècles* I, 50, Bezug genommen wird (siehe Seiten 108–109).

Demeter, Schutzherrin der frühen Olympischen Spiele

ÖSTLICHE STÜRME

Die Geburt des Antichrist, Holzschnitt aus dem 15. Jahrhundert

Die drei großen Religionen, mit denen Nostradamus und seine Zeitgenossen vertraut waren, waren der Islam, das Judentum und das Christentum, wobei diesen jeweils der Freitag, der Samstag und der Sonntag heilig waren. In *Siècles* I, 50, bezieht er sich allerdings auf jemanden, der keinem dieser Glaubensbekenntnisse angehören kann, denn der Vers lautet folgendermaßen:

Aus der wässrigen Dreiheit
wird geboren
Einer, der den Donnerstag als seinen
heiligen Tag feiern wird,
Sein Ruhm, seine Zustimmung und
seine Macht werden wachsen
Zu Wasser und zu Lande, und östliche
Stürme werden die Folge sein.

Die erste Zeile dieser seltsamen Prophezeiung teilt uns nur etwas über den Einfluß der Sterne im Horoskop der Person mit, auf die sich die Prophezeiung bezieht (siehe Kasten). Doch was ist mit der zweiten Zeile des Verses, in der die betroffene Person beschrieben wird, „jemand, der den Donnerstag als seinen heiligen Tag feiern wird"? Welcher Form des Heidentums das Wesen angehören wird, ist ungewiß, aufgrund des Hinweises in der letzten Zeile von X, 74 auf die Toten, die ihre Gräber verlassen, ist anzunehmen, daß wir es mit der Wiederbelebung eines alten Totenkults zu tun haben – vielleicht im Zusammenhang mit dem Hinweis auf die „östlichen Stürme" mit einer degenerierten Form des Linkshandtantrismus oder eines Bon-Kults.

Baphomet, Herr des Linkshändigen Pfades

Die Interpretationen der beiden Verse im Zusammenhang miteinander oder mit anderen Voraussagen des Nostradamus liegen auf der Hand und können folgendermaßen zusammengefaßt werden: In den ersten Jahren des neuen Jahrtausends wird eine neue und mächtige Kraft ihren Einfluß in der Welt ausüben – ein böser politischer Führer, der auch ein religiöser oder zumindest quasireligiöser Führer sein wird. Man kann annehmen, daß ihn seine Anhänger als spirituellen Genius betrachten werden, und im übrigen steht fest, daß er nicht einmal vorgeben wird, ein Christ, Muslim oder Jude zu sein – denn er ist derjenige, „der den Donnerstag als seinen heiligen Tag feiern wird".

Im Jahr 2008 wird dieser Anführer eine oder mehrere wenig erfreuliche Aktionen großen Umfangs unternehmen. Es spricht vieles dafür, den „König des Schreckens" des Jahres 1999 (siehe Seiten 110–111) bzw. das Wesen, das die in diesem Ausdruck symbolisierte Wirklichkeit antreibt, vielleicht als jenen zu betrachten, dessen Ruhm so sehr wächst, daß „östliche Stürme" die Folge sind – zumindest bis die Geschichte zu einem späteren Zeitpunkt beweist, daß es hier um zwei verschiedene Personen geht. Das erscheint unwahrscheinlich; viel eher wird sich herausstellen, daß der, der „östliche Stürme" verursacht – die in diesem Zusammenhang als religiöse, soziale und politische Unruhen und nicht als meteorologische Unbill zu interpretieren sind –, die gleiche Person ist wie der, der der „König des Schreckens" sein oder zumindest mit ihm assoziiert wird. Er kann auch mit dem „Antichrist" identisch sein, von dem es in X, 66 heißt, er stünde mit „König Reb" in Zusammenhang.

DIE WÄSSRIGE DREIHEIT

Nach der traditionellen Astrologie werden die zwölf Tierkreiszeichen in vier Dreiergruppen unterteilt. Jede Dreiheit wird einem Element der alten esoterischen Überlieferung zugeordnet – Erde, Luft, Feuer und Wasser. Die Tierkreiszeichen des Wassers sind Krebs, Skorpion und Fische, Nostradamus wies daher in der ersten Zeile von I, 50 darauf hin, daß diese Zeichen für das Horoskop seines Individuums Bedeutung haben würden. Vielleicht ist die betreffende Person mit einem Skorpion als Aszendenten, mit der Sonne und dem Merkur im Zeichen der Fische und mit dem Mond im Zeichen des Krebses geboren. Nostradamus sagte also damit voraus, daß es in der Zukunft einen Herrscher geben wird, dessen Horoskop von Planeten und angeblich bedeutungsvollen astrologischen Tierkreiszeichen, die allesamt zu den Wasserzeichen gehören, bestimmt sein wird. Das kann natürlich für sehr viele Leute gelten – doch als Nostradamus die damals „himmlische Wissenschaft" genannte Kunst ausübte, konnte ein solches Horoskop unter Umständen jemandem, der die damals geläufigen astrologischen Regeln darauf anwandte, recht düster erscheinen.

Wenn sich beispielsweise im Horoskop einer bestimmten Person sowohl die Sonne als auch der Planet Mars im Aszendenten des Wasserzeichens Skorpion befand, dann hätte ein Astrologe des 16. Jahrhunderts von dieser Person erwartet, daß sie brutal, blutrünstig, sexuell sehr aktiv, clever und falsch ist, heute würden wir diese Person als hochintelligenten, äußerst schlauen und abnorm gewalttätigen Soziopathen bezeichnen.

Es kann jedoch sein, daß Nostradamus nicht das Horoskop des Betreffenden vorhersah, sondern nur einen Eindruck von seinem Charakter erhielt und mit seiner Kenntnis der astrologischen Regeln zu dem Schluß kam, daß bei der Geburt dieses wenig erfreulichen Herrschers unweigerlich die erwähnte Sternenkonstellation vorhanden sein mußte.

Der Hunne Attila plünderte Europa

Dschingis Khan eroberte Asien

Heinrich Himmler wollte die Welt regieren

CHEMISCHE KRIEGFÜHRUNG

Bis zum heutigen Tag hat die Menschheit noch keinen Krieg erlebt, bei dem eine wirklich große Zahl von Menschen an den Auswirkungen chemischer oder atomarer Waffen zugrunde ging. Zwar wurden im Ersten Weltkrieg Chlor-, Phosphor- und Senfgas eingesetzt, doch blieben die dadurch verursachten Verluste erstaunlich gering. Und obwohl 1945 auf Hiroshima und Nagasaki Atombomben abgeworfen wurden, war die Zahl der dabei getöteten Zivilisten klein verglichen mit den schon vorher im Lauf der konventionellen Bombardements anderswo in Japan umgekommenen Menschen. Doch dabei wird es nicht bleiben – zumindest deutet der Inhalt des Verses 72 aus *Siècles* X darauf hin, einer aus jener kleinen Zahl von Vierzeilern, in denen Nostradamus für ein zukünftiges Ereignis ein genaues Datum angibt:

Im Jahr 1999 [und] *sieben Monate*
Wird vom Himmel kommen ein großer
König des Schreckens,
Er wird den großen König von
Angolmois auferstehen lassen,
Vorher und nachher herrscht Mars
glücklich.

Die Interpretation lautet erstens, daß im siebenten Monat des Jahres 1999 (d. h. Juli oder vielleicht August) der König des Schreckens vom Himmel kommen und den König von Angolmois ins Leben zurückrufen wird. Zweitens, sowohl vor wie auch nach der Ankunft des Königs des Schreckens, „herrscht Mars glücklich" – eine Voraussage, deren Symbolik leicht durchschaubar ist, bedeutet sie doch nichts anderes, als daß vor und nach der Ankunft des Schreckenskönigs die Welt durch bewaffnete Konflikte verwüstet wird.

Einige Rätsel allerdings bleiben ungelöst. Wer ist der König von Angolmois? Und wie wird er von einem König des Schreckens ins Leben zurückgerufen, und wer oder was genau ist der letztere?

„Angolmois" kann entweder eine französische Provinz bedeuten (siehe Seiten 114–115) oder aber ein gutes Beispiel jener Art von Wortspielen, die in den Vierzeilern immer wieder vorkommen – dabei bildet der Seher sinnentleerte Wörter, die entweder ein Anagramm, aber öfter noch ein unvollständiges Anagramm des tatsächlichen Worts, das der Seher im Sinn hatte, darstellen. In unserem Fall kann „Angolmois" als unvollständiges Anagramm des altfranzösischen Worts „Mongolois" – Mongolen – gelesen werden.

Der größte aller Mongolenherrscher aber war Dschingis Khan; nach allem, was über ihn bekannt ist, war er ein ungemein grausamer und destruktiver Herrscher. Es ist erwiesen, daß er ein großes Reich eroberte und dabei direkt oder indirekt den Tod von Millionen Menschen verursachte. Mit anderen Worten, es scheint fast sicher, daß Nostradamus mit dem Ausdruck „der große König von Angolmois" einen Hinweis auf Dschingis Khan lieferte. Wenig wahrscheinlich hingegen ist, daß der Seher vorhersagte, der rätselhafte König des Schreckens würde den Mongolenherrscher tatsächlich wieder zum Leben erwecken. Er sagte vielmehr, daß der König des Schreckens insoweit ein neu-

Industrielle Verschmutzung – Vorläufer des ökologischen Zusammenbruchs und des Chemiekriegs

Tod in Afrika – werden Gift oder Krankheit den Kontinent zerstören?

er Dschingis Khan wäre, als er ebenso viele oder noch mehr Menschen töten würde als der Mongole.

Es könnte sich dabei um einen lebenden großen Herrscher handeln, der Schrecken verbreitet bei all jenen, die in seinem Machtbereich leben. In diesem Fall ist allerdings nur schwer verständlich, wie er vom Himmel kommen soll, außer er wäre ein außerirdisches Wesen – ein Eroberer, der aus dem Weltall kommt. Zumindest einer der Nostradamus-Interpreten ist überzeugt, daß diese Annahme eine korrekte Deutung von X, 72 darstellt – daß nämlich im Juli oder August 1999 ein Wesen aus dem fernen Weltall die Erde in Besitz nehmen, einen Großteil der Menschheit vernichten, den Rest aber zu Sklaven machen wird.

Das kann sein – viel wahrscheinlicher aber ist, daß Nostradamus den Ausdruck „König des Schreckens" als eine Metapher für einen unbelebten Gegenstand verwendete. Wenn dies zutrifft, dann ist die Bedeutung des Verses klar und angesichts der vielen in Erfüllung gegangenen Prophezeiungen des Nostradamus in höchstem Maß alarmierend: Im Juli oder August 1999, zu einem Zeitpunkt, zu dem einer oder mehrere Kriege toben, wird eine Massenvernichtungswaffe vom Himmel kommen, die so verheerend ist, daß sie mehr Opfer verursachen wird als seinerzeit Dschingis Khan.

Das ist ein unmißverständlicher Hinweis auf die Verwendung einer Kernwaffe durch eine der kriegführenden Parteien. Doch selbst die größten heute verfügbaren Wasserstoffbomben könnten kaum so viele Menschen vernichten wie einst Dschingis Khan. Vielleicht verwendete Nostradamus das Wort „König" als symbolischen Sammelbegriff für Dutzende oder Hunderte Kernwaffen. Mit anderen Worten, er könnte hier den Ausbruch eines Krieges für das Jahr 1999 vorhergesagt haben, bei dem es in großem Maßstab zum Einsatz von Atomwaffen kommen wird.

Eine andere Möglichkeit wäre, daß der König des Schreckens keine wie auch immer geartete Atomwaffe ist: Vielmehr könnte es sich um eine chemische oder bakteriologische Waffe handeln, die außer Kontrolle gerät und chemische Gifte oder Krankheitskeime über den ganzen Kontinent oder sogar die ganze Welt verstreut, wobei Millionen Menschen sterben.

Aus den auf den Seiten 112–113 angeführten Gründen sind einige moderne Nostradamus-Interpreten der Meinung, daß es wahrscheinlich der europäische Kontinent ist, der dem Massenmord von 1999 zum Opfer fallen wird.

WELLEN VON AUSSERIRDISCHEN

Seit 1947 werden UFOs in regelmäßigen Abständen, wie in Wellen, gesichtet – fast so, als ob wir von irgendeiner fremdartigen Zivilisation regelmäßig überprüft würden. Die größte Welle solcher Erscheinungen gab es 1952, als Professor Allen Hynek von der Universität Ohio der Astronomieberater des UFO- und Raumschiffprojekts der amerikanischen Regierung war. Nachdem er nicht weniger als 1501 derartige Fälle untersucht hatte, von denen 303 nicht erklärbar waren, wurde sein ursprünglicher Skeptizismus gründlich erschüttert. Fälle, in denen über Radar bestätigt wurde, was mit freiem Auge wahrgenommen werden konnte, konnte er nur schwer ignorieren. Bei einer Gelegenheit spielten Militärflugzeuge mit mehreren UFOs Fangen, während die ganze Sache am Radarschirm beobachtet wurde. In jüngster Zeit dürften wieder weniger UFOs gesichtet werden, aber das soll nicht heißen, daß sie 1999 nicht wieder massiv auftauchen werden!

ALCHIMIE, MAGIE UND KULTE

Die sogenannten okkulten Verse der *Siècles* haben Kommentatoren stets in Erstaunen versetzt. Ihre Versuche, Antworten zu finden, warum der Seher es für angebracht hielt, in seine Prophezeiungen Verse aufzunehmen, die eher einen Zusammenhang mit alchimistischen Techniken und magischen Prozeduren als mit der Zukunft aufwiesen, verursachten mehr Aufwand, als durch die Ergebnisse gerechtfertigt wäre. Sie wurden im allgemeinen von den anderen nicht sehr positiv aufgenommen und stießen, abgesehen von der eher abschätzigen Reaktion bei dem seltsam abgefaßten Vierzeiler VI, 100 auf wenig Interesse – diesem Vers gab Nostradamus ausnahmsweise einen Titel: Legis cantio contra ineptos criticos, „das Lied vom Gesetz gegen unintelligente Kritiker" (siehe Kasten).

Trotzdem können uns vielleicht einige jener Deuter, die sich nicht auf den Versuch beschränkten, die Bedeutung der als reine Prophezeiungen gedachten Verse der *Siècles* zu verstehen, sondern einen Schritt weiter gingen, genaueren Aufschluß über die Einzelheiten dessen geben, was Nostradamus in einigen seiner präzisen, doch leider unvollständigen Prognosen vorhersagte – beispielsweise in X, 72, wo er vom König des Schreckens schreibt, den er im Sommer des Jahres 1999 von den Himmeln herabsteigen sieht (siehe Seiten 110–111). Diese Interpreten waren nämlich bemüht, den Kern der in den okkulten Versen behandelten Themen zu verstehen – Alchimie, Magie und jene seltsamen Pfade zur inneren Erkenntnis, die

Hilfsgerät für die schwarze Kunst

von manchen als „Schattenkulte" bezeichnet werden –, um so mehr über bestimmte Aspekte der „künftigen Geschichte" zu erfahren.

Solche Interpreten laufen natürlich Gefahr, sich lächerlich zu machen und dumme Fehler zu begehen, doch wahrscheinlich folgen sie dem Pfad, den Nostradamus als den der „Priester des Ritus" bezeichnete (siehe Kasten). Einer dieser Experimentatoren, jemand, der in der Ausdrucksweise des Nostradamus als „eine Priesterin des Ritus" bezeichnet werden könnte, also eine Frau, die über theoretisches sowie praktisches Wissen in der Kunst der Weissagung (siehe Seiten 138–139) wie auch in den alten Praktiken der Bewußtseinsveränderung verfügt, die angeblich jene, die sich ihrer bedienen, in die Lage versetzen, einen Blick in die Zukunft zu tun, hat dem Autor dieses Buches die Ergebnisse eines Experiments zur Verfügung gestellt, bei dem es darum ging, die „König des Schreckens"-Vision, die Nostradamus in X, 72 beschreibt, noch einmal zu erleben. Welche Praktiken dabei zur Anwendung kamen, wird auf den Seiten 150–151 beschrieben; an dieser Stelle begnügen wir uns damit, den Inhalt der Vision zusammenzufassen:

Zu Beginn des Jahres 1999 wird der Herrscher eines zentralasiatischen Staates, eines Teils der früheren Sowjetunion,

Paracelsus, Meister der okkulten Medizin und Magie

der eine expansionistische Politik betreibt, die Kontrolle über irgendein Raumschiff haben, das sich auf einer Umlaufbahn um die Erde befindet. Zu diesem Zeitpunkt wird sich die gesamte ehemalige Sowjetunion im Kriegszustand befinden: Ethnisch und religiös inspirierte Bürgerkriege wie auch Kriege mit dem Ausland werden an der Tagesordnung sein. Zur Abwehr bereits deklarierter wie auch möglicher zukünftiger Feinde wird das Raumschiff mit Vorrichtungen zum Abwurf bakteriologischer und chemischer Waffen ausgestattet werden. Als Folge eines angeblichen Unfalls werden diese abgeworfen und den Süden Frankreichs treffen, dabei allerdings das gesamte europäische Festland verwüsten.

Wenn sich diese Prophezeiung als richtig herausstellen sollte, wird Europa von einem der Staaten der ehemaligen Sowjetunion einem tödlichen Angriff ausgesetzt sein, und der dritte Weltkrieg wird mit ungezügeltem Terror beginnen.

Alchimist des frühen 15. Jahrhunderts bei der Arbeit

DES SEHERS LIED

Siècles VI, 100, ist nicht nur der einzige Vers, dem Nostradamus einen Titel gegeben hat, er ist auch im Gegensatz zu allen anderen Versen, mit Ausnahme eines Wortes, in Latein abgefaßt und nicht wie die anderen Verse in jenem Sprachmischmasch aus Französisch und aus klassischen Sprachen abgeleiteten Anagrammen und Neologismen. Der Vers lautet:

Laßt jene, die diesen Vers lesen, über
seine Bedeutung sinnen,
Laßt die gewöhnlichen Menschen
und die Ungebildeten über ihn
hinwegsehen:
Ihr alle – dumme Astrologen und
Barbaren – Hände weg,
Er, der das andere tut, laßt ihn
Priester für [oder des] *Ritus sein.*

In diesem Vers gibt der Seher deutlich zu verstehen, daß der Inhalt dieses Verses weder für die breite Masse der Männer und Frauen (Barbaren) noch für „Idiotenastrologen" – reine Wahrsager zum Unterschied von jenen, die man heute als „erleuchtete Seher" bezeichnen würde –, sondern für „Priester des Ritus" bestimmt ist.

Doch wollte der Seher mehr als das vermitteln: erstens, daß den *Siècles* angeblich ein geheimes System zugrunde liegt. Und zweitens, daß jene Menschen, die „Priester des Ritus" sind, d. h. jene, die selbst Experten in der Kunst der Weissagung und keine einfachen Wahrsager sind, in der Lage sein sollten, die einzelnen Verse nicht nur zu deuten, sondern mit Hilfe der Weissagungsriten ihre Bedeutung in umfassender Weise zu erhellen.

DER DRITTE WELTKRIEG

Hunger wird die unausweichliche Folge des von Nostradamus prophezeiten dritten Weltkriegs sein

In zumindest zwölf Vierzeilern gibt uns Nostradamus Hinweise, die als Voraussage eines dritten Weltkriegs gedeutet werden können. Der berühmteste, der Vierzeiler X, 72, wurde bereits besprochen (siehe Seiten 110–111), doch er kann auch anders gedeutet werden und liefert uns dann ein paar Details mehr. Wenn man etwa Angolmois nicht als nicht ganz perfektes Anagramm von Mongolois (Mongolen), sondern als die französische Stadt Angoulême deutet. Eine führende französische Persönlichkeit, die aus ihrer Nähe stammt, ist François Mitterrand, der in der Charente geboren wurde. Der Vers läßt nun den Schluß zu, daß, sobald der König des Schreckens (vielleicht ein Raketenangriff) vom Himmel gekommen ist, François Mitterrand ein politisches Comeback feiern und vorübergehend wieder an die Macht kommen wird, um die Situation zu bereinigen. Mars könnte dann entweder ein Hinweis auf einen Krieg ganz allgemein oder aber auf einen französischen Führer sein, dessen Horoskop sehr martialisch ist und dessen Regierungszeit durch die vorübergehende Machtausübung Präsident Mitterands oder eines anderen französischen Politikers aus der gleichen Gegend unterbrochen wird.

In *Siècles* I, Vers 16, greift Nostradamus auf astrologische Symbole zurück, um für den bevorstehenden Krieg ein Datum anzugeben:

Eine Sense verbunden mit einem Teich
im Schützen
Bei seinem höchsten Aszendenten.
Pest, Hungersnot, Tod von militärischer
Hand,
Nähert sich das Jahrhundert seiner
Erneuerung.

In diesem astrologischen Zusammenhang bedeutet die Sense den Planeten Saturn, während „verbunden mit einem Teich" ein Hinweis auf ein Wasserzeichen oder einen Planeten ist. Ein Interpret deutet „Teich" als Wassermann und legt die Stelle folgendermaßen aus: „Wenn Saturn und Wassermann in Konjunktion mit dem Schützen stehen." Allerdings ist es nicht möglich, daß zwei Tierkreiszeichen in Konjunktion stehen, korrekt müßte es also heißen, zwei Planeten stehen in Konjunktion und nicht, ein Planet (Saturn) steht in Beziehung zu einem Tierkreiszeichen (Wassermann). Offenbar stellt der „Teich" den Mond in Konjunktion mit Saturn im Schützen dar. Die vierte Zeile läßt vermuten, daß die Ereignisse am Ende des Jahrhunderts stattfinden. Das letztemal befand sich Saturn 1988 im Schützen. Ab jetzt bis zum Jahrhundertende bewegt sich Saturn, der sehr langsam unterwegs ist, nur am Wassermann, den Fischen, Widder und Stier vorbei. Dies läßt darauf schließen, daß diese Seuche sowie Hungersnot und Tod nicht während der ersten Jahre des 21. Jahrhunderts, sondern doch um einiges später hereinbrechen werden.

Siècles II, 46, gibt uns weitere Ausblicke auf einen möglicherweise herannahenden dritten Weltkrieg:

Nach großem Elend für die Menschheit
kommt noch größeres heran,
Wenn der große Zyklus der Jahrhunderte
sich erneuert,
Wird es Blut, Milch, Hunger, Krieg und
Krankheiten regnen,
Am Himmel wird ein Feuer sein, einen
Funkenschweif nach sich ziehend.

Wieder wird der zeitliche Rahmen mit dem Hinweis abgesteckt: „Wenn der große Zyklus der Jahrhunderte sich erneuert". Im Gegensatz zu II, 41 (siehe Seite 89), der von einem Großen Stern spricht, der entweder kocht oder brennt, geht es in diesem Vers um „ein Feuer, das einen Funkenschweif nach sich zieht". Dies könnte ein Hinweis auf einen großen Kometen sein. Da der Halleysche Komet 1986 vorüberzog, ohne daß man ihn sehr deutlich sah und ohne astrologische Unruhe zu verursachen, ist das „Feuer" wahrscheinlich ein unerwartetes meteorologisches Phänomen, vielleicht der Aufschlag eines Meteors auf der Erde.

Was auch immer der genaue Zeitpunkt sein mag, der Ausdruck „wenn der große Zyklus der Jahrhunderte sich erneuert" deutet unzweifelhaft auf das Ende des Jahrtausends hin. Der Krieg wird Ströme von Blut, Milch, Hungersnot und Krankheit mit sich bringen. Nicht in den Zusammenhang paßt hier das Wort „Milch", das Wort „laict" im französischen Original wäre daher vielleicht besser mit „laicité", dem Einsetzen einer Säkularisierung oder antireligiöser Gefühle zu übersetzen.

Bakterien – tödliche Bedrohung der Menschheit

Auf das Kommen des Kometen wird von Nostradamus erneut in II, 62 hingewiesen:

Mabus wird bald sterben, und es wird
geschehen
Eine fürchterliche Vernichtung von
Menschen und Tieren:
Plötzlich wird die Rache kommen,
Hundert Hände, Durst und Hunger,
wenn der Komet vorüberzieht.

Der Schlüssel für die Zeitbestimmung liegt in der Identität von Mabus – vielleicht ist es jemand, der noch nicht in Erscheinung getreten ist. Da ausdrücklich darauf hingewiesen wird, daß auch Tiere sterben, handelt es sich bei der fürchterlichen Zerstörung wahrscheinlich um irgendeine Atomwaffe, die wahllos vernichtet. Erika Cheetham ist der Meinung, daß der Hinweis auf die „hundert Hände" sich auf die vielen Flüchtlingslager bezieht, die auf der ganzen Welt aus dem Boden schießen, überall dort, wo Kriege und Hungersnöte wüten. Das Vorüberziehen eines Kometen hingegen könnte eher die Vision einer Rakete als eines natürlichen Kometen bedeuten.

Ein anderer Vers, der sich ganz konkret auf das 20. Jahrhundert bezieht, ist *Siècles* I, 63:

Pestilenz ist vorbei, die Welt wird
kleiner,
Für lange Zeit werden die Länder
friedlich bewohnt werden.
Menschen werden friedlich [über] *Land*
und Wasser durch die Himmel reisen:
Dann werden erneut Kriege beginnen.

Die Welt wird kleiner" ist ein für das 20. Jahrhundert typischer Satz, man könnte meinen, Nostradamus hätte Wortfetzen aus einer Unterhaltung des 20. Jahrhunderts mitgehört.

Die letzte Zeile läßt uns wissen, daß nach einer Zeit des Friedens erneut Kriege ausbrechen werden. Dieser Satz könnte sich auf die Weltkriege beziehen, die bereits stattgefunden haben, oder ein Hinweis auf einen dritten Weltkrieg sein, der nach 50 relativ friedlichen Jahren zum Ausbruch kommt. 50 Jahre nach Ende des Zweiten Weltkriegs bringt uns zum Jahr 1995.

DIE ZUKUNFT RUSSLANDS

Rußland existierte schon jahrhundertelang, bis die Revolution 1917 zur Bildung der Sowjetunion führte – die heute, 72 Jahre danach, wieder in ihre einzelnen Teile zerfallen ist. Das Bündnis zwischen der alten Sowjetunion und den Vereinigten Staaten Anfang 1990 wird in *Siècles* VI, 21, vorhergesagt:

Wenn jene vom Nordpol miteinander
vereint sind,
Wird im Osten Furcht und Schrecken
herrschen.
Ein neuer Mann gewählt, der von den
Großen Unterstützung erhält . . .

Die zweite Zeile könnte sich auf die Reaktion Chinas beziehen, das nun als einziges großes kommunistisches Land dasteht. Der „neu gewählte Mann" ist offensichtlich Boris Jelzin, der trotz einiger Kontroversen von dem „Großen", der das alles bewirkte, nämlich Michail Gorbatschow, Unterstützung erhielt.

Das Versagen des „Maurischen Gesetzes" – Marxismus – hat die orthodoxe Kirche wiederbelebt

Der Zerfall der Sowjetunion in ihre einzelnen Republiken stürzte diese Nachfolgestaaten in Streit und Hader, und sie müssen nun versuchen, eine Union Unabhängiger Staaten zu schmieden. Nostradamus hatte über zwei von ihnen etwas zu sagen, nämlich über die Ukraine und über Weißrußland – in *Siècles* III, 95:

Es wird sich erweisen, daß das Maurische
Gesetz fehlschlägt,
Gefolgt von einem anderen, das
attraktiver ist:
Der Boristhenes wird als erster nachgeben,
Mit Gaben und Zungen, für einen
anderen, gewinnenderen.

Bei dem „Maurischen Gesetz" handelt es sich um ein Wortspiel, mit dem die Lehren von Karl Marx und der Kommunismus gemeint sind (siehe Seiten 68–69), die fehlgeschlagen haben. Mit dem Hinweis auf den Fluß Boristhenes (Dnjepr) wird klar, daß die Ukraine und Bjelorußland (Weißrußland, wie es früher allgemein genannt wurde) gemeint sind, da der Strom durch diese Länder fließt. Es ist klar, daß wiederaufflammender islamischer Fundamentalis-

Boris Jelzin – der erste christliche Führer Rußlands seit 1917

mus zwar in einigen der früheren Sowjetrepubliken, nicht aber in diesen beiden Staaten Chancen hat. Die Regierungsform, die sich schließlich in diesen beiden Staaten durchsetzt, hält Nostradamus für erfreulicher als den islamischen Fundamentalismus oder sogar den Kommunismus.

Da diese früheren sowjetischen Satellitenstaaten als erste der westlichen Propaganda, vielleicht Bestechungen und den Verlockungen der Konsumgüter (Gaben und Zungen) „nachgeben", liegt der Gedanke nahe, daß sie zu einem bestimmten Zeitpunkt in einen Konflikt, wahrscheinlich mit ihrem Nachbarn Rußland, verwickelt werden. Weitere Details ergeben sich aus IV, 95, wo Nostradamus folgendes schreibt:

Die Herrschaft ist zweien überlassen, sie
werden sie eine sehr kurze Zeit innehaben.
Nachdem drei Jahre und sieben Monate
vergangen sind, werden sie in den
Krieg ziehen.
Die beiden Vestalen werden gegen sie
rebellieren;
Der Sieger dann geboren auf
amerikanischem Boden.

Die „Herrschaft zweien überlassen" wäre ein Hinweis darauf, daß zwei Weltmächte, die alte Sowjetunion und die Vereinigten Staaten von Amerika, gemeint sind. Die Datierung des Ereignisses scheint ebenfalls sehr exakt zu sein – drei Jahre und sieben Monate nach dem Zerfall der Sowjetunion, irgendwann im Jahr 1994 oder zu Beginn des Jahres 1995. Zu diesem Zeitpunkt wird es zu einem Krieg kommen, nicht zwischen Rußland und Amerika, sondern zwischen dem mit den Vereinigten Staaten verbündeten Rußland und den beiden „Vestalen", den neuen Staaten.

Der Krieg wird mit Hilfe Amerikas oder eines dort geborenen Kommandanten oder Diplomaten gewonnen werden. Trotz dieser Hilfe von seiten Amerikas werden die beiden Weltmächte nicht länger als 13 Jahre verbündet bleiben, wenn wir V, 78 Glauben schenken:

Die beiden werden nicht lange
Verbündete bleiben.
Innerhalb von dreizehn Jahren werden sie
barbarischer Macht weichen.
Auf beiden Seiten wird der Verlust so
groß sein,
Daß einer die Barke und ihren Führer
segnen wird.

Der Zeitpunkt, zu dem diese Allianz einer barbarischen Macht weicht, wird irgendwann zu Beginn des neuen Jahrtausends, etwa 2003 sein. Die einzige passende, nichtchristliche Macht ist China, das aufgrund seiner Bevölkerungszahl die beiden Weltmächte zusammen als Zwerg erscheinen läßt.

Die „Barke" wird gewöhnlich als das Papsttum oder als sein Anführer, der Papst, gedeutet. Der Vers kann sich auf die rasche Verbreitung des Christentums in den nördlichen Republiken beziehen, oder auf eine Intervention eines katholischen Präsidenten in den USA.

Andere Verse enthalten Hinweise auf eine zunehmende Islamisierung der im Süden liegenden ehemals sowjetischen Republiken, die im Gegensatz zum Wiederaufleben des Christentums in Rußland steht und daher zu Reibereien zwischen den südlichen Republiken führt.

RASPUTINS PROPHEZEIUNGEN

Rasputin, der russische Heiler, Magier und Prophet

Einer der einflußreichsten Männer Rußlands vor der Revolution war der Mönch Gregori Rasputin, der enge Beziehungen zur Zarenfamilie hatte. Vor seinem gewaltsamen Tod durch Prinz Jussupow schrieb er einen seltsamen Brief an die Zarin, in dem er prophezeite, daß er vor dem ersten Tag des Jahres 1917, dem Jahr der Revolution, sterben würde. Er fügte hinzu, daß, falls er von einem Bauern getötet würde, Rußland für Jahrhunderte ein prosperierendes Zarenreich bleiben würde, falls sein Tod aber von einem Aristokraten verursacht würde, der Zar und seine Familie innerhalb von zwei Jahren sterben und 25 Jahre später keine Adeligen mehr in Rußland leben würden. Alle diese Prophezeiungen gingen in Erfüllung, nachdem er am 29. Dezember 1916 von einem Aristokraten ermordet worden war. Im Jahr darauf brach die Russische Revolution aus, und ein Jahr später erfüllte sich Rasputins zweite Prophezeiung, als die Zarenfamilie ermordet wurde.

WELTWEITE DÜRRE UND HUNGER

Nostradamus sagte voraus, daß der Regenbogen 40 Jahre nicht zu sehen sein wird

Einer der unmißverständlichsten Verse ist I, 17. Er stellt fest, daß Iris 40 Jahre lang nicht zu sehen sein wird. Iris bedeutet auf griechisch „Regenbogen", und offensichtlich besagt dieser Vers, daß 40 Jahre lang kein Regen fallen wird, wodurch es zu einer extremen Dürre kommt. In der nächsten Zeile des Verses folgt die Feststellung, daß Iris 40 Jahre lang jeden Tag zu sehen sein wird. Das klingt nach Regenfällen von sintflutartigen Ausmaßen sowie nach Überschwemmungen, wobei allerdings die Sonne so lange durchbricht, daß ein Regenbogen erscheint. Zur Untermauerung dieser Deutung fährt der Vers fort:

Die trockene Erde wird noch stärker ausgedörrt,
Und große Überschwemmungen wird es geben, wenn er erscheint.

Die Bibel berichtet zwar von einer Flut, die 40 Tage und 40 Nächte dauerte, doch hat die Welt weder eine Flut noch eine Dürreperiode diesen Ausmaßes je erlebt, der Vers muß sich daher auf die Zukunft beziehen. Die wachsenden Befürchtungen im Zusammenhang mit dem „Treibhauseffekt" und die damit verbundene Änderung des Weltklimas einschließlich des Vorrückens von Wüsten- und Halbwüstengebieten in Teilen Afrikas, die zuvor fruchtbar waren, könnten ein erster Schritt in Richtung Erfüllung dieser Prophezeiung sein.

Wenn wir versuchen, über die recht offensichtliche Bedeutung des Verses hinauszugehen, dann ist unser einziger Anhaltspunkt „Iris", in der griechischen Mythologie die Tochter der Elektra und Schwester von Harpies. In Homers „Ilias" wird sie als Götterbote erwähnt, die Dürre und Überschwemmungen müssen daher als eine ernste Warnung der Götter vor einer ökologischen Katastrophe betrachtet werden. Iris ist überdies die Gattin des Zephyr, des trockenen Westwinds, der Dürre verursacht; andererseits hält sie einen Wasserkrug in der Hand als Symbol des Regens.

Dürre bedeutet auch Hungersnot, und in III, 42 spricht Nostradamus von einer Hungersnot in Tuscie, d. h. der Toskana in Italien:

Das Kind wird geboren werden mit zwei Zähnen in seinem Hals,
Steine werden fallen wie Regen in der Toskana.
Einige Jahre später wird es weder Weizen noch Gerste geben,
Um jene zu befriedigen, die der Hunger schwächt.

Der Hinweis auf die Person, die mit zwei Zähnen im Hals geboren wird, taucht erneut in II, 7 auf, ebenfalls im Zusammenhang mit einer Hungersnot:

Unter den vielen Menschen, die auf die Insel verschickt werden,
Wird ein Mann mit zwei Zähnen im Hals geboren.
Sie werden Hungers sterben,
Nachdem sie die Bäume kahlgemacht haben.

„Menschen auf Inseln zu verschicken", war eine in Frankreich häufig mit Verbrechern geübte Praxis, als Strafkolonien kamen die Ile du Diable sowie Französisch-Guyana in Frage. Der Schlüssel zu beiden Versen ist das abnorme Kind, das mit zwei Zähnen im Hals geboren wird.

Der deutlichste Hinweis auf eine große Hungersnot findet sich in I, 67, der auf den Seiten 98–99 zitiert wird. Das Schwergewicht liegt auf zunächst lokalen Hungersnöten, die sich über die ganze Welt ausbreiten, vielleicht als Reaktion auf den Treibhauseffekt und die ständige Veränderung der klimatischen Bedingungen. Die Hungersnöte in Afrika sind nur Vorboten einer viel umfassenderen, weltweiten Hungersnot, deren Zeitpunkt in *Siècles* IV, 67 genau angegeben wird:

In dem Jahr, in dem Saturn und Mars
gleich feurig sind,
Ist die Luft sehr trocken [von einer]
langen Reise.
Wegen der verborgenen Feuer verbrennt
ein großer Platz in der Hitze.
Wenig Regen, ein heißer Wind, Kriege
und Überfälle.

Die nächsten Male, wo Saturn und Mars im gleichen Feuerzeichen, nämlich dem Widder, stehen, sind von 8. April bis 2. Mai 1996 und von 5. März bis 13. April 1998. Die große Hungersnot, die Nostradamus für dieses Jahrhundert prophezeit hat, wird höchstwahrscheinlich mit einem dieser Schlüsseldaten beginnen. Diese beiden Planeten stehen auch von 10. September bis 30. Oktober 1996 und dann wieder von 29. September bis 9. November 1997 im Feuerzeichen. Zu diesen Zeitpunkten wird es wahrscheinlich in Afrika zu besonders ungünstigen klimatischen Bedingungen kommen, denn Nostradamus stellt fest, daß die Dürre einen Höhepunkt erreichen wird, wenn diese beiden „Unheilsplaneten", als die sie bekannt sind, einander nahe sind.

Ein spezifischer Hinweis in V, 90 deutet auf eine Hungersnot in Griechenland hin und ist Beweis dafür, daß diese nicht allein auf Afrika beschränkt sein wird:

In den Kykladen, in Perinthus und
Larissa,
In Sparta und am ganzen
Peloponnes:
Eine sehr große Hungersnot, Seuche
durch falschen Staub.
Sie wird dauern neun Monate auf der
ganzen Halbinsel.

Der „falsche Staub" könnte entweder ein in der Landwirtschaft verwendeter Spray sein, radioaktiver Fallout oder vielleicht eine nach Süden treibende chemische Wolke nach einem Bombenabwurf am Balkan.

Die Hungersnöte der Vergangenheit, wie jene in La Rochelle im 18. Jahrhundert, werden vom Hunger des 21. Jahrhunderts weit übertroffen

MENSCHEN INMITTEN DER STERNE

Die Erforschung des Weltalls wurde erst während der letzten drei Jahrzehnte ein integrierender Bestandteil unseres Lebens, doch anscheinend hat Nostradamus auch diese Ereignisse vorhergesehen. Und zwar zu einem Zeitpunkt, als Leonardo da Vinci (1452–1519) gerade erste Skizzen von Flugapparaten verfertigte. Der deutlichste Hinweis auf einen Flug befindet sich in II, 29:

Der östliche Mann wird von seiner Wohnstatt aus
Den Appenin überqueren bis nach Frankreich:
Durchkreuzen wird er den Himmel, die Meere und den Schnee,
Und er wird jeden mit seiner Rute schlagen.

Aus der dritten Zeile geht klar hervor, daß Nostradamus in seinen Visionen Flüge sowohl über die Meere wie auch über die schneebedeckten Gipfel des Appenin auf dem Weg des „östlichen Mannes" nach Frankreich vorhersah, was die Annahme zuläßt, daß dieser aus dem Nahen Osten stammt. Man kann nur raten, ob er tatsächlich die Form der künftigen Flugzeuge „sah". Wahrscheinlich war es so: I, 64 gibt einen Hinweis auf eine „Schlacht, die am Himmel geschlagen wird", bei der er anscheinend frühe Pilotenhelme „gesehen" hat. Das gleiche Thema wird in II, 45 wiederaufgenommen, wo „menschliches Blut in der Nähe des Himmels vergossen wird", ein eindeutiges Bild von Kriegführung am Himmel. Der folgende Vers beschreibt eine Rakete (oder vielleicht einen Kometen): „. . . . am Himmel wird ein Feuer mit einem Funkenschweif zu sehen sein". Weniger

Die Raumfahrt wird den Menschen bald zu den Sternen bringen

zweideutig ist der Hinweis in IV, 43, der klar und deutlich davon spricht, daß „Waffenlärm am Himmel zu hören sein wird". Von hier bis zur bemannten Raumfahrt ist es nur noch ein kleiner Schritt. Schlüsselvers ist IX, 65:

Er wird an die Ecke von Luna gebracht,
Wo er auf fremdes Land gestellt wird.

Wenn man annimmt, daß es sich bei Luna um den Mond und nicht um eine symbolische Anspielung handelt, geht es hier um die Landung von Neil Armstrong auf dem Mond, in einem Raumschiff, das die Ingenieure im Hauptquartier der NASA auf die Mondoberfläche plaziert haben. An dieser Stelle reklamierte er ganz offenkundig „fremdes Land" für die USA und machte im Jahr 1969 einen Riesenschritt vorwärts für die ganze Menschheit, mehr als 400 Jahre nachdem ein Astrologe in einer kleinen Stadt der Provence auf den Mond geblickt und dieses außerordentliche Ereignis vorhergesagt hatte.

Der Saturn, Sprungbrett zu den Sternen

DAS CHALLENGER-UNGLÜCK

Zeilen drei und vier von IX, 65 gehen weiter in der Geschichte des US-Raumfahrtprogramms und greifen den 28. Januar 1986 heraus, als 71 Sekunden nach dem Start die Raumfähre Challenger explodierte und die siebenköpfige Besatzung dabei den Tod fand:

Die unreife Frucht wird der
Gegenstand eines großen Skandals.
Großer Vorwurf, für die anderen
großes Lob.

Die „unreife Frucht" ist die schlecht funktionierende Raumfähre. Der Vorwurf war in der Tat groß, denn es war undenkbar gewesen, daß eine so teure Operation so fehlschlagen konnte, bevor noch die Raumfähre die Erdatmosphäre verlassen hatte. Großes Lob spendet Nostradamus hingegen der Mannschaft von Neil Armstrong. Gleichzeitig erzielten die UdSSR einen großen Erfolg in ihrem Raumfahrtprogramm, indem sie die heute noch in Betrieb befindliche Raumstation MIR auf eine Umlaufbahn um die Erde brachten.

Nostradamus spricht von diesem tragischen Ereignis neuerlich in I, 81:

Neun werden aus der menschlichen
Rasse ausgenommen werden,
Getrennt von Urteil und Rat:
Ihr Schicksal ist es, geteilt zu werden, während sie aufbrechen,
Kappa, Theta, Lambda, verbannt
und zerstreut.

„Ihr Schicksal ist es, geteilt zu werden, während sie aufbrechen" gibt wieder, was geschah, als die Mannschaft bei der Explosion nach dem Start in Stücke gerissen wurde („getrennt von Urteil"). Nostradamus hat offenbar die Anzahl der Astronauten nicht richtig erkannt, doch wer will hier schon auf Einzelheiten herumreiten! Die griechischen Buchstaben klingen nach Anfangsbuchstaben amerikanischer Universitätsklubs und entsprechen vielleicht den Mitgliedschaften einiger der Mannschaftsangehörigen bei diesen Klubs, vielleicht handelt es sich aber auch um ihre Initialen oder sogar um das Codewort für diesen speziellen Abschluß. Es sind dies Einzelheiten, die wahrscheinlich nur die NASA bestätigen oder ausschließen kann.

Die Raumfähre Challenger zerbirst am Himmel

UNHEILVERKÜNDER UND PROPHETEN

Viele der Prophezeiungen des Nostradamus bezogen sich weit mehr auf unerfreuliche Ereignisse als auf erfreuliche. Zyniker haben festgestellt, daß es für jene, die sich einen Ruf als Seher aufbauen wollen, immer besser ist, viel Unglück und Düsternis vorauszusagen – denn Katastrophen wie Tod und Steuern sind immer um uns. Der Seher, der uns vor drohendem Unheil warnt, wird in aller Regel wegen seiner psychischen Kräfte bewundert werden, denn Unheil wird es immer geben.

So viele der Weissagungen des Nostradamus waren negativ, daß im Jahr 1562 nicht weniger als 20 englische Buchdrucker bestraft wurden, weil sie die Prophezeiungen des Nostradamus verkauften. Diese Geldstrafen sind im Stationer's Register, den Unterlagen der Buchhändlerinnung, neben Titeln und Autorennamen mehrerer zeitgenössischer Almanache aufgelistet. Politische Voraussagen wurden von der damaligen englischen Regierung sehr ernst genommen. Die Weissagungen hatten derartige Auswirkungen auf die Bevölkerung, daß laut einem Pamphlet aus dem Jahr 1561 „das ganze Reich so beunruhigt von den enigmatischen und teuflischen Prophezeiungen des Sternendeuters Nostradamus war, . . . daß sogar jene, die in ihrem Herzen die Glorie Gottes und Gottes Wort weiter verbreitet sehen wollten, in ihrem Glauben so sehr

Die Sibylle von Delphi

abgekühlt wurden, daß sie an Gott zu zweifeln begannen".

Solche Publikationen brachten sehr gute Geschäfte, und vielleicht war es die Regierung auch leid, profranzösische Voraussagen in England so weit verbreitet zu sehen. Das zeigt uns, wie populär die Publikationen des Nostradamus sogar in England waren und auf welch starke Ablehnung sie auf offizieller Seite stießen.

Wie Nostradamus verkündete auch Jeremias viel Unheil

Die Beziehungen zwischen Propheten und ihren Herrschern waren stets problematisch. Kein Herrscher möchte seine Entscheidungen durch eine Prophezeiung des Fehlschlagens zunichte gemacht sehen – und es ist auch dem Ansehen abträglich. Der vielleicht am meisten gehaßte und verfolgte Prophet war der hebräische Prophet Jeremias: Sein erstes Buch der Weissagungen wurde zerrissen und dann verbrannt. Man sperrte ihn wiederholt unter sehr unangenehmen Bedingungen wegen seiner unpatriotischen Voraussagen ein, und er mußte sich unter den Schutz des babylonischen Herrschers stellen, bevor er nach Ägypten floh, wo er schließlich wegen seiner düsteren Voraussagen gesteinigt wurde.

Zu den frühesten griechischen Propheten zählen die Sibyllen. Wie die Priesterinnen von Branchos, dessen Prophezeiungsstil Nostradamus kopierte, waren auch die Sibyllen Priesterinnen Apolls. Die berühmteste war die kumäische Sibylle, die nach Vergils „Aeneas", sechstes Buch, Aeneas in die Unterwelt geführt haben soll. Diese Sibylle, deren Talente offenbar nicht geschätzt wurden, bot die neun Bücher ihrer Weissagungen König Tarquinius an. Als dieser sich weigerte, den anscheinend exorbitanten Preis für diese Prophezeiungen zu bezahlen, warf sie drei der Bücher in die Flammen, dann forderte die

Sibylle denselben Preis für die verbliebenen sechs Bücher. Er lehnte erneut ab, und sie wiederholte den Vorgang mit den nächsten drei Büchern. Schließlich gab König Tarquinius nach und zahlte den für die neun Bücher geforderten Preis eben nur für die verbliebenen drei. Diese Bücher wurden im Jupitertempel auf dem Capitol in Rom aufbewahrt, bis dieses im Jahr 83 v. Chr. niederbrannte.

Abgesehen von den Büchern, die tatsächliche Orakel enthalten, wurden viele ursprünglich nicht für solche Interpretationen zusammengetragene Werke für Orakel verwendet; es handelte sich meist um literarische oder religiöse Bücher, die so sehr verehrt wurden, daß man glaubte, sie hätten übernatürliche Kräfte. Sowohl im alten Rom wie im Europa der Renaissancezeit betrachtete man etwa Homers „Odyssee" und Vergils „Aeneas" mit solcher Ehrfurcht, daß man sie sogar als Orakel verwendete.

Der Einsatz des Orakels wurde als „das Los werfen" bezeichnet. Zuerst wurde die Frage vorsichtig formuliert, dann das Buch an drei Stellen zufällig geöffnet und mit dem Finger auf eine Seite gedeutet. Die drei Zeilen, auf die der Finger des Suchenden gefallen war, wurden herausgeschrieben und dann versuchte man, sie der hinterfragten Situation anzupassen.

Gegen Ende des Römischen Reichs wurden sowohl das Alte als auch das Neue Testament recht oft auf diese Weise angewendet; das nannte man „die Heiligen werfen das Los". Obwohl diese Art der Verwendung der Bibel von den meisten Kirchenräten streng verboten wurde, war dieser Brauch weit verbreitet.

Betreffend die Geschichte der Franken berichtet der hl. Gregor von Tours (538–594), daß, als der Frankenfürst Merovechus vor dem Zorn der kriegerischen Königin Fredegond in Angst geriet, er in der Basilika St. Martin in Tours die „Heiligen sprechen" ließ. Die Orakel, die er „herauslas", waren düster, vor allem eines, das besagte: „Gott der Herr hat dich in die Hände deiner Feinde ausgeliefert." Das Orakel stellte sich als richtig heraus, denn Königin Fredegond ließ Fürst Merovechus letztlich ermorden.

Solche genauen Voraussagen waren in keiner Weise eine Seltenheit; es ist deshalb kein Wunder, daß die Propheten meist als Unheilverkünder angesehen wurden und man sie daher häufig verfolgte.

Eine Henne entschlüsselt griechische Worte mit Orakelbedeutung durch Aufpicken von Körnern

SIBYLLINISCHE ORAKEL

Die frühchristlichen Sibyllinischen Orakel bezeichneten Kaiser Konstantin als messianischen Herrscher. Für sie war ein römischer Kaiser, der auch ein Christ war, natürlich ein Gottesgeschenk. Eine der Sibyllen (Tiburtina) sprach vom Herrscher der Letzten Tage, der gegen den Antichrist kämpfte, denn damals erwarteten die frühen christlichen Konvertiten natürlich, daß das Ende der Welt bald nach der Kreuzigung Christi kommen würde. Dieser Herrscher der Letzten Tage war in den Augen der frühen Christen ein Wesen, das Wünsche erfüllte, da es die Heiden bekehren, die Tempel der falschen Götter zerstören und die Konvertiten, vor allem die Juden, taufen würde. Die Prophezeiung folgerte, daß er, sobald er seine Arbeit getan hatte, sein Schwert ablegen und sich nach Golgotha zurückziehen würde, auf den Hügel, auf dem Christus gekreuzigt worden war.

LILLY UND DAS FEUER VON LONDON

Das lange vorhergesagte Großfeuer von London 1666 zerstörte große Teile der Stadt

Das Feuer von London und Nostradamus' unheimlich exakte Voraussage des Jahres 1666 mit den „dreimal zwanzig und sechs" in *Siècles* II, Vierzeiler 51, wird auf den Seiten 34–35 besprochen. Der berühmte Tagebuchschreiber Samuel Pepys kannte die Prophezeiung des Nostradamus, die einige Zeit vor Ausbruch des Feuers nachgedruckt wurde.

Mehrere andere Propheten dürften zu den gleichen Schlußfolgerungen über dieses Großereignis gekommen sein. Der Astrologe William Lilly (1602–1681), der ein knappes Jahrhundert nach Nostradamus geboren wurde, veröffentlichte 14 Jahre vor dem Großfeuer eine Schrift unter dem Titel „Monarchie oder keine Monarchie". Darin gab es 19 „Heirogliphen" (sic!), d. h. geheimnisvolle Bilder, die „die Zukunft der englischen Nation und des Commonwealth für die nächsten Jahrhunderte" veranschaulichten. Neben Illustrationen, die zukünftige Ereignisse zeigten, wie etwa ein seltsames Tier, ein Wiesel, das eine Krone angriff, und das Parlament, das einer Invasion Englands untätig zusah, finden sich zwei besonders bemerkenswerte Bilder auf einer Seite.

Auf dem einen Bild liegen Haufen von Leichen auf dem Erdboden, während zwei Männer emsig Gräber für zwei Särge ausheben und über eine Kirche im Hintergrund vier Vögel fliegen – Boten der bösen Vorahnung. Diese Vision der Pest vor dem Großfeuer steht in Verbindung mit dem Bild der in Flammen stehenden Stadt an einem Fluß, mit Sicherheit London. In der Nähe gießen einige Männer Wasser in ein aufloderndes Freudenfeuer, in das ein Zwillingspärchen fällt – das Symbol für das gleichnamige Sternzeichen, das meist mit London in Verbindung gebracht wird.

Obwohl Pest und Feuer damals nichts Ungewöhnliches waren, wurden diese Bilder noch durch eine Schrift verdeutlicht, die Lilly 1648 verfaßte und in der er eine weitere Zukunftsvision niederschrieb: „Im Jahr 1665, . . . wenn Mars in der Jungfrau erscheint, . . . wird eine seltsame Katastrophe das Königreich England heimsuchen." Und weiter: „ . . . es wird verhängnisvoll für London sein, für die Kaufleute zur See, für den Verkehr an Land, für die Armen, für alle möglichen Leute . . . wegen verschiedener Feuer und einer verzehrenden Seuche." Die Beschreibung dieser zweifachen Tragödie könnte kaum deutlicher sein – sieben Jahre vor dem Ereignis.

Lilly war erstaunlich präzise, denn nach dem Großfeuer mangelte es nicht an Theorien über die Ursache, und die Bürger Londons waren mehr als glücklich, daß sie die Schuld einer Einzelperson bzw. einer Verschwörung anlasten konnten. Lilly, der stolz auf seine genaue Voraussage war – er war fast so gut wie Nostradamus -, bemerkte in seinem Tagebuch, daß mehrere Personen einschließlich Hauptmann Johann Rathbone vor Gericht gestellt wurden, weil sie die Stadt hatten anzünden wollen, um den König zu töten und die Regierung zu stürzen. Die Verschwörer hatten sogar Lillys „Almanack" verwendet, um einen günstigen Tag (3. September) für ihre Tat auszusuchen. Letztlich kam ihnen das Schicksal aber zuvor, und das Feuer brach einen Tag vor dem geplanten Schlag aus. Trotzdem wurden die Männer gehenkt.

Lilly wurde vor die Richterkammer zitiert und wegen seiner Voraussagen verhört. Ängstlich ersuchte er seinen Freund, den bekannten Antiquar Elias Ashmole, ihn zu begleiten. Ashmole war vom König zum Herold in Windsor ernannt worden und konnte durch seine Gegenwart den Propheten vor unnötiger Schikanierung schützen. Das Komitee hatte Lilly angeblich sogar der Brandlegung bezichtigt, um die Prophezeiung zu bestätigen, aber die Gegenwart Ashmoles hielt die Diskussion von Mutmaßungen frei und fest auf dem Boden des Beweisbaren, so daß Lilly als freier Mann die Verhandlung verließ. Er bedankte sich bei Ashmole mit mehreren wertvollen Büchern für seine Hilfe. So kann man bei der Vorhersage von Ereignissen, die noch zu den eigenen Lebzeiten eintreffen, in Gefahr geraten!

Nostradamus muß wohl auch sehr besorgt gewesen sein, als er im Jahr 1556 von Königin Katharina von Medici nach Paris befohlen wurde. Von diesem Treffen an bis zu ihrem Tod glaubte die Königin fest an die Voraussagen des Nostradamus – aber das Treffen hätte auch anders ausgehen können, denn Nostradamus hatte den schwierigen Auftrag erhalten, die Horoskope der sieben königlichen Kinder zu erstellen, deren tragische Schicksale er bereits in den *Siècles* enthüllt hatte.

Es wundert nicht, daß Nostradamus zu seiner eigenen Sicherheit die Daten und Namen in seinen Vierzeilern verschlüsselte.

DAS FEUER VORHERGESEHEN

Der Arzt und Astrologe Francis Bernard versuchte sogar, eine allgemeine astrologische Theorie aufzustellen, die es ihm ermöglichen sollte, den Verlauf aller zukünftigen Feuersbrünste durch den astrologischen Prozeß der „richtigen Einstellung" aufzuzeichnen. Dabei wird das Horoskop einer Stadt oder auch einer Person durch Hinweise auf bekannte Ereignisse im Leben der Person oder der Stadt angepaßt.

Andere glaubten im Großfeuer von London eine der vielen Prophezeiungen von Mutter Shipton, der 1488 in Knaresborough geborenen Seherin aus Yorkshire, zu erkennen. Diese Voraussage war erstmals 1641 bekannt geworden, 21 Jahre vor dem Brand, da aber jede Neuauflage ihrer Prophezeiungen wieder neue Voraussagen enthielt, die der Zeit angepaßt waren, kann man nicht wirklich darauf bauen. Der verheerende Brand von London 1666 veranlaßte eine Reihe weiterer Propheten dazu, die gleichen Vorhersagen zu machen. Oder war das Feuer unausweichlich, weil so viele Seher es prophezeit hatten?

William Lilly, Astrologe und Seher

NEUES ZEITALTER DES CHAOS

Im Jahr 1985 veröffentlichte Dr. Ravi Batra ein Buch mit dem Titel „The Great Depression of 1990“ (Die große Weltwirtschaftskrise des Jahres 1990), in dem er den Beginn einer schweren Rezession oder weltweiten Krise für das Jahr 1989 voraussagte, mit einem starken Ansteigen der Arbeitslosenrate, steigender Inflation, einem Absturz der Immobilienpreise, einem dramatischen Ansteigen von Firmenkonkursen sowie einer Reihe anderer wirtschaftlicher Ereignisse, die auch tatsächlich, vor allem in Großbritannien, eingetreten sind. Er schlug sogar vor, man solle Ende 1989 Investitionen in Grund und Boden abstoßen und Finanzierungen mit Fremdkapital reduzieren – zum genau richtigen Zeitpunkt, wie sich später herausstellen sollte. Er nahm allerdings nie für sich in Anspruch, ein Prophet zu sein, sondern bezeichnete sich nur als genauen Beobachter der Wirtschaftszyklen.

Mit der Annahme, daß es 1990 zu einer Wiederholung der Ereignisse von 1930 kommen würde, und dem für 1996 vorausgesagten Ende der aktuellen Rezession lieferte er uns eine Voraussage und wies unbewußt noch auf zwei interessante Schlüsselgedanken hin. Erstens beträgt die von Dr. Batra gewählte Zeitspanne zwischen den Ereignissen des Jahres 1930 und jenen der neunziger Jahre genau 60 Jahre. Das ist aber auch der Zeitabschnitt des „Großen Jahres“ der alten Chinesen, in dessen Verlauf alle in der chinesischen Metaphysik beschriebenen möglichen Kombinationen von Ereignissen, die sich aus der Wechselwirkung zwischen den 10 Himmelsstämmen und den 12 Erdenzweigen ergeben, stattfinden sollen. Nach 60 Jahren kommt jeder wieder zu dem chinesischen Jahr gleicher Kombination von Zweig und Stamm wie der seines Geburtsjahres zurück. Vielleicht beruht schon die Wahl der Worte „Zweig“ und „Stamm“, die das Bild des auf den Seiten 148–149 besprochenen „Zeitbaumes“ widerspiegeln, nicht auf einem Zufall.

Zweitens deutet die Tatsache, daß Nostradamus seine Verse mit einem astrologischen Datum versieht, darauf hin, daß eine bestimmte Weissagung immer dann Wirklichkeit werden kann, wenn eine gewisse astrologische Konjunktion besteht. Das heißt, daß aufgrund der verschiedenen Umlaufzeiten der Planeten um die Sonne bestimmte Konfigurationen sehr oft zustande kommen, andere wiederum nur in langen Abständen. So versetzt die Drehung der Erde die Kalendermacher in die Lage, Jahreszeiten „vorherzusagen“.

Vielleicht kommen diese astrologischen Konfigurationen zum Tragen, wenn die Zweige des „Zeitbaumes“ einander in einem kosmischen Wind leicht

Wird sich dieses typische Bild der Depression der 30er Jahre in den 90er Jahren wiederholen?

Ein Zeitzeichen . . .

berühren. Vielleicht sind es diese Punkte, wo Ereignisse wieder „zusammenwachsen" und ein abtrünniger Zweig wieder zum Hauptzweig zurückfindet. Eine Untersuchung der zyklischen Aspekte, die durch die verschieden langen Reisen der Planeten um die Sonne entstehen, könnte Einblicke in zukünftige Abläufe gewähren, denn schließlich messen wir jegliche menschliche Zeit nur aufgrund der Umdrehung der Erde um die Sonne. Wenn wir den Mechanismus der kosmischen Uhr verstehen, enthüllt sich uns vielleicht auch die allen von uns Geschichte genannten Ereignissen zugrunde liegende Struktur, die nationale wie die persönliche. Tatsächlich sind es diese Aspekte im Geburtshoroskop eines Menschen, die einige der Ereignisse aus seinem Leben vorhersagen können.

Vielleicht war Nostradamus ein viel bedeutenderer Astrologe als allgemein angenommen, allerdings auf andere als für gewöhnlich unter diesem Begriff verstandene Weise. Vielleicht ahnte er einiges vom Mechanismus der Weltenuhr, so daß er in andere Epochen blicken konnte, nicht nur in jene, die durch die Umdrehung eines einzigen Planeten, der Erde, um die Sonne bestimmt wurde. Weitere Einzelheiten und Beispiele für die von Nostradamus genauer datierten astrologischen Verse finden sich auf den Seiten 128–129.

Das Bild der weltweiten Massenarbeitslosigkeit ist wieder da

VORHERSAGEN IM 60-JAHR-ZYKLUS

Ravi Batra zeigt mehrere 60-Jahr-Parallelen auf:

1920 & 1980 Beide Jahre hohe Arbeitslosigkeit, hohe Inflation und hohe Zinsen – eine sehr seltene Kombination.

1921 & 1981 Eine große Steuersenkung, die die oberen Einkommensklassen bevorzugt, und stark ansteigende Arbeitslosigkeit.

1922 & 1982 In beiden Jahren deutliches Absinken der Inflation und der Zinsen sowie rascher Kursanstieg an der englischen Börse.

1923 & 1983 Eine seltsame Parallele ist, daß die Banken erstmals 1923 Zinsen auf Konten anboten und nach langer Unterbrechung wiederum 1983. In beiden Jahren gab es ein starkes Absinken der Arbeitslosigkeit (das stärkste in drei Jahrzehnten 1983)

1924 & 1984 Die Inflation ist geringer, und die englische Börse steigt weiter.

1925 & 1985 Rascher Anstieg an Bankbankrotts, allein 120 weltweit im Jahr 1985.

1926 & 1986 Die englische Börse erreicht Rekordhöhen in beiden Jahren, während die Arbeitslosigkeit rasch abnimmt. Auch die Preise für Energie fallen sehr stark in beiden Jahren.

60-Jahres-Zyklus und die chinesischen Sternzeichen

DAS NETZ DER ZUKUNFT

Bei allen Formen von Weissagungen besteht der schwierigste Teil für den Seher darin, zu einem genauen Datum zu gelangen, einem präzisen Anhaltspunkt in dem Netz miteinander verwobener möglicher Zukunftsentwürfe. Der Seher kann unter Umständen ein Ereignis in allen seinen Einzelheiten „sehen“, doch ist es für ihn schwierig, das genaue Datum einer Ära festzustellen, in die er oder sie beinahe zufällig gelangt ist. Bei anderen Formen der Weissagung, wie etwa I Ging, Geomantie oder Tarot, ist es hingegen praktisch unmöglich, einen genauen zeitlichen Anhaltspunkt zu finden. Es ist daher ganz außergewöhnlich, daß Nostradamus in der Lage war, das genaue Jahr und manchmal sogar den genauen Monat anzugeben.

Obwohl Nostradamus in einem Brief an seinen Sohn César behauptete, die Daten all seiner Prophezeiungen zu kennen, lieferte er nur bei einigen wenigen Versen genaue Zeitangaben:

Siècles II, Vierzeiler 51, wo er das Großfeuer von London mit „dreimal zwanzig und sechs“ angibt, also 1666.

Siècles III, Vers 77, wo er den Friedensschluß zwischen Türken und Persern im Jahr 1727 genau datiert.

Siècles X, Vers 72, enthält die düstere Weissagung über das Erscheinen des Königs des Schreckens im Juli 1999.

Zusätzlich zu präzisen Daten gibt Nostradamus noch mehrere astrologische Hinweise, von denen sich einige mögliche Daten ableiten lassen. In I, 52 wird z. B. der Zeitpunkt der Erfüllung als Konjunktion von Jupiter und Saturn im Zeichen des Widders angegeben:

Saturn – hier als Gott und als Planet dargestellt – bewegt sich sehr langsam über das Firmament

Das Haupt des Widders, Jupiter und Saturn,
Ewiger Gott, was wechselt?
Dann nach einem langen Jahrhundert werden die schlechten Zeiten wiederkehren,
Große Tumulte in Frankreich und Italien.

Diese Konjunktion fand im Dezember 1702 während des Spanischen Erbfolgekrieges statt, wobei die Ereignisse, die nach „einem langen Jahrhundert“ eintraten, der französische Feldzug in Italien 1803 und die Selbsternennung Napoleons 1805 zum König von Oberitalien waren. Diese Konjunktion findet bis zum Ende dieses Jahrhunderts nicht mehr statt.

Eine weitere astrologisch abgeleitete, genaue Datierung findet sich in *Siècles* I, Vers 16. Die Schlüsselzeile lautet: „Eine

Das Planetarium zeigt die Laufbahnen und Verbindungen der Planeten auf

Sense trifft auf einen Teich im Schützen." Die Sense ist ein Symbol für den Planeten Saturn in Konjunktion mit keinem anderen Planeten als dem Mond, beide im Tierkreiszeichen des Schützen. Diese Konjunktion ergibt sich für eine Dauer von 2,5 Jahren alle 29,5 Jahre, da der Saturn ein sich sehr langsam bewegender Planet ist. Ein Datum, zu dem diese Konjunktion stattfindet, ist das Jahr 1999 – ein bei Nostradamus sehr bedeutsames Jahr. Nostradamus konnte für die Datierung nicht nur die sich schnell bewegenden Planeten wie den Merkur verwenden, denn dadurch hätte sich eine verwirrend große Zahl von Daten zur Auswahl ergeben.

Das Zeichen der Jungfrau

Eine weitere astrologische Datierung finden wir in II, Vers 48, der behauptet:

Die große Armee wird Berge überqueren,
Wenn Saturn im Schützen steht und
Mars in das Zeichen der Fische tritt.

Diese Konjunktion fand in diesem Jahrhundert schon dreimal statt, das letzte Mal Ende November 1986. Ein Ereignis, das darauf paßt, hat allerdings offenbar noch nicht stattgefunden.

Siècles VI, Vers 24, enthält auch eine eindeutige astrologische Datierung:

Mars und Zepter werden in
Konjunktion sein,
Ein fürchterlicher Krieg unter dem Krebs,
Kurze Zeit später wird ein König gesalbt,
Der Frieden bringen wird auf die Erde
für eine lange Zeit.

Es ist klar, daß nach einem fürchterlichen Krieg ein neuer Herrscher ernannt wird, was zwischen dem 22. Juni und dem 23. Juli (im Zeichen des Krebses) der Fall sein könnte. Das Jahr wird durch eine Konjunktion zwischen Mars und Jupiter (das Zepter) im Krebs bestimmt werden. Seit 1812 fand diese Konjunktion sechsmal statt, das nächstemal tritt sie am 21. Juni 2002 ein. Das wäre ein möglicher Zeitpunkt für einen Krieg, doch besteht keine Gewißheit.

Eine andere genaue Datierung findet sich in *Siècles* V, Vers 91, wo Griechenland von einem Angriff der Albaner bedroht wird:

Auf dem großen Markt, Markt der
Lügner genannt,
Ganz Torrent und das Feld von Athen:
Sie werden von den leichtbewaffneten
Pferden überrascht sein,
Von den Albanern, [wenn] *Mars im*
Löwen [steht], *Saturn* [im]
Wassermann.

Das letzte Mal gab es diese Konjunktion in diesem Jahrhundert von 28. April bis 23. Juni 1993. Da sich die Prophezeiung während dieser Zeitspanne nicht erfüllt hat, ist Griechenland bis zum nächsten Jahrtausend sicher, zumindest hat es keinen Angriff der Albaner zu befürchten.

Es ist schade, daß Nostradamus, wenn er, wie seinem Sohn gegenüber behauptet, die Daten tatsächlich kannte, diese außer in den wenigen oben angeführten Versen absichtlich im dunklen ließ. Allerdings ist es wahrscheinlicher, daß er für viele der Verse keine genauen Datierungen angeben konnte.

NOSTRADAMUS & DER FLUSS DER ZEIT

S DER ZEIT

NOSTRADAMUS

& DER FLUS

DIE ERSTAUNLICHE GENAUIGKEIT VIELER ERFÜLLTER PROPHEZEIUNGEN DES NOSTRADAMUS WIE ETWA JENE, WO ER GENAUE DATEN FÜR BESTIMMTE EREIGNISSE ANGAB, LÄSST SEINE FEHLER – Z. B. DIE PROPHETISCHEN FEHLSCHLÄGE – UM SO VERWIRRENDER ERSCHEINEN. IST ES MÖGLICH, SIE MITEINANDER IN EINKLANG ZU BRINGEN?

War Nostradamus ein Hellseher von Natur aus – das heißt, ein Mensch mit der angeborenen Fähigkeit, Ereignisse in der Zukunft zu sehen? Setzte er andere Methoden als Astrologie ein, um sich bei seinen Voraussagen zu helfen? Wenn ja, wie sahen diese Methoden aus, und betrafen sie rituelle Magie oder andere Techniken, die unter „verbotenes Wissen“ einzureihen sind? Aber die vielleicht wichtigste Frage von allen: Wenn Nostradamus Ereignisse, die erst lange nach seinem Tod eintreten sollten, wirklich voraussah, bedeutet das, daß der Gedanke vom freien Willen illusorisch ist, daß wir alle in irgendeinem Sinn Roboter sind, biologische Maschinen, die ihr Leben nach einem vorgezeichneten Weg leben?

Auch die Zukunft kann in verschiedene Richtungen abzweigen

Auf den folgenden Seiten wird der Versuch unternommen, vorsichtige Antworten auf all diese Fragen zu finden.

In diesem Zusammenhang muß der Leser bedenken, was das Wort „Zeit“ überhaupt bedeutet, denn einige Theorien betreffend Prophezeiungen im allgemeinen und jene des Nostradamus setzen voraus, daß man den Begriff „Zeit“ ganz anders, als wir es gewöhnt sind, betrachtet. Für uns ist „Zeit“ etwas wie ein großer Fluß, der von seinem Ursprung bis zu seiner Mündung fließt. Der „Urknall“ – oder der göttliche Akt der Schöpfung – wird als der Ursprung des Stroms der Zeit angesehen, das Untergehen des Universums – oder das Jüngste Gericht – als seine Mündung, sein Ende. Unser eigenes Leben ist bildlich gesprochen eine kurze Reise entlang dieses Flusses und verläuft stets stromabwärts – „Jetzt“ ist der Punkt, an dem wir das Ziel unserer Reise erreicht haben – „Vergangenheit“ bedeutet stromaufwärts und „Zukunft“ stromabwärts.

Es gibt allerdings viele andere Hypothesen über die wahre Natur der Zeit. Eine, die von vielen Physikern als gültig akzeptiert wird, betrachtet die Zeit nicht als Fluß, sondern als die über dem Erdboden befindliche Form eines riesigen Baumes, „unsere Zeit“, die das ganze Universum von Materie und Energie, wie wir sie kennen, umfaßt und doch nicht mehr ist als ein Zweig an einem der Äste des Baumes. Im folgenden Kapitel werden dieser und andere Gedanken in Beziehung zu den Versen des Nostradamus betrachtet.

IST DIE ZUKUNFT FIXIERT?

Wenn wir die Tatsache akzeptieren, daß Nostradamus Ereignisse voraussah, die erst Hunderte von Jahren nach seinem Tod im Jahr 1566 passieren sollten, dann ergeben sich daraus für alle von uns einige recht unangenehme Schlußfolgerungen – denn das hieße, daß die Zukunft durch Kräfte, die außerhalb unserer Kontrolle sind, fixiert ist. Wenn wir also glauben, wir treffen eine Wahl, dann haben wir in Wahrheit gar keine Wahlmöglichkeit gehabt, sondern wir sind einfach dem Diktat des Schicksals gefolgt, dessen Spielball wir sind.

Hier gibt es die Möglichkeit, die Hypothese von den „anderen Wirklichkeiten" aufzustellen – das ist jene Theorie, die, bildlich gesprochen, die Zeit als einen Baum sieht und nicht als einen Fluß (siehe Seiten 148–149). Dieser „Baum der Zeit" hat einen Stamm, aus dem unzählige Äste sprießen, von denen jeder eine andere Wirklichkeit, ein „parallel existierendes Universum" darstellt. Und nur eines davon ist das unsere. Der Anfang der Zeit liegt im Wurzelwerk dieses metaphorischen Baumstamms, und die ersten anderen Wirklichkeiten (die nach dem Zeitenbeginn gebildet werden) sind jene riesigen Äste, die vom Stamm abgehen. Spätere Wirklichkeiten sind die kleineren Äste, die den Hauptästen des Baumes der Zeit entsprießen – und von denen gehen wiederum zahllose Zweige ab.

Unsere Wirklichkeit, von der faktisch jeder von uns annimmt, sie sei die einzige existierende, ist aus dieser Sicht bloß einer der Zweige, die einem kleinen Ast des Zeitenbaumes entsprossen sind. Und unsere Geschichte ist einmalig lediglich bis zu jenem zurückliegenden Punkt, wo der Zweig – also die Welt, in der wir leben – seinem Ast entkeimte. Was davor liegt, ist Geschichte, die wir mit anderen Zweigen teilen, die zur selben Zeit entsprossen sind wie der unsere.

Gemäß der Theorie der alternativen Wirklichkeit ist die Zeit ein Baum mit vielen Ästen und Zweigen

Was ließ unseren Zweig und andere Zweige – jeder von ihnen eine eigene Realität mit darin lebenden intelligenten Wesen, die überzeugt sind, sie lebten in einer einzigen existierenden Wirklichkeit – aus dem kleinen Ast, auf dem sie alle sitzen, wachsen? Und was ließ all die kleinen Äste den größeren Ästen, die schon vor Millionen oder gar Hunderten von Millionen Jahren dem Stamm entwuchsen, entsprießen?

Nach Meinung etlicher Theoretiker treibt der Zeitenbaum jedesmal einen neuen Schößling, wenn ein Wesen mit eigenem Bewußtsein zwischen zwei oder mehreren möglichen Handlungen eine Wahl trifft. Das heißt – mit den Worten des bekannten Science-fiction-Autors Harry Harrison ausgedrückt –, „es muß eine unendliche Zahl von Zukunften geben . . . Wenn wir auf dem Weg zu unserem Arbeitsplatz am Morgen beschließen, den Bus zu nehmen und dabei zu Tode kommen . . . wenn die Zeit ein sich stets verästelndes Ding ist, dann gibt es zwei Zukunften – die eine, in der wir sterben . . . und eine andere, in der wir weiterleben, weil wir mit der U-Bahn gefahren sind".

Manche Forscher auf dem Gebiet der mathematischen Physik – einem Bereich, wo Physik, Philosophie und Mystisches sich vermischen – nehmen die Möglichkeit der Existenz anderer Wirklichkeiten durchaus ernst. Geben wir als Beispiel die folgende Passage aus einem Aufsatz, den der Physiker und Mathematiker Dr. Martin Clutton-Brock in der Zeitschrift „Astrophysics and Space Science", Band 47, veröffentlicht hat:

„Man stelle sich doch einmal ein Universum vor, das sich in viele Welten verästelt, von denen wir nur eine kennen. Es gibt offene und geschlossene Welten; anfänglich gleichförmige und anfänglich chaotische Welten; Welten mit hoher und Welten mit niederer Entropie. In den meisten Welten tritt niemals Leben in Erscheinung; in manchen Welten gibt es Leben, wenn auch nur spärlich; und in relativ wenigen Welten ist Leben in Hülle und Fülle da."

Vergleichen wir diese zwei Zitate, dann ist offensichtlich, daß sich die Phantasien der Science-fiction-Autoren und die Hypothesen zumindest mancher Astrophysiker und Mathematiker immer mehr gleichen.

Wenn man akzeptiert, daß diese Richtung der Hypothesen von den anderen Wirklichkeiten stimmt, dann ist es weder schwierig, die richtigen Voraussagen des Nostradamus mit dem Glauben an einen freien Willen des Menschen in Einklang zu bringen, noch fällt es schwer, sich zu erklären, daß die Voraussagen sich als eine eigenartige Mischung aus völlig Richtigem, fast Richtigem und total Falschem erweisen. Wenn also Nostradamus und andere Seher in der Tat nicht wirklich in die Zukunft unserer Welt mit ihrer eigenen Wirklichkeit schauten, sondern in daneben bestehende Universa, deren Zeitlinien von der unserer Welt abweichen, dann besteht überhaupt kein Grund, warum nicht unsere Wirklichkeit der einer bestimmten, neben der unseren bestehenden Welt zeitlich ein Jahrzehnt, Jahrhundert oder Jahrtausend voraus oder hinterdrein sein sollte. Es ist also möglich, daß die „Zukunft", die Nostradamus voraussagte, in Wahrheit die Gegenwart einer anderen Wirklichkeit war, in der die Geschichte einen anderen Lauf nahm, als sie das dann in unserer Welt tun sollte.

PHANTASIE UND WIRKLICHKEIT

Sir Fred Hoyle, der die Lehrkanzel für Astronomie und experimentelle Philosophie an der Universität in Cambridge innehatte, vereint in seiner Person den Astrophysiker und den Autor einfallsreicher Science-fiction-Romane und hat in seinem Buch „October The First Is Too Late" (Der erste Oktober ist zu spät) diese Themen behandelt. Im Vorwort machte er klar, daß, wiewohl es sich dabei um Fiktion handle, die Auseinandersetzungen mit der Zeit als wichtigem Faktor und der Bedeutung des menschlichen Bewußtseins durchaus ernst gemeint seien. In Sir Freds Buch wird eine Variante der Hypothese von den anderen Wirklichkeiten entwickelt, in der die gesamte Geschichte unseres Planeten, Vergangenheit und Zukunft, eine vierdimensionale Spirale ist, die sich um die Sonne bewegt. Alles, was in der Vergangenheit geschehen ist, und alles, was sich in der Zukunft ereignen wird, geschieht in Wirklichkeit jetzt – mit anderen Worten, Vergangenheit, Gegenwart und Zukunft sind eins, und nur die Begrenztheit des menschlichen Bewußtseins bringt uns dazu, Vergangenes von Zukünftigem zu trennen.

Sir Fred Hoyle, ein anerkannter Astrophysiker

NATURTALENTE

Gibt es eine Erklärung dafür, daß viele von der Natur mit prophetischen Gaben Beschenkte wie Nostradamus mit manchen ihrer Vorhersagen so richtig liegen, mit anderen aber unrecht haben? Skeptiker würden sagen, daß solche angeblichen Propheten nie mehr gewesen sind als Rater, die eben Glück hatten. Diejenigen, die an die Existenz von solchen psychischen Naturtalenten glauben, werden jedoch einwerfen, daß die prophetischen Gaben eines Sehers und dessen Kräfte zu- und abnehmen wie die Übertragungsgenauigkeit eines Radiogerätes, bei dem der Sender nicht gut eingestellt worden ist.

Der Glaube, daß es bis zum heutigen Tag unter uns geborene Propheten gibt, stützt sich zum guten Teil auf Hinweise, daß es solche Männer und Frauen sogar in jüngster Vergangenheit gegeben hat. Gegen Ende 1891 machte ein 25 Jahre alter Handleser und Hellseher, der sich „Cheiro" und „Graf Louis Hamon" nannte, eine äußerst unwahrscheinliche Vorhersage über die Zukunft des zweiten Sohnes von König Eduard VII., damals noch Prince of Wales. Dieser zweite Sohn werde, sagte er voraus, Thronerbe des Vereinigten Königreichs sein. Zu diesem Zeitpunkt sahen das die meisten Leute als sehr unwahrscheinlich an. Denn obwohl Prinz Georg Dritter in der Thronfolge war, erfreute sich sein älterer Bruder „Eddie", der Herzog von Clarence, wie allgemein angenommen wurde, bester Gesundheit, hatte sich soeben mit der Prinzessin Maria von Teck verlobt und konnte faktisch sicher sein, innerhalb weniger Jahre selber Söhne und Töchter zu haben.

Cheiro, umstrittener Seher und Handleser

Tatsächlich war der Gesundheitszustand des Herzogs von Clarence nicht so gut wie allgemein angenommen – es gibt Hinweise darauf, daß er zum Zeitpunkt seiner Verlobung schon lange unheilbar an Syphilis litt. Im Januar 1892 starb er an einer Lungenentzündung – so lautete wenigstens die offizielle Mitteilung des Buckingham Palastes. Nach einer gewissen Zeit wurde Prinz Georg zuerst mit Prinzessin Maria von Teck verlobt, dann verheiratet und bestieg dann als König Georg V. den Thron.

Hier scheint eine ganz klar getroffene Vorhersage eines unwahrscheinlichen Ereignisses – der frühe Tod des Herzogs von Clarence und die schließliche Thronbesteigung des jüngeren Bruders des Herzogs – sich als richtig erwiesen zu haben. Damit hatte Cheiro den triumphalen Beweis erbracht, ein „Naturtalent" zu sein, was ihm ermöglichte, kommende Ereignisse vorauszusehen.

Skeptiker mögen den Bericht über Cheiros richtige Vorhersage des Schicksals des künftigen Königs Georg V. total mißachten, aber es steht außer Zweifel, daß Cheiro gegen Ende seines Lebens noch weitaus überraschendere – und richtige – Voraussagen über den ältesten Sohn von Georg V. und dessen Bruder, den damaligen Herzog von York, machte.

In einer Voraussage, die noch vor 1930 gedruckt erschien, schrieb Cheiro: „Die Zeichen für das Wohlergehen Englands oder der königlichen Familie stehen nicht günstig, ausgenommen die des Herzogs von York. In seinem Fall ist bemerkenswert, daß das königliche Zeichen des Jupiter mit den Jahren an Kraft gewinnt, wie . . . es auch bei seinem königlichen Vater der Fall war, bevor die Wahrscheinlichkeit bestand, daß er den Thron besteigen würde . . . " Bezüglich der Königsfamilie stellte Cheiro eine weitere Behauptung auf. Im Hin-

Der unglückliche Herzog von Clarence

blick auf den älteren Bruder des Herzogs, den damaligen Prince of Wales, bezog er sich vor allem auf „wahrscheinlich stattfindende Veränderungen, die den englischen Thron betreffen" und sagte dann eine Krise im Königshaus voraus: „Aufgrund des besonderen planetarischen Einflusses, dem er (der Prince of Wales) unterworfen ist, wird er Opfer einer Liebesaffäre mit verheerenden Folgen. Ist das der Fall, dann sage ich voraus, daß der Prinz eher alles aufgeben wird, als den Gegenstand seiner Zuneigung zu verlieren."

Genau das geschah. Nach dem Tod des Vaters 1936 folgte er diesem als Eduard VIII. auf den Thron, wurde jedoch nie gekrönt, denn er dankte lieber ab, als die zweimal geschiedene Wallis Simpson aufzugeben. Als Cheiro diese Voraussage veröffentlichte, stand Eduard noch in keinerlei Beziehung zu Mrs. Simpson, ja er dürfte die Dame noch nicht einmal kennengelernt haben.

Cheiro sagte auch die Schaffung des Staates Israel voraus und, wie er 1930 schrieb, einen Weltkrieg, der innerhalb der nächsten zehn Jahre ausbrechen werde: „Italien und Deutschland (eine Allianz, die zu diesem Zeitpunkt nicht wahrscheinlich war) werden gegen Frankreich Krieg führen . . . Die USA werden gegen Japan Krieg führen und sich erst später am Gemetzel in Europa beteiligen." Im Kern waren diese Voraussagen richtig – wenn sich auch nicht bewahrheitete, daß während des Krieges in Irland neuerlich ein Bürgerkrieg ausbrechen werde.

Neben seinem Können als Handleser und als Astrologe scheint Cheiro auch natürliche prophetische Gaben besessen zu haben. Unbegreiflich an solchen Naturtalenten wie Cheiro und Nostradamus ist, daß selbst jene von ihnen, die geradezu erstaunlich genaue Zukunftsvorhersagen gemacht haben, auch Dinge voraussagen, die sich im Lauf der Zeit als teilweise oder als gänzlich falsch erweisen. Vielleicht ist es in der Tat so, daß sie nicht die Zukunft unserer Welt sehen, sondern die von parallel dazu existierenden Welten, deren Zeitrechnungen von der unseren leicht abweichen. Es wäre möglich, daß die „Zukunft", die sie voraussagen, eigentlich die Gegenwart einer anderen Wirklichkeit ist, in welcher die Geschichte einen etwas anderen Weg einschlägt als die Geschichte unserer Welt. Das würde erklären, warum sie etwas, das nicht wirklich passiert ist oder passieren wird, ebenso deutlich wahrnehmen wie etwas, das sich tatsächlich ereignet hat.

Cheiro sagte die Abdankung Eduards VIII. wegen Wallis Simpson voraus

König Georg V.

DROGEN, ZAUBEREI UND DER SEHER

Diejenigen, die Nostradamus als den größten Astrologen aller Zeiten bezeichnet haben, liegen völlig falsch. Das fußt auf der irrigen Annahme, alle in den *Siècles* und in den anderen Werken des Sehers dargelegten genauen Vorhersagen habe dieser aus seiner Beobachtung der sich ständig verändernden Stellungen der Sonne, des Mondes und der Planeten und deren Stellung zueinander und in bezug auf die Sternzeichen abgeleitet. Sicherlich benützte er die Astrologie als eine Art Kurzschrift, um Daten auszudrücken (siehe Seiten 128–129), nicht aber zur Ableitung der Prophezeiungen selbst.

Haschisch und moderner Lebensstil

Nostradamus hätte sich bei seinen Voraussagen keineswegs allein auf die Astrologie stützen können. Das steht heute außer Zweifel, und zwar aufgrund eines simplen Faktums, auf das ein Nostradamus-Interpret des 19. Jahrhunderts, Charles Ward, hingewiesen hat, daß nämlich der Seher „die Geburt von Personen erwähnt, die erst nach seinem Tod zur Welt kamen . . . in welchen Fällen die äußerst streng vorgehende Astrologie nicht hilfreich gewesen sein konnte, weil ja die Berechnung einer Geburt den Geburtsvorgang voraussetzt".

Mit anderen Worten: Wenn auch Nostradamus ohne Zweifel ein Astrologe war – er hat schließlich eine Reihe von Jahrbüchern zusammengestellt – und wenn auch zumindest einige seiner erfolgreichen Voraussagen zum Teil auf astrologischer Basis erstellt worden sind,

Nostradamus rauchte angeblich Haschisch, was üblicherweise mit einer Wasserpfeife geschieht

so muß er doch ein begabter Hellseher gewesen sein. Man hat ja sogar vermutet, er habe psychedelische Drogen eingenommen, um sich in einen Trancezustand zu versetzen, in dem seine seherischen Fähigkeiten sich freier entfalten konnten (siehe Kasten unten).

Der strittigste Punkt in der Frage der hellseherischen Fähigkeiten des Nostradamus ist jedoch, ob sie Ergänzung fanden durch Methoden aus dem Bereich der Zauberriten, der rituellen Hellseherei und anderer geheimer und verbotener Künste.

Einige der Leute, die dem Leben und Werk des Sehers von Salon Jahre intensiver Forschung gewidmet haben, stellen entschieden in Abrede, Nostradamus könnte sich irgendeinem Zauberritus, möglicherweise heidnischer Natur, hingegeben haben. Das ist vor allem der Fall bei Autoren, die dem ultramontanen Katholizismus zuneigten, der seit 1870 mit dem französischen Royalismus Hand in Hand ging. Aber daneben gibt es auch schon seit langem jene, die es für möglich halten, daß Nostradamus ein Zauberer war, also ein Mann wie etwa der Schriftsteller Eliphas Levi (1810–1875), den seine Geistesakrobatik in den Stand versetzte, eine gewisse Loyalität zur Kirche in Einklang zu bringen mit der Tatsache, daß er sich der Methoden aus geheimer, alter Überlieferung bediente.

Auch Alkohol ist eine Droge, die das Bewußtsein verändert

Es besteht die Wahrscheinlichkeit, daß es schon zu Lebzeiten des Sehers Leute gab, die diesen Verdacht hatten, denn in einem Passus im Vorwort der ersten Ausgabe seiner *Siècles* scheint er den Verdacht von sich weisen zu wollen, er befasse sich mit dubiosen okkulten Künsten. In dieser Passage warnt er seinen Sohn vor den Gefahren der „verabscheuenswerten Zauberei“ und gibt vor, selber gedruckte oder handschriftliche Abhandlungen über rituelle Magie und folglich auch Alchimie vernichtet zu haben. Die nächsten Seiten werden jedoch zeigen, daß es gute Gründe zu der Annahme gibt, Nostradamus habe es beim Verdammen der „verabscheuenswerten Zauberei“ nicht gerade besonders ehrlich gemeint.

DROGEN, SUFISMUS UND BIOELEKTRISCHE ENERGIE

Etliche Deuter, die sich in neuester Zeit mit den Schriften des Nostradamus auseinandergesetzt haben, behaupten, der Seher verdanke seine hellseherischen Fähigkeiten dem Gebrauch von halluzinogenen Drogen. Es gibt jedoch keinerlei Beweise dafür, auch nicht die leisesten Hinweise. Es ist vielmehr bemerkenswert, daß einige dieser Autoren auch andere Dinge über das Leben des Sehers behaupten, die schon an sich unwahrscheinlich sind.

So hat der Autor eines kürzlich erschienenen Buches erklärt, Nostradamus habe Drogen genommen und während seines Aufenthaltes auf Sizilien Kontakt mit Sufi-Mystikern aufgenommen. Zudem habe er die Gewohnheit gehabt, während seiner Prophezeiungen auf einem Dreifuß aus Messing zu sitzen, die Beine „im selben Winkel gekreuzt wie die ägyptischen Pyramiden, um ähnliche bioelektrische Energien zu erzeugen, wie sie, wie man glaubte, zur Erhöhung der psychischen Kräfte nötig seien“.

Da die Historiker überzeugt sind, daß alle Moslems, Sufis und dergleichen von Sizilien vertrieben wurden, lange bevor Nostradamus lebte, und daß die Pyramiden erst mehr als 300 Jahre nach dem Tod des Sehers ordentlich vermessen wurden, ist es direkt schade, daß man der Welt die Quelle dieser neuen, faszinierenden Information nicht zur Kenntnis gebracht hat!

BRANCHOS UND SEINE RITEN

Es spricht einiges dafür, daß manche der sonderbaren, okkulten Vierzeiler in den *Siècles* verschlüsselte Einzelheiten alter, geheimer und verbotener hellseherischer Methoden darstellen, deren sich Nostradamus bediente, um weit in die Zukunft schauen zu können. Am verständlichsten und bezeichnend für diese Vierzeiler sind jeweils die ersten zwei Verse der Vierzeiler 1 und 2 in *Siècles* I. In diesen beschrieb Nostradamus in einer Sprache, die jeder verstehen mußte, der einigermaßen mit der spätklassischen Mystik vertraut war, wie er „Arbeiten" erledigte, die das Gebiet der Weißen Magie betrafen. Klugerweise tarnte er seine Beschreibungen hinter Begriffen, die für den normalen Leser keinen Sinn ergaben:

Krösus testet das Orakel von Delphi

Man sitzt allein des Nachts auf
messingenem Dreifuß,
Gibt sich geheimen Studien hin,
Die kleine Flamme züngelt aus
der Einsamkeit,
Bringt dem Glauben neue Hoffnung.

Zauberstab in der Hand inmitten von
ZWEIGEN,
Er benetzt mit Wasser Fuß und
Kleidersaum,
Furcht und eine Stimme lassen
ihn erzittern,
O göttlicher Glanz, das Göttliche
sitzt nah.

Das Orakel erhält prophetische Dämpfe

Mit diesen beiden Vierzeilern beschrieb Nostradamus einen sehr, sehr alten Zauberritus, die Ahnung von Zukünftigem betreffend, aber die dritte Zeile in jedem der Vierzeiler hat noch größere Bedeutung. Erstens offenbarte er allen, die sich mit okkulter Philosophie befaßten, daß er mit den Chaldäischen Orakeln vertraut war, einer Sammlung alten alchimistischen Wissensgutes, indem er eine längere Textstelle wiedergibt, in der von einem „formlosen Feuer" die Rede ist, aus dem eine „göttliche Feuerstimme" tönt, der der bei den Göttern Weilende lauschen muß. Zweitens spielte er darauf an, daß die „kleine Flamme" göttlichen Ursprungs sei, geboren aus der Einsamkeit, was in diesem Zusammenhang auch Einheit bedeuten könnte.

Die beiden Vierzeiler enthalten auch etliche Hinweise auf die Art der Seherriten, deren sich Nostradamus bediente. Einer davon ist die Verwendung des Wortes „Zweige". Im Erstdruck der *Siècles* war es in Großbuchstaben wiedergegeben, ein deutlicher Hinweis von der Art, wie Nostradamus sie zu geben pflegte, wenn er beabsichtigte, daß man dem Wort mehr als nur eine Bedeutung unterlegte oder begriff, daß ein Symbol oder Wortspiel dahintersteckte.

Im vorliegenden Fall hat Nostradamus das Wort mit Bestimmtheit in drei

Numa, die Königin von Rom, befragt das Orakel

Bedeutungen verwendet, die sich alle auf die prophetische Eingebung beziehen. Die wichtigste war die des Namens des griechischen Halbgottes Branchos, eines Sohnes von Apollo. Laut griechischer Sage war dem Branchos als Jüngling die Gabe des Weissagens verliehen worden und die Fähigkeit, diese Gabe an andere weiterzugeben. In der Folge wurde er zum Mittelpunkt eines Kultes, der gedieh, bis das Christentum sich ausbreitete. Der Kult war ganz auf die Offenbarung der Zukunft ausgerichtet, die man von als Medien fungierenden Priesterinnen erhielt, und die Methoden, die man anwandte, um die Offenbarungen zu erhalten, wurden von Iamblichos von Chalkis beschrieben, der um 330 n. Chr. starb: „Die Prophetin des Branchos sitzt entweder auf einer Säule, oder sie hält in ihrer Hand eine von einer Gottheit erhaltene Weidenrute, oder sie benetzt ihre Füße oder den Saum ihres Kleides mit Wasser . . . und durch diese Mittel . . . weissagt sie. Mit solchen Handlungen paßt sie sich der Gottheit an, die sie aus dem Nichts empfängt.“ Auf diese Textstelle, die einen Seherritus beschreibt, wobei ein Fuß oder Saum eines Kleides naß gemacht wird, bezog sich Nostradamus in der zweiten Zeile des zweiten Vierzeilers ganz eindeutig. In einem anderen Passus desselben alten Textes wird bei einem Weissagungsritus die Verwendung eines dreibeinigen Hockers aus Bronze erwähnt.

Das Werk, dem die obigen Zitate entnommen sind, ist im Original in griechischer Sprache geschrieben; im 15. Jahrhundert wurde es unter dem Titel *De Mysteriis Aegyptorum* (über die Mysterien Ägyptens) ins Lateinische übersetzt. Wahrscheinlich lernte Nostradamus das Werk in jungen Jahren kennen, denn es gibt Gründe zur Annahme, daß Kopien italienischer Ausgaben dieser Übersetzung schon um 1500 unter französischen Studenten der neuplatonischen Mystik zirkulierten. Jedenfalls wurde *De Mysteriis Aegyptorum* mit Sicherheit um 1540 bis 1550 in Frankreich veröffentlicht, und es mag von Be-

Dreifuß und Schlangen bei Apollos Orakel

deutung sein, daß Nostradamus mit der Herausgabe seiner Jahrbücher nicht lange danach begann. Es kann aus diesen zwei Vierzeilern sicher gefolgert werden, daß er, um zu seinem Wissen über die Zukunft zu kommen, ähnliche Methoden anwendete wie die im Text des Iamblichos beschriebenen.

DIE PYTHIA

Im antiken Griechenland wurden die Frauen, die als Orakel dienten, Pythia genannt, nach der Pythonschlange, die von Apollo, dem alle Orakel heilig waren, erschlagen wurde. Die Pythias stammten immer aus Delphi, und sobald sie in den Dienst des Gottes getreten waren, durften sie das Heiligtum nie mehr verlassen und auch nicht heiraten. Anfangs wurden sie stets aus den jungen Mädchen der Stadt ausgewählt, aber nachdem eine von ihnen von Eukrates dem Thessalier verführt worden war, änderte Delphi das Gesetz insoweit, daß eine Frau erst ab fünfzig zur Prophetin gewählt werden durfte. Die Kleidung der Pythia blieb allerdings die eines jungen Mädchens und nicht einer Matrone.

Als das Orakel viel frequentiert wurde, standen immer drei Pythias bereit, ihren Platz auf dem Dreibein einzunehmen. Die Wirkung des Rauchs, der unter dem Dreibein herauskam, war so stark, daß eine Prophetin manchmal in ihrem Weissagungsdelirium vom Sitz fiel, Krämpfe bekam oder sogar starb.

MAGIE UND RITUELLE WEISSAGUNG

In dem merkwürdigen 42. Vierzeiler von *Siècles* I gibt es einen Hinweis, der mit Sicherheit annehmen läßt, daß Nostradamus Kenntnis hatte von den dunkleren Bereichen okkulter Künste, die in Zusammenhang stehen mit der Verwendung von Wasserbecken:

Der zehnte Tag der Gotischen
Kalenden des April
Wird durch eine böse Rasse
wiederaufleben,
Das Feuer ist gelöscht und
die Teufelsversammlung
Sucht die Gebeine des Dämons von
[und?] *Psellus.*

Verbindet man diesen Text gedanklich mit Nostradamus' Bezugnahme auf einen Seherritus, bei dem Wasser im Spiel ist (siehe Seite 138), dann weist dieser Vers auf eine der Methoden der Magie hin, deren sich der Seher von Salon bediente, um seine seherischen Fähigkeiten und seine astrologischen Kenntnisse auszuweiten.

Diese Methode wurde von dem neuplatonischen Psellus wie folgt beschrieben: „In der Verwendung des Wasserbeckens liegt seherische Kraft, die die Assyrer kannten und nützten . . . Die weissagen wollen, nehmen ein Wasserbecken, das die Geister der Tiefe anzieht. Das Becken scheint hörbar zu atmen . . . Das Wasser im Becken . . . gewinnt hinzu . . . wegen der ihm durch zauberische Beschwörung zugekommenen Kraft, die es durchtränkt mit den geistigen Energien der Weissagung . . . eine dünne Stimme beginnt zu weissagen. Ein Geist von dieser Art wandert, wohin immer sein Wollen ihn treibt, und spricht stets mit leiser Stimme."

Tibetanische seherische Techniken im Lebensrad

Daß Nostradamus sich bei seiner Anspielung auf einen seherischen Ritus, bei dem Wasser mitwirkt, auf diese Textstelle bei Psellus bezieht, steht, wie ich meine, ohne den Schatten eines Zweifels fest.

Wir sind nun, wie ich glaube, in der Lage, Vierzeiler 42 aus *Siècles* I zu verstehen, der, bringt man ihn mit Vierzeiler 1 und 2 aus *Siècles* I in Zusammenhang, zu den bedeutsamsten Versen des Nostradamus gehört, wenn es darum geht, sowohl etwas über sein Leben wie auch über seine wahrscheinliche Beschäftigung mit ritueller Weissagung und mit anderen Formen der Weißen Magie auszusagen.

An einem Karfreitag, in den Worten des Psellus „die Zeit, wenn wir uns des Leidens unseres Herrn und Erlösers besinnen" und laut Psellus jenes kirchliche Fest, zu welchem die Zauberer der Messalianer (siehe Kasten) gewöhnlich inzestuöse Orgien feierten, als ein Vorspiel zu Mord und Kannibalismus, begann sich Nostradamus ernsthaft einer unter Mitwirkung von Wasser ablaufenden Methode ritueller Weissagung zu bedienen. Diese Methode scheint der von Psellus beschriebenen – so verworren diese Beschreibung auch wirken mag – ähnlich zu sein, wenngleich keine Notwendigkeit besteht zu glauben, daß das Wasser tatsächlich mit „leiser Stimme" zu ihm sprach. Wiewohl nach den Worten des verstorbenen James Laver, der 1942 über Psellus schrieb: „ . . . in der Vorstellung eines Wasserbeckens, das Verse schmiedet, eine gewisse Komik

Auf einem Dreifuß sitzend spricht das Orakel die Prophezeiungen

liegt, scheinen wir doch einer Weissagungsmethode auf der Spur zu sein, die der des Nostradamus (zum Voraussagen der Zukunft) ähnlich ist und sowohl in der Antike sehr gut bekannt war . . . wie auch bis heute von Primitivvölkern praktiziert wird. Es wird von indischen Fakiren behauptet, sie seien imstande, mit ihrem Blick Wasser zum Sieden und Brodeln zu bringen. Ist das alles mehr als bloß eine Methode, sich in Trance zu versetzen?“

Es scheint, daß Nostradamus die Wasserschale als Brennpunkt benützte, wenn er zu der Form von Bewußtseinsspaltung gelangen wollte, die eine wichtige Voraussetzung für richtiges Wahrsagen aus der Kristallkugel darstellt (siehe Seiten 150–151). Mit anderen Worten: Nostradamus suchte nach dem prophetischen „Dämon des Psellus“. Unter den ersten Dingen, die er bei seiner Karfreitagsvision sah, war eine Teufelsmesse mit ritueller Schwarzer Magie, die irgendwo und irgendwann stattgefunden haben mag. Diese gotteslästerliche Zeremonie schien für Nostradamus eine Wiederholung der Zeremonie zu sein, die jene „böse Rasse“, vermutlich Messalianer, veranstaltete (siehe Kasten).

MÖRDERISCHE ORGIEN

Die Verbindung, die für Nostradamus zwischen seiner Vision einer Teufelsmesse und dem Text des Psellus zu bestehen schien, beruhte auf Psellus’ Beschreibung eines ketzerischen Ritus, den Leute, die er „Messalianer“ nannte, ausführten: „Am Abend . . . zur Zeit, da wir uns des Leidens unseres Herrn und Erlösers besinnen, bringen sie . . . junge Mädchen herbei, die sie in ihre Riten eingeführt haben. Dann löschen sie die Kerzen . . . und stürzen sich wollüstig auf die Mädchen jeder auf die, die ihm in die Hände kommt . . . Sie glauben, damit den Dämonen zu gefallen, wenn sie die Gebote Gottes, die die Blutschande verbieten, übertreten . . . Nach neun Monaten, wenn die Zeit für die Geburt der widernatürlichen Leibesfrucht aus der widernatürlichen Verbindung gekommen ist, versammeln sie sich wieder . . . Am dritten Tage nach der Geburt . . . schneiden sie mit scharfen Messern in das zarte Fleisch (der Babys) und fangen das ausströmende Blut in Schalen auf. Sie werfen die kleinen Körper . . .

Die Vorstellung von rituellem Kannibalismus ist schon sehr alt

in ein Feuer und verbrennen sie zu Asche. Danach vermischen sie die Asche mit dem Blut und bereiten so einen abscheulichen Trank . . . Gemeinsam trinken sie davon.“

Ob solche Riten zu der Zeit, als Psellus seinen Bericht darüber verfaßte, tatsächlich vollzogen wurden, ist ungewiß. Fest steht jedoch, daß sie, wenn sie zu Lebzeiten des Michael Psellus irgendwo zu irgendeiner Zeit im Oströmischen Reich vollzogen wurden, dann nicht von den Messalianern, denn die Sekte der Messalianer gab es zu diesem Zeitpunkt längst nicht mehr. Das heißt allerdings nicht, daß Mordorgien dieser Art überhaupt niemals stattgefunden hätten; es bestehen Ähnlichkeiten zwischen dem von Psellus beschriebenen Ritus und authentischen Berichten über düstere Zeremonien, die die Neulinge unorthodoxer, auf den Tod ausgerichteter, tantrischer Kulte feierten.

DIE ZUKUNFT, DIE NICHT EINTRAF

Die meisten der Vorhersagen des Nostradamus, für die er bestimmte Daten nannte, haben sich im Lauf der Zeit bewahrheitet, wenn auch nicht alle. In *Siècles* I, Vers 49, beispielsweise traf er speziell für das Jahr 1700 eine Voraussage:

Lange vor diesen Ereignissen
Werden die Völker des Ostens durch den Einfluß des Mondes
Im Jahre 1700 bewirken, daß viele vertrieben werden,
Und sie werden fast den ganzen Norden unterwerfen.

Die Ereignisse, um die es in der ersten Zeile dieses Vierzeilers geht, sind offenbar die im vorhergehenden Vers (I, 48) beschriebenen, der sich, so scheint es, auf einen Zeitzyklus bezieht, der um etwa 300 n. Chr. beginnt. Aber was sollen die verbleibenden drei Zeilen mit der exakten Datierung 1700 und dem Zusatz „daß viele vertrieben werden"?

Leider gibt es keine Spur eines im Jahr 1700 oder kurz vorher oder nachher stattgefundenen Ereignisses, auf das die Vorhersage passen würde – wenn auch einige glühende Anhänger des Nostradamus in ihrem Eifer, ein Ereignis zu finden, damit die Prophezeiung sich erfülle, versucht haben, dieser die Besetzung Islands durch die Truppen Karls XII. von Schweden und einen Feldzug in Nordindien, den die Befehlshaber der Armeen des Großen Moguls

Die Gestalt kommender Dinge, wie 1936 gesehen

Sagte Nostradamus die Besetzung Islands durch Karl XII. von Schweden voraus?

Aurungzeb unternahmen, zuzuordnen. Aber die Vernünftigeren unter den Nostradamus-Jüngern, deren Begeisterung und Leichtgläubigkeit nicht grenzenlos sind, geben zu, daß der Seher in diesem besonderen Fall geirrt hat.

Es spricht einiges dafür, daß die psychischen Fähigkeiten eines bestimmten Menschen – ob dieser sie nun von Geburt an besitzt oder durch geheime Übung und Unterricht erworben hat – periodischen Schwankungen unterworfen sind. Es ist, als würden solche sogenannten „Psycho-Athleten" ohne jeden ersichtlichen Grund ebenso wie ihre körperlichen Gegenstücke total außer Form geraten. Solcherart kommt es dann dazu, daß Medien, die in der Vergangenheit Erstaunliches geleistet haben, in einen derartigen psychischen Schwächezustand geraten, daß sie geradezu kindische Täuschungsmanöver anwenden, die niemanden, der eine einigermaßen gute Beobachtungsgabe hat, zu täuschen vermögen.

Es gibt keinen Grund zu glauben, Nostradamus sei gegen diese Gefahr, die allen weniger guten Medien droht, namlich ihren schwachen Tag zu haben, gefeit gewesen – also gegen Zeiten, in denen die psychische Energie schwach, die Hellsichtigkeit verschwommen oder, schlimmer noch, total weg ist und durch Akte der Selbsttäuschung ersetzt werden muß.

Es ist daher sehr gut möglich, daß die psychischen Fähigkeiten des Nostradamus, als er diese offensichtlich falsche Voraussage machte, daß das Jahr 1700 gekennzeichnet sein werde durch ein herausragendes Ereignis, innerhalb des Zyklus von Zu- und Abnahme an einem Tiefpunkt waren. Wenn das so ist, dann wundert es, daß einerseits die Datierung eine so genaue ist und daß andererseits ein so erfahrener Hellseher wie Nostradamus nicht erkannte, daß seine Fähigkeiten so herabgesetzt waren, daß eine Prophezeiung, eben weil so zweifelhaft, besser zu unterlassen wäre.

Plausibler ist die Annahme, daß bei dieser Voraussage – ebenso wie in vielen anderen Fällen – Nostradamus nicht in die Zukunft unserer Wirklichkeit blickte, sondern sozusagen in die damalige Gegenwart einer anderen Wirklichkeit, in der im Jahr 1700 ein größeres Ereignis stattfand (siehe Seiten 132–133).

KENNEDY UND DER SCHAH

Nostradamus war nur einer von vielen medial begabten Menschen, die eine lange Reihe von Wahrsageerfolgen hatten und dann Voraussagen machten, die sich als teilweise oder gänzlich falsch erwiesen haben. Nehmen wir z. B. die Prophezeiungen der Jeane Dixon, der bekanntesten Hellseherin im Amerika des 20. Jahrhunderts.

Sie sagte schon 1956 die Ermordung Kennedys für das Jahr 1963 voraus: „Eine leise Stimme aus dem Nichts sagte mir, daß dieser junge Mann, ein Demokrat, den man 1960 zum Präsidenten wählen werde, während seiner Amtsperiode ermordet werden würde."

Anfang der siebziger Jahre sagte sie voraus, daß der Schah von Persien durch einen Volksaufstand gestürzt werden würde. Aber sie sagte dieses Ereignis für 1977 voraus, setzte es also zwei Jahre früher an, als es tatsächlich stattfand. Überdies behauptete sie, der Schah werde nach einem Leben im abgeschiedenen Exil „wieder ins Rampenlicht der Öffentlichkeit treten". In Wahrheit starb er im Exil an Krebs.

Mrs. Dixons iranische Vorhersagen könnte man als zumindest teilweise richtig einstufen; jene aber, die sie in den siebziger Jahren über Großbritannien machte, erwiesen sich als völlig falsch. So sagte sie zum Beispiel, der Labour-Abgeordnete Eric Varley werde „ins Licht der Öffentlichkeit treten"; er ist jedoch mehr oder minder in Vergessenheit geraten. Für den Posten des nächsten Premierministers der Konservativen tippte sie auf Geoffrey Howe. Dieser trat das Amt jedoch nie an, und zum gegenwärtigen Zeitpunkt hat man hauptsächlich seine Rede in Erinnerung, die er anläßlich seines Rücktritts als Außenminister gehalten hat.

Der Schah von Persien

DIE GRENZEN DER SCIENCE FICTION

Eine andere Wirklichkeit, wie sie der Film „Zeit nach der Zeit" (Time After Time) präsentierte

Eine andere Erklärung für die Gabe des Nostradamus, in die Zukunft zu blicken, hat mit der Existenz anderer Wirklichkeiten zu tun (siehe Seiten 132–133). Der Gedanke, daß wir uns nur dieser einen Wirklichkeit bewußt sind, wurde erstmals in leicht faßbarer Form von einer Anzahl Autoren von Zukunftsromanen zum Ausdruck gebracht; und es ist durchaus nützlich, sich in Erinnerung zu rufen, daß in Science-fiction-Romanen schon über die Nutzung der Atomenergie geschrieben worden ist, als noch so gut wie alle Physiker davon überzeugt waren, dies sei unmöglich.

Diese ganze Vorstellung, es gebe andere Wirklichkeiten, von denen jede aus einem anscheinend unbedeutenden Grund auf einer anderen Zeitlinie weiterläuft und dadurch manchmal die ursprüngliche Wirklichkeit zerstört, ist seit den dreißiger Jahren ein Lieblingsthema der Science-fiction-Schreiber. Ein Beispiel für eine solche Zerstörung liefert der Roman „Bring the Jubilee" aus dem Jahr 1976. Der Autor Ward Moore zeigt uns einen Historiker, der aus einer Zukunftswelt, in der die Südstaaten den amerikanischen Bürgerkrieg gewonnen haben, eine Zeitreise in die Vergangenheit unternimmt, um bei einem der bedeutsamsten Siege der Südstaaten-Truppen dabeizusein. Seine Tätigkeiten auf dem Schauplatz werden von einem Spähtrupp der Südstaatler fälschlich für ein Zeichen der Anwesenheit von Truppen der Nordstaaten gehalten. Daraufhin ziehen sich die Streitkräfte der Konföderierten in Panik zurück. Die Folge davon ist, daß aus dem Südstaaten-Triumph, den der Zeitreisende miterleben wollte, eine Niederlage wird. Die Südstaaten verlieren den Krieg, und die Zukunft, aus der der Zeitreisende kommt, verschwindet augenblicklich! Er findet sich gefangen in einer ihm gänzlich fremden, anderen Welt – unserer Welt, in der die Nordstaaten den Bürgerkrieg gewonnen haben.

Ähnlichen Gedankengängen hat auch der verstorbene Autor Philip K. Dick in seinem Buch „The Man in the High Castle" (Der Mann in der hohen Burg) Ausdruck verliehen, das in einer anderen Wirklichkeit spielt. In dieser basiert die Entscheidung, auf einer anderen Zeitlinie weiterzulaufen, eher auf der Masse als auf einer Einzelperson, nämlich der Masse der Wähler, die bei den Wahlen vom November 1931 in den

Zeitreisen sind ein häufiges Thema

USA es für besser hielten, einen anderen als Franklin Delano Roosevelt zum Präsidenten zu wählen. Ergebnis ist eine Zeitlinie, auf welcher Deutschland und Japan den Zweiten Weltkrieg gewinnen und das Nordamerika der sechziger Jahre politisch dreigeteilt ist: in die Oststaaten der Union unter brutaler Nazi-Herrschaft; in die Westregion, praktisch eine japanische Kolonie, in der man wesentlich milder gegen die amerikanischen Untertanen vorgeht als die Nazis in ihrem Gebiet; und schließlich den Rest der einstmals so großen Vereinigten Staaten, die ökonomisch zurückgebliebenen Staaten im gebirgigen Teil in der Mitte des Kontinents.

Die Handlung des Romans ist äußerst kompliziert. Die Hauptperson z. B., der Mann im „High Castle“, einem Zufluchtsort, an den er sich vor den Mordbanden der Nazis zurückgezogen hat, ist in irgendeiner Weise unbewußt in Kontakt mit einer anderen Wirklichkeit oder Zeitlinie, in der Japan und Deutschland den Krieg verloren haben. Aber es ist nicht unsere eigene Welt, die er wahrnimmt – diese andere Wirklichkeit, deren Existenz er fühlt, ist eine weitere Zeitlinie, in der bei dem japanischen Angriff auf Pearl Harbour kein Schiff der US-Flotte beschädigt worden ist, weil ein weiser und wachsamer Präsident die Flotte auf hohe See hinausbeordert hat.

Weitere lesenswerte Romane, die von anderen Wirklichkeiten handeln, sind „Pavane“ von Keith Roberts (1968) und „The Alteration“ von Kingsley Amis (1976). In beiden handelt es sich um eine Welt, in der die Reformation des 16. Jahrhunderts fehlgeschlagen ist und die siegreiche katholische Kirche alle Bereiche von Kultur und Leben in Europa beherrscht. Das Buch von Amis, in dem zwei äußerst unangenehme Herren, Foot und Redgrave, Jagd auf Ketzer machen, ist unterhaltsam, dafür ist „Pavane“, das in einem anderen Dorset in England spielt, in dem Königin Elisabeth I. 1588 ermordet worden ist, sicherlich um einiges origineller.

Was wäre geschehen, hätte die Konföderation den amerikanischen Unabhängigkeitskrieg gewonnen?

ALTES UND MODERNES WISSEN

Der Zauberer ist immer imstande gewesen, in Bereiche hinter der körperlichen Wirklichkeit zu schauen. Durch Einsicht in andere Welten, Ebenen oder Wirklichkeiten ist er imstande, überraschende Veränderungen auf der Ebene des Körperlichen hervorzurufen – „überraschende" deshalb, weil ohne das Wissen um die komplizierten und gewundenen Zusammenhänge zwischen verschiedenen Wirklichkeiten einem die vom Zauberer bewirkten Dinge so überraschend erscheinen müssen wie dem Steinzeitjäger die Funktionsweise des Radios. Wie ein Rundfunkgerät funktioniert, weiß heute jeder, aber keiner kann auf die Radiowellen zeigen, die den Ton tatsächlich transportieren. So ist es mit der Zauberei; begreift man nicht die Theorie des Bestehens anderer Wirklichkeiten, etwa der Astralebene, dann begreift man auch nicht zauberisches Wirken.

Zauberer haben schon immer komplexe Erklärungen unseres Universums geliefert und dabei oft den Baum als Metapher verwendet. Ein traditionelles Beispiel ist die mehr als tausend Jahre übliche Zuhilfenahme des Lebensbaumes als Metapher durch die jüdischen Kaballisten und später durch Generationen von europäischen Zauberern.

Das Bild des Lebensbaums entspricht der Vorstellung von der Zeit als einem sich unendlich weiterverzweigenden Baum. Jeder Ast, jeder Zweig beinhaltet eine Wirklichkeit, anders, wenn auch nur um weniges, als die seines Nachbarn. Diese Vorstellung anderer Wirklichkeiten könnte erklären, warum sich Cheiros Prophezeiung eines Krieges in Palästina, an dem russische Truppen direkt beteiligt sein würden, nicht erfüllt hat. Es mag in einer anderen Wirklichkeit so gewesen sein, nicht aber in der unseren. Absurd? Vielleicht – aber die Hypothese vom Bestehen anderer Wirklichkeiten würde auch eine Reihe von psychischen Phänomenen erklären, die den Forschern seit mehr als einem Jahrhundert Kopfzerbrechen bereiten.

Zu diesen Phänomenen gehören solche im Zusammenhang mit fast, aber nicht ganz richtigen Vorahnungen, Wahrträumen und sogar wirklichen Zukunftsvisionen, die, wie berichtet wird, ganz normale Leute gehabt haben, Männer und Frauen, die nicht in Anspruch nehmen, eine Sehergabe oder übernatürliche Fähigkeiten irgendwelcher Art zu besitzen.

Im Vergleich dazu ist zu sagen, daß die moderne Naturwissenschaft sich von der Vorstellung der festen Bausteine der Materie, den Elementen, entfernt, hin zu einem Universum, in dem Kraft (Energie) und Form (Materie) wechselseitig ineinander übergehen. Stephen Hawking führt in seinem Buchklassiker „A Brief History of Time" (Eine kurze Geschichte der Zeit) den heutigen Leser durch die verschiedenen Stufen modernen naturwissenschaftlichen Denkens, von Aristoteles über Newton und Einstein bis herauf zu den jüngsten Theorien über Raum und Zeit. An jedem Punkt der Evolution des wissenschaftlichen Denkens wird offensichtlich „Gesichertes" weggeworfen. Ptolemäus zum Beispiel war sich sicher, daß die Erde Mittelpunkt des Universums sei und Sonne und Planeten um sie kreisten. 1514 beobachtete Nikolaus Kopernikus

Die Wissenschaft kann nur eine von vielen Wirklichkeiten aufspüren

die Mondphasen und stellte die Theorie auf, daß die Planeten es seien, die um die Sonne kreisten, obwohl erst fast ein Jahrhundert später Galileo Galilei es 1609 mit einem Fernrohr nachwies. Die Erde war nicht mehr Zentrum des Universums.

1687 veröffentlichte Newton seine Erkenntnisse über die Schwerkraft. Der Mensch verlor an Bedeutung, und sogar die Erde stand in Abhängigkeit zu jedem anderen Körper dieser Welt. Es dauerte 130 Jahre, bis jemand anfing, sich über die Beziehung zwischen Schwerkraft und Licht Gedanken zu machen. Sogar das Licht, dieses „gesicherte" Phänomen, schien der Schwerkraft „unterworfen".

In unserem Jahrhundert dehnte Einstein das naturwissenschaftliche Weltbild bis an jenen Punkt aus, wo Materie und Energie austauschbare Größen darstellten, und gelangte schließlich zu jenem Blickpunkt des Zauberers, für den das Universum aus dem Zusammenspiel von Energie und Materie geschaffen wird. Noch immer schien die Zeit etwas „Ewiges" zu sein – aber dann sprach Hawking es aus, enthüllte uns, daß „die Relativitätstheorie unserer Vorstellung, Zeit sei etwas Absolutes, ein Ende bereitet hat! . . . Jeder Beobachter muß sein eigenes Zeitmaß haben, das ihm seine innere Uhr mitteilt, und identische Uhren, die verschiedene Beobachter mit sich tragen, müssen nicht notwendigerweise übereinstimmen." Dann könnte ein wirklich anderer Blickpunkt einen eine Zeit sehen lassen, die von der unseren um Jahrzehnte oder Jahrhunderte abweicht. Nostradamus war hinter das Geheimnis dieses anderen Beobachtungspunktes gekommen.

Hawking verwirft nach und nach alle wissenschaftlichen Theorien, bis die wissenschaftliche Erklärung des Universums weitaus mystischer anmutet als die komplizierteste Deutung dieser Welt durch einen Zauberer und bis nichts auf dieser Erde so veränderbar und nachstellbar ist wie die Zeit. Wir schwimmen mit Sicherheit nicht in einem einfachen Zeitstrom – wir befinden uns in etwas, das unendlich komplexer ist.

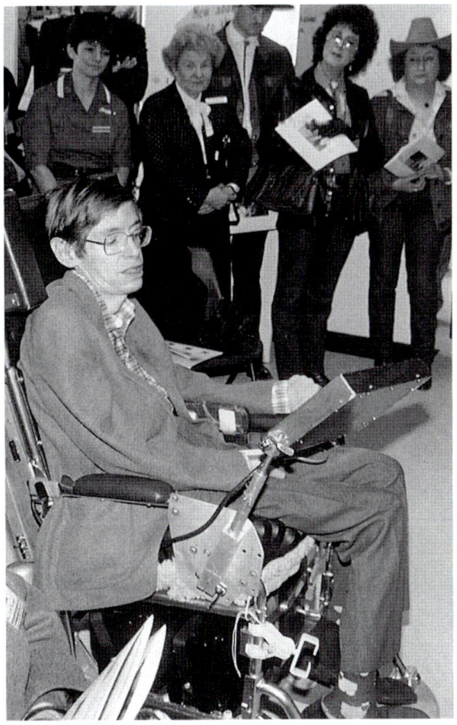

Stephen Hawking hat neue Ideen über die Zeit

DER BAUM DES LEBENS

Der Baum des Lebens ist ein mystisches Diagramm des Universums von hohem Alter, viel älter als das Diagramm der Bahnen der Planeten um die Sonne. Es ist auch eine Landkarte der mystischen Zusammensetzung des Menschen, weil die mystische „Anatomie" sowohl des Universums wie des Menschen für sehr ähnlich gehalten wurde.

Der Lebensbaum besteht aus zehn Kreisen oder Sphären (Sephirot), die durch 22 Bahnen oder Pfade (mit den 22 Buchstaben des hebräischen Alphabets gekennzeichnet) miteinander in Verbindung stehen. Jede der Sphären ist symbolisch (nicht körperlich) mit einem der Planeten oder der Sonne oder dem Mond verbunden. Es wird angenommen, daß die Gesamtheit der 32 Sphären und Bahnen in allen vier „Welten" unterschiedlicher Dichte verdoppelt sind, also es insgesamt 128 Bahnen und Sphären gibt.

Von allen diesen verschiedenen Sphären entspricht tatsächlich nur eine einzige unserer körperlichen Welt, wie wir sie kennen; alle übrigen Bereiche des Diagramms versetzt den Kabbalisten oder Zauberer in die Lage, die geheimen und mystischen Teile des Universums zu beschreiben: den Ursprung der Träume, das Schatzhaus der archetypischen Bilder des Unterbewußtseins, den Wohnort der Engel und Dämonen und eine Million anderer Dinge, von denen uns unser modernes Bewußtsein entfremdet hat, die aber dennoch real sind.

Ohne Zweifel sind die Welten der Kosmologen und der Zauberer nichts als Metaphern für die furchterregende Realität des Universums selbst – eine Realität, von der wir nicht mehr verstehen als ein Neugeborenes von einem Lexikon.

UNSERE SCHICKSALE SIND WIE FÄCHER

Das Problem, dem wir gegenüberstehen, wenn wir uns mit den Prophezeiungen des Nostradamus beschäftigen, ist unser zu enger Blickwinkel. Den Ablauf der Geschichte von der Zeit vor Nostradamus bis herauf in unsere Gegenwart sehen wir nur durch ein Fenster, während er sich frei auf den Zweigen, die die geschichtlichen Ereignisse entstehen ließen, vor- und zurückbewegen konnte. In *Siècles* I, Vers 2, spricht er die Worte „inmitten von Branchos" und bezieht sich dabei auf die Prophetin des Branchos (siehe Seiten 138–139) und auf die *Branches,* die Zweige, also die sich verzweigenden Pfade des Schicksals, über die der argentinische Dichter Jorge Luis Borges geschrieben hat.

In diesem Vierzeiler wird angedeutet, daß die Ereignisse der Geschichte nicht längs einer fortlaufenden Linie geschehen, sondern ein feines Geflecht von Ereignissen bilden, wodurch der Zeitreisende imstande ist, an sehr verschiedenen Orten und zu verschiedenen Zeiten aufzutauchen und Jahrzehnte oder Jahrhunderte auseinanderliegende Ereignisse zu sehen, als lägen sie zeitlich fast nebeneinander.

Jorge Luis Borges

Vielleicht schrieb Nostradamus das, was er sah, einfach in der Reihenfolge nieder, in der er es sah, und diese Reihenfolge ist eigentlich ein Abbild der Ineinanderflechtung von Gegenwart und Vergangenheit und nicht ein geschicktes Verwirrspiel oder eine „Blende", die Nostradamus mit Absicht einsetzt, um uns das Entziffern zu erschweren. In der Tat könnte es sein, daß es ihm unmöglich war, das Zeitengewirr zu entflechten, da er nicht auf Ereignisse zurückblicken konnte, wie wir, seine Leser, das zum Teil können. Hier liegt vielleicht der wahre Schlüssel zum Erkennen der „branches" (Zweige) der Zeit.

Ein Fächer, Symbol der sich verzweigenden Pfade von freiem Willen und Schicksal

An jedem größeren (oder auch kleineren) Punkt unseres Lebens, an dem wir uns entscheiden müssen, haben wir eine Anzahl von Wahlmöglichkeiten, und jede Entscheidung führt uns auf einem bestimmten Zweig des Wegnetzes weiter, das der Fächer der Wahlmöglichkeiten aufweist. Unsere Schicksale gleichen einer Aufeinanderfolge von Fächern oder einem Garten mit verzweigten Wegen. Vielleicht ist die Geschichte selbst, als Ergebnis eines Kollektivs von Entscheidungen, ebenfalls ein Fächer – in welchem Fall man sich nicht zu wundern braucht, daß es Seher gegeben hat, die wie Nostradamus sich in diesem Netz von Gartenwegen zurechtfanden, Jahrhunderte bevor die Entscheidungen, die diese Route entstehen ließen, gefällt wurden. Das erklärt vielleicht, warum manche Vierzeiler nicht ganz passen – sie sind Visionen einer anderen Wirklichkeit am Ende eines Pfades, der schließlich nicht von Einzelmenschen oder der Geschichte begangen wurde.

Daraus lassen sich einige gesicherte Schlußfolgerungen entwickeln. Erstens: Die Zeit ist nicht etwas Lineares, sondern sie verzweigt sich, spaltet sich unentwegt wie ein lebender, wachsender Baum. Zweitens: Manche Propheten können, entweder aus naturgegebenem Talent oder durch die Kenntnis gewisser traditioneller Methoden, einen Blickpunkt einnehmen, der es ihnen erlaubt, in andere Wirklichkeiten zu blicken. Drittens: Diese anderen Wirklichkeiten können unserer Wirklichkeit weit „voraus" sein, so daß der Prophet sehen kann, was für uns ein zukünftiges Ereignis ist, für jene Wirklichkeit aber Gegenwart. Viertens: Uns ist der freie Wille zum Fällen von Entscheidungen gegeben, die

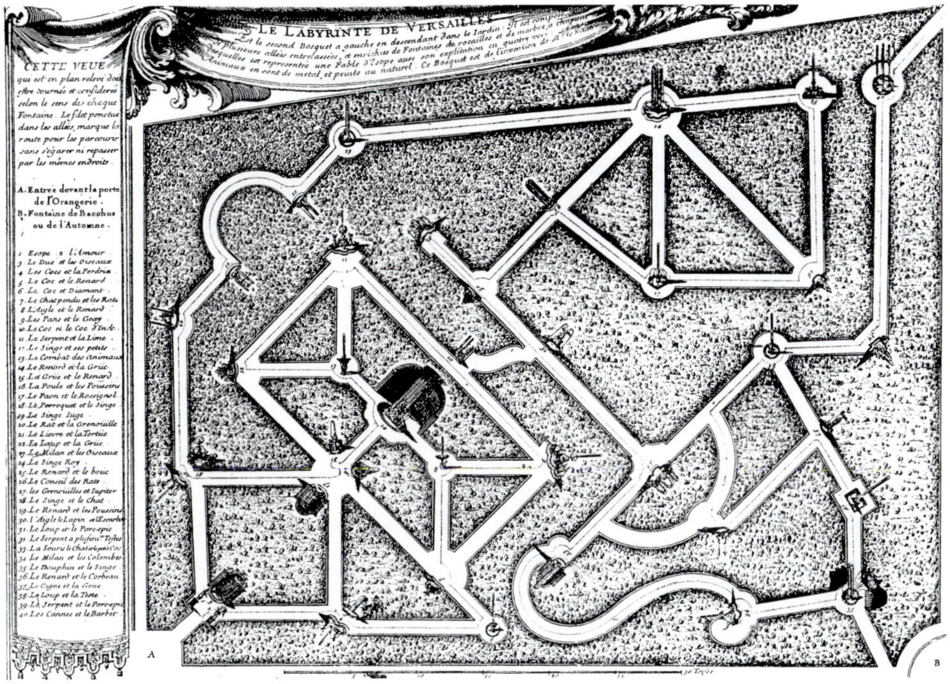

Die Zeit bietet, wie in einem Irrgarten, viele verschiedene Wahlmöglichkeiten an

den Strom in eine andere Richtung lenken, und manche anderen Wirklichkeiten, die von begabten Sehern erblickt worden sind, werden sich niemals in unserer Wirklichkeit ereignen.

Auf den folgenden Seiten werden gewisse Methoden der Weissagung und Techniken der Prophezeiung genauer untersucht, die der Leser dann für sich selbst ausprobieren kann.

DAS ALEF

Das Alef

Der argentinische Wissenschaftler und Dichter Jorge Luis Borges (1899–1986) schrieb viele Romane über die Beziehung von Zeit und Raum und welchen Bezug Ereignisse zueinander haben. In seinem Buch „das Alef" (der erste Buchstabe im hebräischen Alphabet) beschreibt er eine Vision, die er hatte, als er sich auf einen einzigen Leuchtpunkt – er nennt ihn Alef – konzentrierte. Es war „eine kleine irisierende Kugel von fast unerträglicher Leuchtkraft. Zuerst glaubte ich, sie drehe sich; dann begriff ich, daß diese Bewegung eine von der im Inneren befindlichen Kreiseldrehung erzeugte Illusion war."

In diese Kugel starrend, erblickte Borges andere Zeiten, andere Räume und unendliche Objekte – eine schwerbeladene See, Pferde am Ufer des Kaspischen Meeres und Wüsten am Äquator mit jedem einzelnen Körnchen Sand.

ANDERE WIRKLICHKEITEN UND WIR

Prophezeiten die Engel Edward Kelley die Vernichtung der spanischen Armada?

Es gibt keinen Grund zu der Annahme, Nostradamus, Cheiro und einige wenige andere Seher seien die einzigen, die den Baum der Zeit durchqueren können. Die Methoden, die angewendet werden, um in die eigene oder die Zukunft der Allgemeinheit einen Blick werfen zu können, sind nicht nur wenigen vorbehalten.

Orakel gehörten im alten Griechenland zum religiösen Leben; die Verehrung des Gottes Apollo beinhaltete auch die Errichtung und Pflege von Orten der Weissagung, mittels deren die Götter mit dem Menschengeschlecht in Verbindung treten konnten. In Delphi ging das so vor sich, daß die weissagende Priesterin sich auf einen Messingdreifuß setzte, der über einer Öffnung im Boden einer Höhle stand, aus der narkotische Dämpfe emporstiegen. Dies ist eine sehr enge Parallele zu der Beschreibung der Methode des Nostradamus in *Siècles* I, Vers 1 (siehe Seiten 138–139). Diese Methoden lassen sich nicht so leicht nachvollziehen, aber wir können uns eine etwas mehr als ein Jahrhundert nach Nostradamus praktizierte Methode ansehen, die anwendbar ist. Zur Zeit Königin Elisabeths I. wollte der Mathematiker und Hofberater Dr. John Dee in die Zukunft schauen, und zwar nicht durch Befragung eines Orakels, sondern indem er in einen Kristall oder ein „Glas" blickte. Dee ging in seinen Bemühungen, göttliches Wissen zu erlangen, noch einen Schritt weiter. Er versuchte mit Hilfe des Kristalls mit den Engeln zu reden. Seine Methode – wenn schon nicht seine Engel – ist uns noch immer zugänglich.

Der Mathematiker und Geograph John Dee

Man braucht dazu einen ruhigen, abgedunkelten Raum und eine das Licht nicht reflektierende Oberfläche, auf die der Kristall, manchmal in einen dunklen Holzrahmen gefaßt, gelegt wird. Ein Beryll ist hierfür besonders geeignet. Nach entsprechender Vorbereitung zur Reinigung des Geistes von ablenkenden Gedanken blickt der Seher in den Kristall, gewöhnlich ein kugelförmiges Stück polierten Natursteins. Es sollte keine störenden Lichtreflexe auf der Kristalloberfläche geben.

Der Zweck des intensiven Starrens auf den Stein ist der, jenen Teil des Geistes zu durchdringen, der für unser Alltagsbewußtsein zuständig ist, so daß er ausgeschaltet wird und wir frei sind, andere Zeiten oder Orte, manchmal auch andere Zeitebenen zu erforschen. Der Seher mag dies mit Glück innerhalb von Minuten schaffen oder auch erst nach Stunden, je nach den herrschenden Bedingungen und seiner natürlichen Veranlagung. Wer diese Methode anzuwenden versucht, möge trachten, nicht die Oberfläche des Steines anzusehen, sondern in sein Inneres zu schauen. Sind einmal die extrasensorischen Prozesse voll in Gang gesetzt, dann beginnt der in den Stein Schauende zu „sehen"; es ist ein seelisches Sehen, ganz analog der physikalischen Wahrnehmung, und er sieht Dinge, die zeitlich und/oder räumlich weit weg sind. In einem fortgeschrittenen Stadium des Blickens in die Kristallkugel, bei der es zur sogenannten außerkörperlichen Erfahrung kommt, hat der Schauende tatsächlich das Gefühl, an dem Ort seiner Vision anwesend zu sein (siehe Seiten 160–161).

Der Blick in die Kristallkugel ist eine oft angewandte Loslösungsmethode. Nur die wenigsten verwenden echte Kristalle. Eine Imitation aus Schmelzglas ist leichter zu haben, weitaus billiger und liefert ähnlich befriedigende oder unbefriedigende Resultate. Eigentlich kann fast alles den Dienst eines solchen Brennpunktes übernehmen – ein Glas Wasser, eine Tintenlache oder ein halb lichtdurchlässiger Stein.

Die Tatsache dieser exakten Kristallvision kann wohl von niemandem in Zweifel gezogen werden, der die Sache leidenschaftslos beurteilt. Manche Kristallglas-Seher sind Naturtalente, andere haben ihre Fähigkeit bewußt durch psychisches Training, wie es auf den Seiten 160–161 beschrieben wird, entwickelt.

DER FALL EINER KÖNIGIN

Ein Kristallkugel-Seher sagte die Hinrichtung der Maria Stuart und das Auslaufen der Spanischen Armada voraus, und diese Visionen hatte er, indem er auf ein Stück „polierter Kännelkohle" starrte, worunter man im 16. Jahrhundert wahrscheinlich Anthrazit oder Pechkohle verstand.

Der Weissager Edward Kelley (1555–1595) war einer jener begabten, jedoch charakterlosen Leute, eine eigenartige Kombination von echtem Weissager und kleinem Gauner. Dr. John Dee engagierte Kelley, damit er bei seinen Experimenten mit „Engelsbotschaften" mitwirke. Mit Hilfe des Mediums Kelley fragte Dee am 5. Mai 1583 „den Engel Uriel": „Betreffend die Vision, die gestern den Augen des E(dward) K(elley) präsentiert wurde, als dieser mit mir beim Abendessen saß – ich meine das Erscheinen der sehr großen See und viele Schiffe darauf und das Abschneiden des Kopfes einer Frau durch einen großen schwarzen Mann, was sollen wir davon halten?" Darauf antwortete Uriel: „Bereitstellung ausländischer Kräfte zum Schaden dieses Landes, welche in kurzem in die Tat

Der Seher und Alchimist Edward Kelley

umgesetzt werden wird. Und als zweites, der Tod der Königin der Schotten: Es ist nicht mehr lange bis dahin."

Und so geschah es. Im Jahr 1587 wurde Maria Stuart, Königin von Schottland, wegen Hochverrats hingerichtet, und im Jahr darauf lief die Armada gegen England aus. Dee hatte Elisabeth I. bereits von seiner Prophezeiung informiert, und Drake hatte genügend Zeit, Vorkehrungen zu treffen. Kelleys Vorhersage war eine von jenen, die wahrscheinlich den Lauf der Geschichte geändert haben.

DER BAUM DER ZEIT

Es gibt eine Reihe von erprobten Wahrsagermethoden, die es jedem nach einigem Bemühen erlauben, den Baum der Zeit zu erforschen und in die Zukunft zu schauen. Von diesen werden die traditionellen Varianten des europäischen Tarot auf den Seiten 156–157 behandelt und die noch älteren Orakelbücher auf den Seiten 122–123.

Um etwas über eine der verläßlichsten Methoden zur Beantwortung bestimmter Fragen zu erfahren, müssen wir einen Blick in ein klassisches chinesisches Werk tun, in das I Ging oder auch „Buch der Wandlungen". Dieser klassische Text wird dem König Wen und dessen Sohn, dem Herzog von Tschu, zugeschrieben, die ihn zusammenstellten, „um den weisen Verwalter davon zu befreien, daß er zur Auslegung des Orakels auf unverläßliche Priester angewiesen ist", was ein deutlicher Hinweis darauf ist, daß dieses Orakel für den täglichen Gebrauch gedacht ist.

Bei dieser Methode müssen ein oder zwei von 64 ganz bestimmten Hexagramme geschaffen werden, von denen jedes sich aus seiner eigenen, einmaligen Kombination von sechs ganzen oder unterbrochenen Linien zusammensetzt, die ganzen Linien werden Yang (ganz und männlich) genannt, die unterbrochenen Yin (unterbrochen und weiblich). Daraufhin wird der Text befragt und ebenso die unzähligen Kommentare des I Ging, dieses ältesten Orakelbuches der Welt. Das Hexagramm erhält man durch geschicktes Manipulieren von 50 Schafgarbenstengeln oder, in neuerer Zeit, durch Werfen von Münzen, die durch das Muster, das sie nach dem Fallen bilden, genau angeben, welche Bedingungen im Augenblick herrschen, woraus sich dann die Antwort auf die gestellte Frage ergibt.

Rituelle Befragung des I Ging *mit Hilfe von Schafgarbenstengeln*

Um weiszusagen, beruhige zuerst deinen Geist und zünde vielleicht ein Weihrauchstäbchen an. Dann formuliere deine Frage so eindeutig und bedachtsam wie möglich und bringe sie zu Papier. Nimm drei Münzen, die in der Mitte durchlöchert sind. Die Münzseiten bedeuten Yang (gewöhnlich der Kopf der Münze) oder Yin (gewöhnlich die Rückseite). Die Münzen werden nun sechsmal geworfen, und jeder Wurf ergibt die Art der Linie. Wenn die Münzen zweimal Yang (Vorderseite) und einmal Yin (Rückseite) zeigen, dann ist es eine Yang-Linie. Entsprechend bedeutet zweimal Yin-Seite und einmal Yang-Seite eine Yin-Linie. Dreimal Yang ergibt eine Yang-Linie „in Bewegung", daß heißt Yang mit der Tendenz, in Zukunft zu Yin zu werden. Dreimal Yin heißt Yin-Linie „in Bewegung".

Wir wollen die Methode an einem Beispiel demonstrieren. Angenommen,

Befragung des I Ging *in einem chinesischen Tempel*

die Frage lautet: „Wie wird mein Gerichtsverfahren ausgehen?" Die Münzen sind sechsmal geworfen worden und haben die folgenden sechs Linien ergeben:

1 2 Yang + 1 Yin = YANG
2 1 Yang + 2 Yin = YIN
3 3 Yan =YANG in Bewegung
4 1 Yang + 2 Yin = YIN
5 1 Yang + 2 Yin = YIN
6 2 Yang + 1 Yin = YANG

Ist das Sechseck mit den obigen sechs Linien gezeichnet worden, suchst du im I Ging, welche Bedeutung es hat, und erhältst eine prägnante Antwort. In unserem Fall handelt es sich um Hexagramm Nr. 21, Schi Ho genannt, dessen Text wie folgt lautet: „Erfolg in Gerichtsangelegenheiten. An den gegenwärtigen Schwierigkeiten trägst du keine Schuld. Abgeschiedenheit."

Dies ist eine eindeutige Antwort auf die Frage, aber man kann bei ihrer Auslegung einen Schritt weiter gehen, indem man die „ganze Linie" in ihr Gegenteil umwandelt, also von Yang in Yin. Ergebnis ist Hexagramm Nummer 27, I genannt, dessen Text lautet: „Ständiges Bemühen bringt gute Erfolge." Womit der erste Text bestätigt wird.

Wie bei vielen Dingen gehört auch hier Übung dazu, und wenn man das I Ging regelmäßig benützt, wird man es von Mal zu Mal geschickter handhaben. Obwohl das I Ging sich nicht besonders zur Datierung von Voraussagen eignet, leistet es als Ratgeber gute Dienste. Bei nur flüchtiger Beschäftigung mit dem Text wirkt dieser fast ebenso verworren wie die Vierzeiler des Nostradamus, aber wenn man die Sache richtig angeht, dann ist der Text, den das Orakel wählt, oft von verbindlicher Klarheit.

Die acht Trigramme, die ein Hexagramm bilden

TRÄUME & ANDERE WIRKLICHKEITEN

Träume können die Tür zu anderen Wirklichkeiten öffnen

Carl Gustav Jung, einer der größten Psychologen des 20. Jahrhunderts und ursprünglich Schüler von Freud, befaßte sich ausführlich mit der Frage, in welcher Beziehung der menschliche Geist zur Welt, zur „Wirklichkeit" und zur Zeit stehe. Ab dem Jahr 1920 befragte er häufig das Orakel des I Ging (siehe Seiten 152–153), weil ihn dessen unwahrscheinliche Vorhersagen faszinierten. Unsicher, wie er dessen Genauigkeit mit der offensichtlich unwissenschaftlichen Methode in Einklang bringen könne, entwickelte er die Synchronizitätstheorie, die zur Erklärung beitragen sollte, wie innere Vorgänge oder Gedanken manchmal in einem Zusammenhang zu stehen scheinen mit Aktionen in der Welt rund um uns, ja diese sogar bewirken. Außerdem hoffte er Parallelen zwischen Träumen und tatsächlichen Ereignissen oder auch Traumvisionen zukünftiger Ereignisse aufzeigen zu können.

Geht man davon aus, daß zwischen dem subjektiven Geist und der äußeren Welt eine Verbindung besteht, dann ist es nur noch ein kleiner Schritt zur Schlußfolgerung, daß, wenn innere Vorgänge äußere Ereignisse hervorrufen können, vielleicht Leute mit den entsprechenden Naturgaben durch innere Konzentration und unter Anwendung der richtigen Methoden tatsächlich äußere Ereignisse sehen können, die noch nicht geschehen sind. In seinem Buch über die Träume schreibt Jung: „Zu allen Zeiten und bei allen Rassen hat man den Traum als wahrsagendes Orakel betrachtet . . . Daß es Wahrträume gibt, kann nicht geleugnet werden." Beispiele für Synchronizität scheinen nur zufällig aufzutreten; sie nach Wunsch herbeizuführen, grenzte bereits an Zauberei.

John William Dunne, Flugingenieur und Autor von „An Experiment with Time" (Ein Experiment mit der Zeit, 1927), machte die Erfahrung, daß Bilder, die in Momenten des Nachdenkens oder in Träumen beiläufig vor seinem inneren Auge erschienen, später Teil von Erlebnissen wurden, die er nicht hatte voraussehen können. Er wollte wissen, ob diese Art der Präkognition, also des Vorauswissens zukünftiger Vorgänge, eine normale Sache sei. Er veranlaßte 22 Personen, ihre Träume sofort nach dem Aufwachen niederzuschreiben und dann zu berichten, ob eines dieser Traumbilder nach kurzer Zeit als Teil der Wirklichkeit wieder aufgetaucht sei, ob also eine Präkognition stattgefunden habe. Er war erstaunt, „wie viele Leute es gibt, die, wiewohl sie zugeben, daß wir regelmäßig Ereignisse beobachten, ehe sie passieren, annehmen, daß solches Vorauswissen als kleiner logischer Defekt anzusehen sei".

1916 träumte Dunne von einer Explosion in einer Londoner Bombenfabrik. Die Explosion ereignete sich tatsächlich im Januar 1917, 73 Arbeiter wurden dabei getötet, über 1.000 verletzt. Dunne nahm an, daß diese und ähnliche Erfahrungen der Beweis dafür seien, daß Teile des Erlebensbereiches aus ihrer zeitlichen Verankerung gelöst werden können und gelöst werden.

Prinzessin Anne (Pferd Nr. 2) verliert ein Rennen in Epsom. Gewann sie in einer anderen Wirklichkeit?

Nehmen wir den Fall des Hon. John Godley, des späteren Lord Kilbracken. In der Nacht des 12. März 1946 hatte er den Wahrtraum, er lese die Zeitung des kommenden Samstags, und als er aufwachte, konnte er sich an die Ergebnisse der Pferderennen und an die Namen zweier Gewinner, Bindal und Juladin, erinnern, die beide 7:1 gesetzt waren. Der Traum machte genug Eindruck auf ihn, um ihn zu veranlassen, die Samstag-Morgenzeitung zu kaufen. Bindal und Juladin waren beide am Start. Er setzte für Bindal auf Sieg. Das Pferd gewann, und Godley setzte nun seinen ganzen Gewinn auf Juladin. Juladin gewann ebenfalls. John Godleys präkognitiver Traum entsprach also genau der Wirklichkeit, mit einer Ausnahme: Die Gewinnquoten betrugen 5:4 und 5:2.

Etwa einen Monat danach hatte Godley einen weiteren präkognitiven Traum, und wieder las er die Ergebnisse der Pferderennen. Der einzige Name eines Gewinners, an den er sich erinnern konnte, war Tubermore. Bei keinem Rennen war ein Pferd dieses Namens am Start, aber ein Pferd mit dem Namen Tuberose sollte am folgenden Samstag in Aintree an den Start gehen. Er setzte darauf, und Tuberose tat ihm den Gefallen und ging als erster durchs Ziel.

Beim nächsten Traum ging es um ein Telefonat, das er mit einem Buchmacher führte. „Monumentor vier zu fünf", sagte im Traum der Buchmacher. Kein Pferd dieses Namens stand auf den Startlisten der kommenden Rennen, aber Godley erinnerte sich an seinen Erfolg mit Tubermore-Tuberose und setzte auf das Pferd Mentores, das dann auch mit einer Startquote von 6:4 Sieger wurde.

Das illustriert uns, daß in den Voraussagen des Nostradamus häufig Namen vorkommen, die nicht ganz stimmen, aber ähnliche Bedeutung haben oder Anagramme der wirklichen Namen sind. Die Schwierigkeit für den Seher bestand darin, Wörter wiedergeben zu müssen, die er möglicherweise noch nie gesehen hatte.

JUNG UND DIE SYNCHRONIZITÄT

Jung definiert Synchronizität als einen bedeutungsvollen Zufall, aber es hat auch einen starken Beigeschmack einer verborgenen Verbindung zwischen einem inneren und einem äußeren Ereignis. Ein von Jung angeführtes Beispiel betrifft eine junge Frau, bei deren Analyse er erhebliche Schwierigkeiten hatte, „weil sie immer alles besser wußte". Eines Tages erzählte sie Jung von einem besonders lebhaften Traum über einen Mistkäfer, der zwar in Ägypten häufig auftrat, jedoch nicht in Europa. Während sie sprach, klopfte es, immer lauter werdend, ans Fenster. Jung öffnete schließlich das Fenster, und ein goldgrüner Käfer aus der Familie der Rosenkäfer flog herein. Jung fing ihn und reichte ihn seiner Patientin mit den Worten: „Hier ist Ihr Skarabäus." Damit hatte er ihren Rationalismus und ihren Widerstand gebrochen, und die Behandlung konnte rasch und erfolgreich zu Ende geführt werden.

Dr. Carl Jung, der die Synchronizität definierte

NOSTRADAMUS UND DAS TAROT

Bei Tarot handelt es sich um ein uraltes Kartenspiel, das für Glücksspiele, Weissagungen und esoterische Zwecke verwendet wird. Es besteht aus 78 Karten, 22 davon sind Bildkarten und heißen die großen Arkana. Diese haben in jüngster Zeit im esoterischen Denken des Westens eine sehr wichtige Rolle zu spielen begonnen. Seit Beginn der sechziger Jahre, als nur einige wenige Spiele auf dem Markt waren, ist das Angebot geradezu explodiert, und heute füllen die Angebote der verschiedenen Tarot-Kartenspiele dicke Wälzer.

Neben den großen Arkana gibt es weitere 56 Karten, die sich in vier verschiedene Serien teilen (Stäbe, Kelche, Schwerter und Münzen/Pentakel). Sie gleichen normalen Spielkarten, sind von 1 bis 10 durchnumeriert und weisen überdies pro Farbe vier Bildkarten auf: Page, Ritter, Königin und König. Die Gestaltung der mit Zahlen versehenen Karten reicht von der einfachen Angabe der Augenzahl in der entsprechenden Farbe bis zu aufwendigen Bildkarten, je nach Geschmack des Künstlers. Hier handelt es sich vorwiegend um Spielkarten aus der Serie der großen Arkana; diese archetypischen Symbole leiten sich von Bildern ab, die schon vor Nostradamus in Europa verbreitet waren.

Obwohl man die Erfindung des Tarot gerne den alten Ägyptern zuschrieb, weisen die Bilder eher eine europäische Handschrift auf, und sicherlich hatten auch die Zigeuner (die man damals oft für Ägypter hielt) bei der Verbreitung der Karten in Europa ihre Hand im Spiel. Der erste eindeutige Hinweis auf das Tarotspiel in Europa findet sich in

Karten der großen und der kleinen Arkana eines italienischen Tarotspiels

Bern im Jahr 1367, und man nimmt an, daß es wahrscheinlich mittelalterlicher und europäischer Herkunft ist.

Schon bald tauchte das Tarotspiel in billigen Ausführungen in Schenken und in aufwendigen Versionen bei den Reichen auf. Sogar König Karl VI. von Frankreich besaß drei persönliche Spiele, die der Künstler Gringonneur 1392 für ihn malte, wobei er dafür Pergament, Lapislazuli und Gold in reichem Maß verwendete. Sie wurden abwechselnd als Bilderbuch des Teufels, als heidnische Relikte, als Zeitvertreib oder manchmal als Schlüssel zur Zukunft betrachtet. Nostradamus muß irgendwann zu seinen Lebzeiten ein Spiel benutzt haben. Um die Tarotkarten für Weissagungen zu verwenden, muß man sich zunächst einmal mit jeder der Hauptkarten durch zumindest halbstündiges Meditieren über ihre Bedeutung vertraut machen, erst dann liest man die in einem der einschlägigen Bücher angegebene Deutung der Karte. Auf diese Weise stellen Sie Ihre eigene, instinktive Verbindung mit der Karte her, bevor die Ansicht eines anderen das Bild überlagert.

Sobald Sie alle Karten durchgearbeitet und sich ein wenig in die grundlegende Bedeutung der Spielkarten eingelesen haben, können Sie mit Ihrer persönlichen Entdeckungsreise beginnen und sehen, was die Karten Ihnen sagen können. Versuchen Sie es zunächst mit einer einfachen Frage, die im nachhinein leicht zu überprüfen ist: Noch ist es zu früh für die „großen" Fragen. Unter Umständen werden Sie erkennen, daß es leichter ist, für jemanden anderen aus den Karten zu lesen als für Sie selber.

Die einfachste Weissagungstechnik besteht darin, die Frage zunächst zu formulieren und dann niederzuschreiben. Versuchen Sie soweit wie möglich eigene Gedanken abzuschalten, mischen Sie das Paket sorgfältig siebenmal und legen Sie dann die obersten drei Karten mit dem Bild nach unten auf den Tisch. Decken Sie sie dann nacheinander einzeln auf und sprechen Sie aus, was Ihnen dabei in den Sinn kommt. Manchmal gibt es dabei eine Antwort auf eine Frage, die der Fragende sich nur gedacht hat, und nicht auf jene, die er gestellt hat. Die erste Karte zeigt Vergangenes, die zweite die gegenwärtige Lage und die letzte Karte die Zukunft im Zusammenhang mit der bestimmten Frage. Gehören die Karten zu den großen Arkana, sollte sich ganz von selber eine Geschichte in Ihrem Kopf bilden. Wenn Sie ein ganzes Paket verwenden, dürfen Sie die Bedeutung der Zahlenkarten nachsehen, und wenn Sie keine intuitive Eingebung haben, auch die Bedeutung der Karten der großen Arkana. Vergessen Sie nicht, daß die Bedeutung einer Karte sich verändert, je nachdem, ob sie aufrecht oder auf dem Kopf steht.

Eine leichter verständliche Methode der Weissagung ist das „Keltische Kreuz", bei dem 10 Karten in einer bestimmten Reihenfolge aus dem Paket genommen werden, und das wesentlich genauere Informationen zu Ihrer Frage liefert.

DAS GROSSE ARKANA-TAROT

Drei Karten des großen Arkana-Tarotspiels

Die 22 traditionellen Bilder der großen Arkana teilen sich in mehrere Kategorien:

1 Personen: der Narr, der Magier, die Hohepriesterin, die Kaiserin, der Kaiser, der Hierophant, die Liebenden, der Eremit, der Rosselenker, der Gehängte.

2 Tugenden: Mäßigung, Gerechtigkeit, Kraft (Stärke).

3 Astrologisches: die Sonne, der Mond, der Stern.

4 Allegorisches: das Rad des Schicksals, der Tod, der Teufel, der Turm, das Gericht, die Welt.

Bei diesen Karten handelt es sich um unvollständige Serien: So fehlen z. B. im Tarotspiel einige Tugenden wie etwa Glaube, Hoffnung und Liebe, aber auch fünf der Planeten, die im üblichen Tarotspiel enthalten sind. Bei einigen frühen Spielen wie „Naibi" und „Michiate" waren diese zusätzlichen Karten noch vorhanden, ebenso wie sämtliche 12 Tierkreiszeichen. Das angeführte Spiel mit 22 Karten ist aber jene Form des Tarot, die sich im Laufe der letzten 600 Jahre zu einem unübertroffenen Hilfsmittel der Kunst der Weissagung entwickelt hat.

RITUELLE WEISSAGUNGSMETHODEN

Eine andere Methode der Weissagung, mit der Nostradamus bei seiner Lektüre wie auch in der Praxis wohl zu tun gehabt haben wird, ist die Geomantie. Dabei handelt es sich um eine Technik, die vor allem zur Beantwortung von Fragen geeignet ist, die sich auf materielle Dinge beziehen, d. h. Angelegenheiten aus den Bereichen Wirtschaft, Finanzen, Landwirtschaft und Immobilien. Vieles spricht dafür, daß der Ruf der Geomantie, genaue Voraussagen zu liefern, in diesen Bereichen absolut gerechtfertigt ist.

Sowohl Erfolge wie auch Mißerfolge der Geomantie wurden in allen Einzelheiten festgehalten. Die interessantesten Aufzeichnungen stammen von einem Arzt der elisabethinischen Zeit, Simon Forman (1552–1611), der diese Methode für alle Lebensbereiche, angefangen von medizinischen Diagnosen bis hin zu politischen Voraussagen benützte.

Die Technik der Geomantie besteht darin, eine Reihe von Punkten, die entweder auf Erde oder auf Sand bzw. mit einem Bleistift auf Papier angebracht werden, zu interpretieren. Unabhängig von der Wahl des Mediums muß zunächst einmal die Frage sorgfältig und genau formuliert werden können. Nehmen wir einmal an, die Frage lautet: „Werde ich mit meinem neuen Unternehmen finanziellen Gewinn erzielen?“ Der Deuter muß nun mit dem von ihm gewählten Instrument 16 Zeilen mit Strichen oder Punkten machen und dabei die Hilfe der Erdgeister anrufen.

Dann werden die Punkte einer jeden Zeile gezählt. Man stellt also die Summe der ersten Zeile fest, und je nachdem, ob das Ergebnis gerade oder ungerade ist, werden ein oder zwei Punkte in die erste Zeile auf einem neuen Blatt Papier übertragen. Das gleiche geschieht nun für jede der folgenden 15 Zeilen. Man erhält dabei auf der neuen Seite 16 Zeilen mit jeweils einem oder zwei Punkten. Diese werden nun senkrecht in Vierergruppen aufgeteilt. Die erste

Gnome, das Wesentliche hinter der Geomantie

von insgesamt vier Zeilen einer Gruppe könnte folgendermaßen aussehen:

ungerade Anzahl von Punkten
gerade Anzahl von Punkten
ungerade Anzahl von Punkten
gerade Anzahl von Punkten

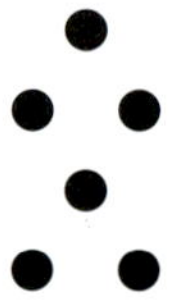

Dies ist eine geomantische Figur, die erste sogenannte „Mutter“-Figur. Die folgenden Mutterfiguren werden aus den restlichen Zeilen auf die gleiche Weise abgeleitet und die Ergebnisse neben die erste Figur angeordnet. Zum Beispiel

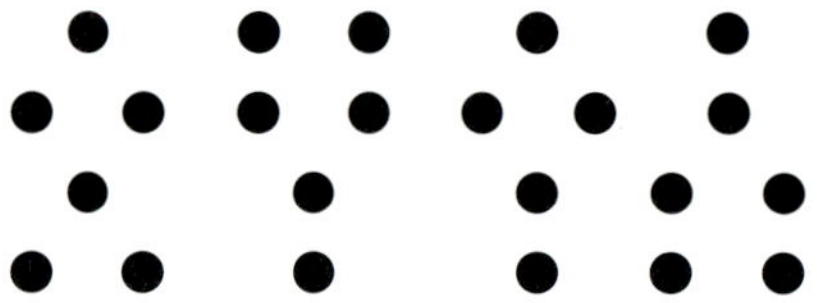

Wir sehen, daß sich dabei eine Anordnung von vier vierzeiligen Doppelfiguren bei 16 Kombinationsmöglichkeiten ergibt. Diese 16 Figuren werden normalerweise mit ihren lateinischen Namen benannt. Die oben gezeigten sind Amissio (mit der Bedeutung Verlust), Fortuna Major (großes Vermögen), Puella (Mädchen) und Fortuna Minor (weniger Glück).

Sie bekommen auf der Stelle eine sehr undifferenzierte Antwort auf Ihre Frage: Sie werden einen großen Vermögensverlust erleiden, doch vielleicht haben Sie Glück wegen eines Mädchens oder einer Frau im Zusammenhang mit der geplanten Unternehmung. Der nächste Schritt besteht darin, mit Hilfe einer Art von binärer Arithmetik die vier Mutterfiguren zu vier Tochterfiguren zu verbinden und von diesen vier Neffenfiguren abzuleiten, die wiederum zwei Zeugenfiguren ergeben. Die Verbindung dieser beiden letzten Figuren führt zur Richterfigur, mit deren Hilfe Sie die Antwort auf Ihre Frage erhalten. Wir werden diese Vorgangsweise jetzt nicht Schritt für Schritt nachvollziehen, Sie können sie in jedem Buch über Geomantie nachlesen; das Resultat ist jedenfalls folgendes: . . .

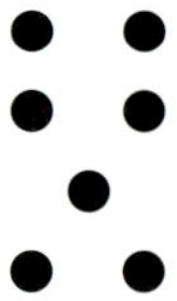

Wir haben hier Albus, normalerweise ein gutes Zeichen, doch bestätigt es in diesem Fall nur, daß die Unternehmung wechselhaft und unsicher sein wird, am besten man läßt die Finger davon. Obwohl man die gleiche Frage nicht zweimal stellen soll, wurde die Deutung ein zweites Mal vorgenommen. Dabei ergaben sich die beinahe gleichen Mutterfiguren, der Richter allerdings war Caput Draconis, eine eindringliche Warnung, die nichts Gutes verheißt für das neue Unternehmen, bei dem es fast sicher zu einem finanziellen Verlust kommen wird. So können Sie Ihr eigener Prophet sein.

Geomantie wurde offenbar im 9. Jahrhundert in der arabischen Welt, wahrscheinlich in Nordafrika, als „Raml" populär. Von dort verbreitete es sich durch die Sahara nach Nigeria, Dahomey und Ghana, wo es unter dem Namen Ifa-Weissagung praktiziert und anschließend in die Neue Welt exportiert wurde, als Teil der Weissagungstechniken des Voodoo-Zaubers. Vorher allerdings brachten es die Mauren bereits nach Spanien und weiter nach Südfrankreich, wo Nostradamus es als „Geomantiae" kennenlernen sollte. Es steht außer Zweifel, daß er Schriftsteller wie Ramon Lull (1235–1315) gelesen hat, die Fachleute auf diesem Gebiet der Weissagung waren.

Der Alchimist in einem Tarotspiel

DIE GEOMANTISCHEN FIGUREN

Figur	Bedeutung	Herrscher
Puer	Junge, gelb, bartlos, heftig, unüberlegt, ist eher gut als böse.	Bartzabel
Amissio	Verlust, ohne Verstehen, das, was weggenommen wird, schlechte Figur.	Kedemel
Albus	Weiß, blond, Weisheit, klares Denken, ist eine gute Figur.	Taphtharatharath
Populus	Leute, Kongregation, eine indifferente Figur.	Chashmodai
Fortuna Major	Größeres Glück, größere Hilfe, sicheres Eintreten, Erfolg, innere Hilfe und Schutz, ein sehr gutes Zeichen.	Sorath
Coniunctio	Zusammenschluß, Versammlung, Verbindung, eher gut als schlecht.	Taphtharatharath
Puella	Ein Mädchen, schönes Gesicht, freundlich, aber nicht sehr glücklich.	Kedemel
Rubeus	Rot, rötlich, rotes Haar, Leidenschaft, wildes Temperament, schlechte Figur.	Bartzabel
Acquisitio	Erhalten, Erfolg, absorbieren, empfangen, eine gute Figur.	Hismael
Carcer	Ein Gefängnis, gebunden, je nach Art der Frage gut oder schlecht.	Zazel
Tristitia	Traurigkeit, verdammt, Kreuz, Leid, Sorge, Perversion, Verdammung, schlechte Figur.	Zazel
Laetitia	Freude, lachen, gesund, bärtig, ist eine gute Figur.	Hismael
Cauda Draconis	Über die Türschwelle ausgehen, Drachenschwanz, Ausgang, unteres Königreich, ist eine schlechte Figur.	Zazel & Bartzabel
Caput Draconis	Der Kopf, die Eingangsschwelle, die obere Türschwelle, Drachenkopf, Eingang, oberes Königreich, ist eine gute Figur.	Hismael & Kedemel
Fortuna Minor	Weniger Glück, weniger Hilfe, weniger Sicherheit, äußere Hilfe und Schutz, ist keine sehr gute Figur.	Sorath
Via	Weg, Straße, Reise, weder gut noch böse.	Chashmodai

DURCH DEN SCHLEIER DER ZEIT

Um Antworten auf spezifische Fragen zu erhalten, kann man sich jeder in den vorangegangenen Kapiteln beschriebenen Technik bedienen. Was aber, wenn Sie dort sein wollen, die Zukunft oder die Vergangenheit sehen, fühlen und Eindrücke direkt aufzeichnen wollen, wie es Nostradamus machte? Es gibt einen Weg, den Schleier der Zeit zu durchdringen. Die Vorstellung, daß jedes menschliche Wesen einen „Astralleib" besitzt, der sich vom physischen Leib lösen und Astralreisen unternehmen kann, ist sehr alt. Die neuplatonischen Philosophen der frühen Christenzeit bezogen sich auf Platos Lehren, wenn sie diesen Traumkörper nach dem lateinischen Wort für Stern „Astrum" nannten. Jahrhunderte später bestätigte Cornelius Agrippa die Möglichkeit, im Traum den Körper bewußt zu verlassen, „den Körper aufzugeben, wenn der Geist in der Lage ist, seine Grenzen zu transzendieren".

Kreatives Träumen oder Astralprojektion ist wahrscheinlich die direkteste Form der Wahrnehmung von anderen Orten und Zeiten, doch bedarf es beträchtlicher Beharrlichkeit, um dahin zu gelangen.

Zweck der Technik der Astralprojektion ist es, mit Ihrem Bewußtsein das zu machen, was mit Ihrem Unterbewußtsein geschieht, sobald Sie eingeschlafen sind. Nichts ist dabei unnatürlich, außer daß Sie sich Ihres „Traums" völlig bewußt und in der Lage sind, diesen zu lenken, so wie Nostradamus dies konnte.

Der Körper hat viele unbewußte Funktionen wie etwa das Atmen. Die meiste Zeit führt er diese Aufgaben

Projektion des Astralleibes während des Schlafs

durch, ohne daß ihn das Bewußtsein dabei stört, doch können Sie mit Ihrem Bewußtsein diese Funktionen übernehmen, zum Beispiel atmen. Träumen ist eine weitere derartige Funktion. Es gibt einige wohlbekannte positive Auswirkungen der regelmäßigen Steuerung und Vertiefung der Atemtätigkeit. Ebenso ergeben sich Vorteile aus der bewußten Steuerung Ihrer „Träume".

Es gibt eine Reihe von Techniken, die darauf abzielen, den Astralleib zu projizieren. Für alle gelten einige grundlegende Voraussetzungen. Die erste ist Vertrauen in das, was Sie tun, und Furchtlosigkeit. Wenn Ihnen einen Moment lang eine Projektion gelingt, wird Sie bereits der leiseste Anflug von Furcht sofort unwiderruflich in Ihren Körper zurückscheuchen. Furcht ist eine natürliche Reaktion auf neue Empfindungen, der Einhalt geboten werden muß, so wie das automatische Atmen während des Tauchens unter Wasser unterdrückt werden muß.

Die zweite ist Konzentration. Wenn Ihre Willenskraft oder Ihr Vorstellungsvermögen nachlassen, werden entweder Ihre Gedanken zu wandern beginnen, oder Sie werden einschlafen, an sich nichts Schlechtes, doch dem Erfolg dieser Unternehmung eher abträglich.

Folgende Schritte sind für die Projizierung des Astralleibes notwendig:

1 Achten Sie darauf, daß Sie nicht durch Telefonanrufe oder unerwartete Besucher gestört werden. Entfernen Sie sämtliche Metallgegenstände, die Ihre Haut berühren. Setzen Sie sich in einen sehr bequemen Armstuhl oder strecken Sie sich in Nord-Süd-Richtung auf einem Bett aus, den Kopf nach Norden. (Letzteres ist nicht immer wünschenswert, da es schlaffördernd wirkt.) Konzentrieren Sie sich nacheinander auf jeden Teil Ihres Körpers, beginnend mit den Füßen. Spannen Sie die Muskeln an und entspannen Sie sie wieder, arbeiten Sie sich bis zum Scheitel durch. Gehen Sie dann im Geist jeden Körperteil durch und achten Sie darauf, daß alles völlig entspannt ist. Schließen Sie die Augen und versuchen Sie einige Minuten lang in diesem angenehmen Gefühl am Übergang zum Schlaf zu verharren und dabei hellwach zu bleiben.

2 Atmen Sie einige Male tief durch. Stellen Sie sich vor, 15 cm rechts von der Stelle, an der Sie sich tatsächlich befinden, zu liegen oder zu sitzen. Wenn es Ihnen gelungen ist, sich selber davon zu überzeugen, versuchen Sie sich vorzustellen, wiederum 15 cm weiter rechts von Ihrer nunmehrigen Lage zu liegen. Wenn es Ihnen gelungen ist, diese etwas schwierige Lageveränderung auf überzeugende Weise durchzuführen, versuchen Sie durch die Matratze tiefer in Ihr Bett zu sinken und dabei in Ihrer Vorstellung 15 cm tiefer zur Ruhe zu kommen. An dieser Stelle gilt es, gegen die Versuchung, einfach einzuschlafen, anzukämpfen. Wiederholen Sie eine Woche lang jede Nacht diese Übung.

3 Wenn Ihnen diese Visualisierungen gelungen sind, allerdings nicht früher, stellen Sie sich sich selbst in Ihrer Ausgangsposition vor, setzen Sie sich aber dabei langsam auf. Versuchen Sie dann, ohne die Augen zu öffnen, zu sehen, was sich vor Ihnen befindet. Wiederholen Sie diese Übung jede Nacht wiederum eine Woche lang.

4 Wiederholen Sie in der darauffolgenden Woche jede Nacht die oben beschriebenen Übungen, fügen Sie aber noch eine weitere hinzu. Versuchen Sie sich vorzustellen, daß Sie langsam wie

Die Aura, wie sie von Okkultisten gesehen wird

ein Pendel von einer Seite auf die andere schwingen. Warten Sie, bis Sie sich in diesem Zustand völlig wohl fühlen, und versuchen Sie dann, sich nach rückwärts zu bewegen, so als ob jemand Sie durch Ihren Kopf und Ihre Schultern hinausziehen würde. Verlagern Sie diese neue visualisierte Stellung bei jedem neuen Versuch immer weiter hinter Ihren Körper. Mit einigem Glück wird der Augenblick kommen, wo Sie sich plötzlich in der Lage finden, offensichtlich aufzustehen und sich von Ihrem Körper zu entfernen.

5 Gelingt dies nicht, versuchen Sie es mit einer zusätzlichen Übung. Dabei sitzen Sie vor einem Spiegel, schließen die Augen und versuchen dann, die Situation umzukehren, so daß Sie nicht auf Ihr Spiegelbild blicken, sondern einige Sekunden das Gefühl haben, Sie würden vom Spiegel heraus auf sich selbst blicken. Machen Sie diese Übung zusätzlich zu den anderen eine weitere Woche lang.

Mit entsprechender Übung wird der Zeitpunkt kommen, wo Sie ein Gefühl des Zurückzuckens empfinden, als ob Sie gerade einen Sturz abgefangen hätten: Versuchen Sie dieses zu verstärken, aber lassen Sie sich gehen, seien sie locker. Machen Sie in dieser Richtung weiter, bis Sie plötzlich das Gefühl haben, leicht orientierungslos in Ihrem Zimmer zu stehen, und es offenbar geschafft haben, Ihr Bewußtsein außerhalb Ihres Körpers verlagert zu haben. Und nun beginnen die interessanten Experimente, die allerdings den Rahmen dieses Buches sprengen würden.

Lassen wir es dabei bewenden, daß es gar viel zu erforschen gibt, bevor Sie sich in anderen Zeitläufen umsehen können.

DEN ASTRALLEIB SEHEN

Der Astralleib ist ein Begriff, der in den meisten Zivilisationen bekannt und sogar indirekt in der Bibel erwähnt ist. Die Theosophisten, eine weltweite, von H. P. Blavatsky gegründete Bewegung, gab sich sehr viel Mühe, den Astralleib hellseherisch zu „sehen“, und es wurden sogar Bücher publiziert mit Farbbildern verschiedener Auras, die man für eine Erweiterung des Astralleibes hielt. In den frühen

Abbildung eines Astralleibes

sechziger Jahren wurde eine Art von Brille erzeugt, die sogenannte Kilner-Brille, die die Menschen in die Lage versetzte, den Fluß der Aura rund um den menschlichen Körper zu sehen. In den siebziger Jahren entstand die sogenannte Kirlian-Photographie (Hochspannungs-Photographie), die eine Aura sogar bildlich wiedergeben kann. Kürzlich versuchte man, den gesamten Astralleib zu photographieren.

NOSTRADAMUS IN DEN 90er JAHREN

Wie steht es nun mit den Prophezeiungen des Nostradamus für die neunziger Jahre? In *Siècles* VI, Vierzeiler 21, sagte er für das Jahr 1990 ein Bündnis zwischen den Vereinigten Staaten und der UdSSR voraus (siehe Seite 117). Die zwischen Reagan und Gorbatschow in den späten achtziger Jahren zustande gekommene Annäherung hat nun einen (vor zehn Jahren noch unvorstellbaren) Punkt erreicht, an dem der Präsident der USA, Bill Clinton, Rußland Hilfe anbietet. In *Siècles* II, Vers 89, wird die gleiche Prophezeiung nochmals formuliert:

Eines Tages werden die beiden großen Führer Freunde sein,
Man wird sehen, wie ihre große Macht weiter anwächst:
Das Neue Land wird am Höhepunkt seiner Macht sein,
Dem Mann des Blutes wird die Zahl berichtet.

Der Mann mit dem blutigen Mal (am Kopf) ist offensichtlich Gorbatschow, der in der Folge seine Macht verliert. Selbst zur Zeit seiner Freundschaft mit Reagan war sein Stern bereits im Sinken begriffen. Das Neue Land ist die Neue Welt, das heißt die USA, bevor die gegenwärtige Rezession ihnen zuzusetzen begann.

In *Siècles* VIII, Vers 70, sagte Nostradamus erstaunlich detailliert einen Krieg im Nahen Osten voraus:

Er wird eindringen, böse, unerfreulich, abscheulich,
Tyrannei bringen über Mesopotamien.
Alle Freunde von der ehebrecherischen Frau gemacht.
Das Land schrecklich und schwarz anzusehen.

Es steht außer Frage, daß Saddam Hussein auf besonders hinterhältige Weise in Kuweit einfiel. Immer noch übt er im Irak, dem alten griechischen Mesopotamien, eine Tyrannenherrschaft aus. Die „ehebrecherische Frau“ könnte eine Freundin und Verbündete Husseins aus dem 20. Jahrhundert sein, doch wahrscheinlich handelt es sich dabei um einen Hinweis auf die babylonische Hure aus der Bibel. Die letzte Zeile ist eine perfekte Beschreibung der riesigen schwarzen Wolken, die über Kuweit hingen, nachdem Hussein die Ölquellen in Brand gesteckt hatte.

In *Siècles* VI, Vers 59, spricht Nostradamus von einer anderen Tragödie, die 1991 die Schlagzeilen beherrschte:

Die Frau, wütend in ehebrecherischem Zorn,
Wird gegen ihren Fürsten konspirieren, nicht aber mit ihm sprechen.
Bald aber wird der Schuldige bekannt sein,
So daß siebzehn leiden werden.

Die Herzogin von York war über die Zeitungsberichte über ihren angeblichen Ehebruch mit dem Texaner Wyatt (der Schuldige, der bald entdeckt war) empört. Sie ging ohne Prinz Andrew auf eine Reise nach Indonesien und ohne mit ihm gesprochen zu haben. Bleibt noch zu klären, wer die siebzehn sind, die leiden werden.

Ebenfalls 1991 ging Margret Thatcher der Macht verlustig, und später wurde Prinzessin Diana von Prinz Charles verstoßen. Es ist mehr als wahrscheinlich, daß eines der beiden Ereignisse seinen Niederschlag in VI, 74 findet:

Sie, die verstoßen wurde, wird an die Macht zurückkehren.
Ihre Feinde werden sich unter den Verschwörern finden.

Nostradamus sagte für 1991 Krieg im Nahen Osten voraus

Mehr als je zuvor wird sie
triumphierend regieren,
Mit dreiundsiebzig ist der Tod sehr sicher.

1991 brach im ehemaligen Jugoslawien ein Bürgerkrieg aus, der noch heute tobt. Nostradamus bezieht sich offenbar auf die gegenwärtigen Unruhen in diesem Gebiet wie auch in Rumänien, und zwar in *Siècles* IV, Vers 82:

Eine Menge [Männer] *aus Slawonien*
wird heranrücken.
Der Zerstörer wird die alte Stadt
vernichten:
Er wird sein Rumänien nahezu
verlassen erleben,
Dann nicht wissen, wie die große
Flamme erstickt werden kann.

Tatsächlich war es in der alten Stadt Dubrovnik zu schweren Verwüstungen gekommen, und es ist äußerst zweifelhaft, ob die Vereinten Nationen wissen, wie sie die Flammen des religiösen und des Bürgerhasses löschen sollen. Rumänien wurde in der Zwischenzeit durch seinen letzten kommunistischen Diktator ein Schatten seiner selbst.

Das Jahr 1994 wird von Nostradamus als Beginn einer vierzigjährigen Dürre bezeichnet, der Überschwemmungen von ebensolanger Dauer folgen (siehe Seiten 118–119).

Für das Jahr 1995 wird die Wahl eines ungeliebten Papstes aus einer Reihe französischer oder spanischer Kandidaten prophezeit – des vorletzten Papstes, gemäß den Prophezeiungen des Malachias. In dem Jahr wird es auch zu Unruhen in Albanien und möglicherweise zu einem Angriff dieses Landes auf Griechenland kommen (siehe Seite 129).

Für 1996 werden Umweltkatastrophen wie Hitzewellen, heiße Winde und ausgedehnte Hungersnöte (siehe Seiten 118–119) vorhergesagt, die in einem gewissen Zusammenhang mit der Zerstörung der Ozonschicht stehen (*Siècles* IV, Vierzeiler 67).

Gegen Ende dieses Jahrzehnts wird es zu zwei islamischen Expansionskriegen kommen, laut VI, 80, der eine durch Algerien und der andere vom Iran verursacht, die zum Brand einer Stadt und zu vielen Toten durch das Schwert führen werden. Es kann sich dabei um einen heiligen Krieg (Dschihad) handeln, bei dem die moslemischen Armeen von Nordafrika und dem Iran aus gegen das christliche Europa vorrücken, so wie es bei der moslemischen Invasion in Spanien vor 700 Jahren der Fall war:

Von Fez wird sich das [islamische]
Königreich über Europa erstrecken,
Die Stadt in Flammen und
das Schwert wütet:
Der große Mann aus Asien mit einer
großen Truppe zu Land
und zur See,
So daß die Blauen, Perser, Kreuz, zu
Tode getrieben werden.

Ist die Hure von Babylon im heutigen Bagdad existent?

VERZWEIFLUNG UND VERWÜSTUNG

Der Vierzeiler 72 in *Siècles* X (siehe Seiten 110–111) ergeht sich in dunklen Andeutungen, daß aus dem Himmel der König des Schreckens herabkommen werde, und zwar fünf Monate vor Anbruch des Jahres 2000. Das ist verschiedentlich als gigantische Nuklearbombe interpretiert worden oder gar als eine Invasion Außerirdischer im wahrsten Sinn des Wortes. Was immer es auch sein wird, es wird nicht angenehm werden. Wie eine Bestätigung dieser Prophezeiung mutet die Voraussage von Professor Hideo Itakawa an, des japanischen Pioniers der Raketentechnologie, der uns für August 1999 das Weltende ankündigt. Er führt aus, dies werde aufgrund einer sehr seltenen astrologischen kreuzförmigen Anordnung der Planeten in diesem Monat geschehen. Das Kreuz entsteht durch eine Opposition der Venus (im Skorpion) zu Saturn und Jupiter (im Stier) und dazu im rechten Winkel stehend Neptun und Uranus (im Wassermann) in Opposition zu Sonne, Mond und Merkur (im Löwen). Die vier Tierkreiszeichen Stier, Löwe, Skorpion und Wassermann sind die Zeichen für die vier Reiter der Apokalypse, die auch auf der letzten Tarot-Karte, der Welt, aufscheinen.

Die Wissenschaftler sehen immer mehr einen Zusammenhang zwischen dem Auftreten von Sonnenflecken, Erdbeben und vulkanischen Aktivitäten mit der Stellung der Planeten und nicht bloß mit geologischen Bedingungen. Folglich könnte es, aufgrund dieser Planetenstellung, zu diesem Zeitpunkt wesentlich häufiger Naturkatastrophen geben, als man normalerweise erwarten würde.

London nach einem Bombenangriff – werden solche Bilder zur Alltäglichkeit werden?

Um das noch zu untermauern, hat der amerikanische Seher Edgar Cayce prophezeit, daß eine Lageveränderung der Polachse der Erde viele Naturkatastrophen, Erdbeben und Flutwellen zur Folge haben wird, wodurch große Teile der Menschheit zugrunde gehen werden.

Dies ist auch die Zeit von Armageddon, dem von den Propheten der Bibel vorausgesagten „Krieg am großen Tag Gottes“, in dem die Mächte des Guten und des Bösen den letzten Kampf austragen. Der Name ist ohne Zweifel abzuleiten von dem berühmten Schlachtfeld in der Ebene Esdraelon, das im Buch der Richter, Vers 19, erwähnt wird und wo die Israeliten ihre großen Schlachten schlugen. Leider ist die Lokalisierung keine so genaue wie die dieser Schlachten.

Andere, die auch darin übereinstimmen, daß das Weltende gegn Ende 1999 stattfinden werde, sind die Zeugen Jehovas und die Adventisten vom Siebenten Tag. Offenbar werden viele Leute während der letzten fünf Monate dieses Jahres den Atem anhalten, so wie das viele mit gleicher Berechtigung im Jahr 999 getan haben.

In seinem an seinen Sohn César gerichteten Vorwort spricht Nostradamus unmißverständlich von den kommenden Ereignissen vor dem letzten Brand: „. . . der Weltenbrand, der so viele Katastrophen und Umwälzungen über uns bringen wird, daß es kaum noch Land geben wird, das nicht von Wasser bedeckt ist, und dies wird so bleiben, bis alles, ausgenommen die Geschichte und die Geographie selbst, zugrunde gegangen ist." Bevor das geschieht, so versichert uns Nostradamus, „ist das deshalb so, weil vor und nach diesen Umwälzungen in vielen Ländern der Regen so spärlich fällt und so viel Feuer und Feuergeschoße vom Himmel fallen, daß nichts der Vernichtung entgeht . . . Denn vorher beendet der Krieg das Jahrhundert und hält es in seiner Endphase in seinem Bann".

Eine in der Tat düstere Vision, die innerhalb weniger Jahre Wirklichkeit werden könnte. In *Siècles* V, 25 sagt Nostradamus voraus, daß, sobald wir das Jahr 2000 erreichen, ein neues Arabisches Reich – wahrscheinlich bestehend aus den extremen arabischen Ländern rund um Israel – den Iran (Persien), Ägypten und die Türkei (Byzanz) angreifen wird. Unterstützung wird dieses Reich von seiten skrupelloser, bösartiger, antichristlich und antiwestlich eingestellter Fanatiker in Algerien, Tunis und möglicherweise „Groß-Syrien" bekommen, zu dem auch Teile des Libanon gehören werden:

Der Araberfürst, mit Mars, Sonne und Venus [im] *Löwen,*
Das Regiment der Kirche wird in den Meereswogen versinken.
Nahe Persien [steht] *gut eine Million* [Mann],
Die wahre Schlange wird Ägypten und Byzanz besetzen.

Der genaue Stand der Gestirne, wie er hier beschrieben ist, ereignet sich von 21. bis 23. August 1998 und von 2. bis 6. August 2000. Da die Kirche von Nostradamus als Schiff erwähnt wird, bedeutet ihr Versinken im Meer ihr Ende oder zumindest das Ende des Papsttums. Die Standarte der Angreifer wird das Zeichen der Schlange tragen oder irgendeine Beziehung zur Schlange haben.

Für den Juni 2002 sagt *Siècles* VI, 24 einen schrecklichen Krieg voraus, dem die Salbung und Regentschaft eines neuen Königs folgt. Das, daran zweifelt Nostradamus nicht, „wird der Erde auf lange Zeit Frieden bringen". Bezüglich der genauen Datierung dieser Prophezeiung siehe Seite 129.

Überleben wir alle diese furchtbaren Ereignisse, dann, so erklärt Nostradamus deutlich, könnten wir einem Jahrtausend entgegensehen, das weitaus friedlicher verlaufen wird.

MODERNE PROPHETEN

Ein Seher unserer Zeit sagt voraus, daß am 1. Januar 2000 das Zentrum von London durch eine kosmische Katastrophe fast völlig zerstört werden wird – nämlich durch das direkte Einschlagen große Mengen von Uran, Thorium und andere radioaktive Elemente enthaltende Meteoriten. Laut Mitteilung von Dr. David Hughes von der Universität Sheffield existieren in unserem Sonnensystem vielleicht 100.000 „kleine" Asteroide, die wir gegenwärtig noch nicht aufgespürt haben. Mit „klein" meint er von geringerem Durchmesser als 6 km, also ausreichend „Munition", um London dem Erdboden gleichzumachen.

Viele dieser sich auf das Jahr 2000 beziehenden Prophezeiungen weisen auf gewaltige Klimaveränderungen hin, die große Teile der Erde praktisch unbewohnbar machen werden. Ebenso werden Erdbeben vorausgesagt, die dichtbesiedelte Regionen, etwa in Kalifornien und dem weit davon entfernt liegenden Portugal, verwüsten werden, und in Städten wie New York, Los Angeles und Tokio eine derartige Luftverschmutzung, daß diejenigen, die es sich leisten können, in die Vororte oder aufs Land flüchten werden.

Ein leichter Vorgeschmack auf kommende Zeiten?

HOFFNUNG FÜR DIE MENSCHHEIT

Die Hoffnung der Zukunft – die Visionen des Nostradamus gehen über die traumatische Jahrtausendwende hinaus

Für die Zeit nach 1999 scheint Nostradamus uns mit zwei möglichen Szenarios zu konfrontieren. Das erste, eines der Schrecken und des Krieges, ist auf den vorhergehenden Seiten (164–165) behandelt worden. Das zweite, ein goldenes Zeitalter, führt uns ins dritte Jahrtausend n. Chr. Möglicherweise existieren beide Zukunften bereits auf dem Baum der Zeit, und es wären dann unsere Reaktionen auf genau die kritischen letzten Jahre dieses Jahrtausends, die darüber entscheiden, in welche dieser Welten oder Wirklichkeiten wir eintreten werden.

Jüdische Gelehrte sehen das Jahr 2000 als das Ende eines Shemitah und als Beginn einer Periode an, in der utopischer Friede herrschen wird. Die zyklische Shemitah-Zeittheorie basiert auf der so gut wie universellen Verehrung der Zahl Sieben. Stellt man das in einen zeitlichen Zusammenhang, dann sieht man es an der Zahl der Tage einer Woche, an der Bedeutung der Zahl 50 (= 7x7+1) für die hebräischen Kalendermacher und an der akademischen und landwirtschaftlichen Gepflogenheit, jedes siebente Jahr zum Jahr der Rast zu erklären. Ein Jubiläumsjahr ist immer das fünfzigste nach einem Zyklus von sieben mal sieben Jahren, und der große Jubiläumszyklus umfaßt 7.000 Jahre. Nachdem das gegenwärtige Shemitah im Jahr 2000 unserer Zeitrechnung geendet haben wird, wird die Thora keine Verbote mehr enthalten, dem Bösen wird Einhalt geboten werden, und der Idealstaat wird Wirklichkeit: Für diesen Übergang zum nächsten Shemitah bereitet man sich auf die Rückkehr des modernen Judaismus nach Israel vor. Nostradamus wurde ins Judentum hineingeboren, und diese Ideen werden ihn in der Zeit, da er aufwuchs, wohl begleitet haben.

Viele Denker und Propheten weisen darauf hin, daß das Ende dieses Jahrtausends das Ende des Fische-Zeitalters und den Beginn des Wassermann-Zeitalters kennzeichnet (siehe Kasten). Der Schreiber dieser Zeilen vertritt die Meinung, daß mit dem Ende des kalten Krieges und dem weltweit zunehmenden Wunsch, unseren Planeten Erde schonender zu behandeln, der Ast bereits geschaffen ist und wir gegenwärtig bereits auf dem Weg in die letztere der beiden oben angedeuteten Wirklichkeiten sind, in ein neues, zivilisiertes Zeitalter also. Es wird jedoch kein leichter Weg werden und schließlich bis zu Nostradamus' letztem Jahr 3797 führen, von wo an keiner weiß, wie es weitergeht.

SCHLÜSSELDATEN FÜR DAS JAHRTAUSEND

Mit dem Jahr 2000 beginnt das Wassermann-Zeitalter – für die Menschheit eine Zeit fundamentaler Veränderungen. Zeitmaß dafür ist das Weiterrücken der Äquinoktien (Tagundnachtgleichen), und am Ende dieses Jahrtausends vollzieht sich der Übergang vom Zeitalter der Fische zu dem des Wassermanns für den Zeitraum von ungefähr 2.160 Jahren. Ein vollständiger Kreislauf durch alle Sternbilder dauert 25.290 Jahre.

Weil nicht jedes der zwölf Tierkreiszeichen genau 30 Winkelgrade einnimmt, gibt es Meinungsunterschiede bezüglich des genauen Zeitpunkts des Übergangs. Im folgenden eine Auswahl der interessanteren unter den möglichen Datierungen:

1904 Für den in unserem Jahrhundert lebenden Zauberer Aleister Crowley war sein Äon des Horus der Zeitpunkt des Übergangs zum Wassermann-Zeitalter, eine Ära des gekrönten, triumphierenden Kindes des Horus. Die zweite Hälfte dieses Jahrhunderts ist sicherlich eine Zeit des Horus-Kindes gewesen, besonders im Jahr 1964, als die Flower-Power-Bewegung entstand.

1962 Die amerikanische Hellseherin Jeane Dixon hatte die Vision von der Geburt des Antichrist in Jerusalem, und dieses Ereignis wirkt in seiner Bedeutung weiterhin auf die Produzenten von Horror- und Katastrophenfilmen. Am Tag vor der Vision der Hellseherin war eine Sonnenfinsternis gewesen, und alle sieben traditionellen Planeten standen im Zeichen des Wassermanns.

2000 Viele Seher setzen dieses Jahr übereinstimmend als den Beginn des Wassermann-Zeitalters fest, dazu gehören Nostradamus, Edgar Cayce (der amerikanische „schlafende" Seher), der heilige Malachias (der alle Päpste bis zum Ende der katholischen Kirche in diesem Jahr vorausgesagt hat), Garabandal und die Astrologin Margaret Hone.

2001 Manche Autoren, etwa Barbarin, und die Adventisten vom Siebenten Tag sehen im ersten Jahr des Jahrtausends das Schlüsseldatum. Natürlich ist es ein Argument, wenn man sagt, daß das „Null-Jahr" (so wie das Null-Jahr eines Babys, bevor es ein Jahr alt wird) das erste Jahr eines Zeitalters sei. Wenn diese Voraussagen eintreffen, dann erhalten wir eine bedeutsame Antwort auf unser arithmetisches Rätsel.

2010 Peter Lemesurier, der sich auf das französische Institut Géographique National beruft, behauptet, dies sei das richtige Jahr.

2012 José Arguelles, der sich bei seinen Schlußfolgerungen auf die Zyklen im alten Kalender der Mayas stützt, erklärt dieses Jahr zum Zeitpunkt des Zusammenbruchs der menschlichen Zivilisation und des Beginns einer Regeneration der Erde.

2020 Weil Jupiter und Saturn seit 1404 erstmals wieder im Sternbild des Wassermanns in Konjunktion stehen, will Adrian Duncan den 21. Dezember 2020 als den Zeitpunkt ansehen, an dem sich der Übergang vollzieht.

2160 Genau 2160 Jahre nach Christi Geburt bietet sich ein religiöser, kein astrologischer, Zeitpunkt als Übergangsdatum in ein neues Zeitalter an.

NOSTRADAMUS UND DIE EWIGKEIT

Die Schriften des Nostradamus liefern uns eine Anzahl von Schlüsseldaten, die uns helfen, seine Vierzeiler zu verstehen. Er veröffentlichte seine ersten Voraussagen im Jahr 1547 – ein für Frankreich bedeutsames Datum, denn in diesem Jahr wurde das Französische anstelle von Latein zur offiziellen Amtssprache. Es kann daher nicht überraschen, wenn der Curé de Louvicamp 1710 erklärte, „wenn das Orakel Frankreichs (Nostradamus) seine gallischen Prophezeiungen machte, ging er kaum vom Gebrauch des Lateinischen ab, schrieb oft lateinisch, sich dabei den Anschein gebend, französisch zu schreiben . . . Häufig bediente er sich sogar eines latinisierten Französisch, lenkte so die Aufmerksamkeit auf Stil, Wortstellung und . . . Syntax des Lateinischen". Nostradamus dachte oft lateinisch, auch wenn er französisch schrieb. Das genau ist der Grund, warum manche seiner Vierzeiler so beharrlich das Geheimnis ihrer Bedeutung wahren, solange man sich ihnen nicht so annähert, daß man sowohl das Lateinische als auch das Französische im Kopf hat.

In seinem Brief an seinen Sohn César versicherte Nostradamus, seine *Siècles* enthielten „Prophezeiungen von heute (1. März 1555) bis zum Jahr 3797". Dieses Datum bezeichnet entweder das Ende von Nostradamus' Erforschung des Zeitenbaumes, oder es ist definitiv das Ende der Welt, „wenn alles, ausgenommen die Geschichte und Geographie selbst, zugrunde gegangen ist", zumindest in einer der anderen Wirklichkeiten, aus denen der Baum der Zeit besteht. Sogar Nostradamus meinte, dieses noch sehr ferne Datum „mag so manchen verwirren, wenn er eine so große Zeitspanne sieht". Indem die Ereignisse an uns vorüberziehen, werden die Voraussagen des Nostradamus verständlicher, aber vielleicht erst zu diesem fernen Zeitpunkt wird uns alles klar sein.

Aus einem weiterem Blickwinkel betrachtet, erhebt sich die Frage, warum die Welt ausgerechnet 2000 Jahre nach der Geburt Christi zugrunde gehen sollte, nach einem Ereignis also, dessen Datierung ohnedies bis zu zehn Jahren falsch sein könnte.

Zur Zeit, da Nostradamus seine Schriften verfaßte, galt der Julianische Kalender, der so heißt, weil er 46 n. Chr. von Julius Caesar eingeführt wurde. Interessanterweise hat ein Julianischer Zyklus 7.980 Jahre, beginnend mit dem Jahr 4713 v. Chr. Erzbischof James Ussher (1581–1665), der kurz nach Nostradamus lebte, errechnete aufgrund der Chronologie der Bibel den Beginn der Welt mit 4004 v. Chr., welches Jahr wir seither Anno Mundi nennen. Um die Chronologie des Nostradamus zu begreifen, könnten wir das Anno Mundi als Ausgangsbasis benützen. Da die Verwandten des Nostradamus jedoch ursprünglich sephardische Juden waren, ist es vernünftig, sich bezüglich der Bedeutung des Jahres 3797 n. Chr. mit der jüdischen Tradition zu befassen.

Der jüdische Kalender beginnt mit der Schöpfung im Jahr 3760 v. Chr. Das Jahr der Geburt Christi ist also 3760. Da die Gelehrten die Geburt Christi jetzt im Jahr 4 n. Chr. ansetzen, addieren wir vier Jahre hinzu und kommen auf 3764. Christus soll 33 Jahre alt geworden sein, also erhalten wir als Datum seiner Kreuzigung das Jahr 3797.

Wird die Welt die verlorene Unschuld des Garten Eden wiedergewinnen?

Nun ergibt alles einen Sinn: Nostradamus datiert das Ende seiner Prophezeiungen (und das Ende der Welt) genau so viele Jahre nach Christi Geburt, als man den Zeitpunkt der Schöpfung vor diesem Ereignis annimmt. Es scheint also der jüdische Kalender ein weitaus genauerer zeitlicher Anhaltspunkt bei der Beurteilung der Texte des Nostradamus zu sein als der Julianische (gültig zu seinen Lebzeiten), Erzbischof Ussher oder der Gregorianische Kalender (gültig in heutiger Zeit).

Die Stichhaltigkeit dieser Rechnung mag in Frage gestellt werden, aber so oder ähnlich mögen die Überlegungen des Nostradamus gewesen sein, wenn er schließlich auf das Jahr 3797 verfiel – alles unter der stillschweigenden Annahme, daß für Nostradamus die Zeit (zwischen den Eckpunkten Schöpfung und Weltende) um Christi Geburt als Mittelpunkt kreiste. Dahinter lag die Ewigkeit. Aufgrund dieser Schlußfolgerungen ergibt sich, daß die gesamte Zeitspanne zwischen der Erschaffung und dem Untergang der Welt knapp über siebeneinhalb Jahrtausende beträgt.

Nostradamus glaubte nicht, daß der Weltuntergang sich im Jahr 2000 ereignen werde. Im Gegenteil, er war sich ziemlich sicher, daß das Jahr 2002 n. Chr. der Beginn eines neuen und friedlichen, goldenen Zeitalters sein werde.

Ganz zuletzt noch: Freuen wir uns doch, daß das Jahr 2000 nur ein weiterer Schritt auf unserem Weg ist. Wir sollten dieses Jahr nicht als das Ende ansehen, wie das jene Bauern im Jahr 999 taten, die ihre Felder unabgeerntet verließen, weil die Kirche ihnen die Überzeugung eingeimpft hatte, sie würden das Ende des ersten Jahrtausends nicht überleben. Nostradamus versicherte uns, es werde nach dem Jahr 2000 zumindest noch 1797 Jahre weitergehen!

Aus demselben Grund, aus dem Nostradamus eine andere Wirklichkeit sah, die nicht immer stattfand, so haben auch wir den kollektiven freien Willen, Ereignisse zu lenken, damit uns das Jahr 2000 zu jenem Ast des Zeitbaumes bringt, der ein neues Zeitalter relativen Friedens verkörpert und nicht die Erfüllung der Prophezeiungen des tausendjährigen Schreckens, Krieg und Verderben. Wir haben diese Wahl – auch wenn es zweifelhaft ist, ob wir wissen, was zu tun ist. Die Zukunft ist voraussagbar, aber sie ist nicht fixiert!

DIE PROPHEZEIUNGEN CHRISTI

Das Christentum sieht das Jüngste Gericht voraus – war es das, was Nostradamus sah?

Obwohl Nostradamus viele Hungersnöte und Kriege prophezeit, ist dennoch nichts an diesen Ereigniszyklen von Natur und Geschichte neu. Sogar Christus hat ähnliches vorausgesagt (Matth. 24, 6–8): „Ihr werdet von Kriegen und Kriegsgerüchten hören; da seht zu, daß ihr den Mut nicht verliert; denn das muß so kommen, aber es ist noch nicht das Ende. Denn Volk wird wider Volk sich erheben und Reich wider Reich; Hungersnöte und Erdbeben wird es geben von Ort zu Ort."

Andererseits, selbst die Prophezeiungen Christi scheinen gelegentlich danebengegangen zu sein. Er sagte die Zerstörung des Tempels von Jerusalem richtig für das Jahr 70 voraus, als die Römer den Tempel plünderten. Er hat aber auch vorausgesagt, das Ende der Welt werde bald nach der Zerstörung des Tempels erfolgen, was sich als falsch herausstellte.

GLOSSAR

Antichrist Der hl. Johannes prophezeite im Buch der Offenbarungen, daß ein falscher Messias – der Antichrist – kurz vor dem Ende der Welt erscheinen wird. Einige Kommentatoren behaupten, daß Nostradamus drei Antichristen vorhergesagt hat, wovon Napoleon und Hitler die ersten zwei waren; die traditionelle Ansicht lautet jedoch, daß es nur einen Antichrist gibt, der erst kommen wird. Auch in den Episteln des hl. Johannes wird der Antichrist erwähnt.

Die Herrschaft des Antichrist

Apokalypse Offenbarung, die sich mit dem Zustand der Welt am Ende beschäftigt. Für gewöhnlich dem letzten Buch des Neuen Testaments, der Offenbarung des hl. Johannes, zugeschrieben.

Astralprojektion Fähigkeit, das eigene Bewußtsein aus dem Körper zu einem entfernten Ort, in eine ferne Zeit oder in eine andere Wirklichkeitsebene zu projizieren.

Astrologie Die Kunst oder Wissenschaft, die Position der Gestirne, der Sternzeichen und anderer Himmelkörper zu einem bestimmten Zeitpunkt oder Ort aufzuzeichnen – wie etwa eine genaue Geburtsdatierung – und Schlüsse daraus zu ziehen.

Aszendent Die genauen Tierkreisgrade des Horizonts zu jeder beliebigen Zeit, am häufigsten zur Zeit der Geburt.

Branchos Das Orakel des Apollo in Didyma im antiken Griechenland. Branchos war ein Sohn Apollos, und sein Orakel kann bis ins 7. Jahrhundert v. Chr. zurückverfolgt werden. Darauf basieren die in *Siècles* I, Vers 2, erläuterten Methoden des Nostradamus.

Caput und Cauda Draconis Antike lateinische Phrasen mit der Bedeutung „Drachenkopf" und „Drachenschwanz" – die höchsten und tiefsten Punkte des Mondes auf seiner Bahn um unseren Planeten.

Elementargeister Die vier klassischen Elemente Feuer, Wasser, Luft und Erde.

Feng-shui Die chinesische Kunst, die beste Lage für Häuser oder Grabmäler auszuwählen, um das Glück des Besitzers zu vermehren. Feng-shui steht nicht in direkter Beziehung zur europäischen Geomantie.

Geomantie Eine Technik der Weissagung, die mit 16 vierzeiligen Figuren arbeitet, wobei willkürlich Punkte auf den Boden in Sand oder auf Papier gesetzt werden, die häufig in Verbindung mit den vier Elementen stehen. (Nicht zu verwechseln mit der chinesischen Geomantie.)

Henry Howard konsultiert Agrippa

Projektion des Astralleibes

Gregorianischer Kalender Dieser Kalender ersetzte den Julianischen Kalender und korrigierte die Berechnung der Schaltjahre.

Hieroglyphen Symbolische Schriftzeichen der alten Ägypter. Im 16. Jahrhundert wurde dieses Wort für jede Art von symbolischen Bildern oder Darstellungen verwendet.

Himmelsmeridian Die genaue Gradangabe der höchsten Stellung der Gestirne über dem Horizont zu jeder beliebigen Zeit, am häufigsten zur Zeit einer Geburt.

Ifa Eine afrikanische Form der Weissagung, die auf der arabischen Geomantie basiert.

I Ging Chinesisches Buch der Weissagungen, basierend auf 64 Hexagrammen oder Zeichen aus sechsstufigen Linien, entweder unterbrochen (Yin) oder ungebrochen (Yang).

Julianischer Kalender Erstmals im Jahr 46 v. Chr. von Julius Caesar eingeführt und in Europa bis zum späten 16. Jahrhundert in katholischen Ländern und sogar noch später in protestantischen und orthodoxen Ländern in Verwendung.

Kabbala Alte jüdische Geheimlehre und Mystik, die moderne europäische Magier gerne als „Landkarte" für die anderen Ebenen und Welten des Universums verwenden.

Kapetinger Name einer französischen Dynastie vor den Bourbonen, deren Oberhaupt Ludwig XVI. war. Das Wort „Capet" wurde jedoch in weiterem Sinn von Nostradamus für jeden französischen Herrscher oder überhaupt jeden Herrscher verwendet.

Kosmologie Theoretische Beschreibung des Universums, vor allem in Hinblick auf die Raum-Zeit-Beziehungen.

Malachias Heiliger, den man für den Autor mehrerer lateinischer Mottos hält, eines für jeden Papst bis zum Ende des Papsttums. Nach dem Motto des gegenwärtigen Papstes gibt es nur noch zwei Mottos, d. h. nur noch zwei Päpste bis zum Ende des Papsttums.

Metaplasmus Vorgang der Wortveränderung oder -umbildung durch Hinzufügen, Ersetzen, Übetragen und Entfernen von einem oder mehreren Buchstaben.

Millenium Eine Zeitspanne von 1000 Jahren, üblicherweise von der Geburt Christi an gerechnet; danach beginnt angeblich ein neues Zeitalter.

Monophysitismus Ein im 5. Jahrhundert entstandener Irrglaube, der die Mensch-

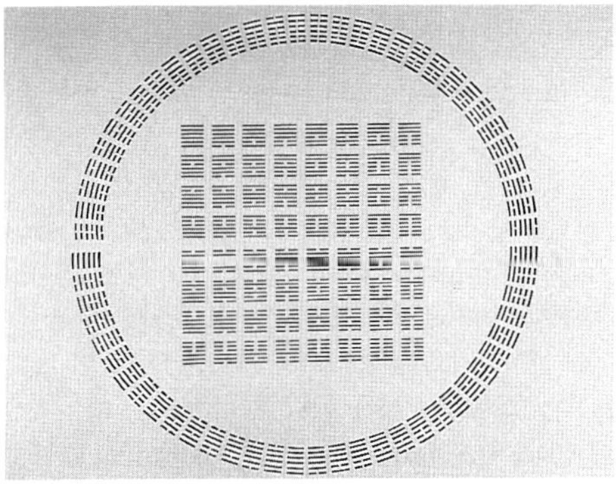

Die 64 Hexagramme des I Ging

werdung Christi verneint. Das Konzil von Chalcedon 451 verbot diese Häresie, doch fast alle frühen Christen Ägyptens weigerten sich, das Gesetz anzuerkennen.

Mundanastrologie Teilgebiet der Astrologie, das sich mit astrologischen Berechnungen befaßt, die bestimmte Orte, Länder oder Zonen der Erde betreffen und nicht Personen.

Nekromantie Weissagung durch Geister- und Totenbeschwörung.

Die Eile des Horus und die Affeb des Toth

Neuplatonisten Eine Philosophenschule, zu der Iamblichus, Proclus und Plotin gehören, in Alexandria, Ägypten, beheimatet. Die Zeitgenossen der frühen Christenväter begründeten ihre Lehren auf den Werken Platos.

Politische Astrologie Beschäftigt sich hauptsächlich mit der Beurteilung des Horoskops eines bestimmten Individuums, um dessen Charakter zu erkennen und sein Schicksal vorauszusagen.

Prophet Eine Person, die göttlich inspirierte Enthüllungen von zukünftigen Ereignissen ausspricht oder niederschreibt.

Seher Jemand, der Wahrsagerei betreibt oder durch Naturtalent zukünftige Geschehnisse sieht; muß nicht unbedingt göttlich inspiriert sein.

Siècles Französischer Ausdruck für Jahrhunderte. Nostradamus bezeichnet damit eher eine Serie von 100 Vierzeilern als eine Zeitspanne von 100 Jahren.

Tarot Ein Paket mit 78 Karten, das seit dem 13. Jahrhundert zum Spiel und zum Wahrsagen verwendet wird.

Vierzeiler Ein von Nostradamus verwendeter vierzeiliger Reim für seine Prophezeiungen. Jeder Vierzeiler ist in sich abgeschlossen und steht nur selten in Verbindung zu einem der anderen Vierzeiler.

Vorrücken der Tagundnachtgleichen Eine langsame Westwärtsbewegung der Äquinoxen auf der Ebene des Himmelsäquators. Daraus ergibt sich, daß die Zeichen des Tierkreises nicht mehr mit den Konstellationen übereinstimmen, mit denen sie anfangs gleichgesetzt wurden. In der Praxis bedeutet das, daß der Beginn des ersten Tierkreiszeichens (Stier) nun in die zum Wassermann korrespondierende Konstellation eintritt, was die Ursache für den Beginn des Wassermannzeitalters ist.

Weissagung Die Kunst, Kenntnis von zukünftigen Ereignissen durch besondere Techniken zu erhalten – nicht notwendigerweise göttlich inspiriert, wie man es einer Prophezeiung zuschreibt.

Weissagung durch Los Weissagung durch Los oder durch Öffnen eines heiligen Buches an einer beliebigen Stelle, wobei auf eine willkürliche Stelle im Text gedeutet wird, die als Antwort auf die gestellte Frage gilt.

Yang Das männliche Prinzip in der chinesischen Kosmologie, im I Ging (Buch der Weissagungen) durch eine ungebrochene Linie dargestellt.

Yin Das weibliche Prinzip in der chinesischen Kosmologie, im I Ging durch eine unterbrochene Linie dargestellt.

Besuch beim Astrologen

REGISTER

Die kursiven Zahlen beziehen sich auf die Bildlegenden
Abkürzungen: Kg. = König; Kgin. = Königin; Ks. = Kaiser

L

M

N

O

P

R

TER RA
ADONIS
PE TRUS
DEUS
EWIG KEIT
AL A
COELUM
WELT ALLE
Emanuel Sabaoth Adonay
Panthon
AGLA